高等院校工商管理专业系列教材

税收筹划实务
(微课版)

唐开兰　主　编

邓莲花　李孝娇　谢广霞　副主编

清华大学出版社

北　京

内 容 简 介

本书分为七章，结合国内税收制度的特点以及最新税收政策的变化，重点从纳税人、税率、税基、优惠政策等方面进行合理节税的案例分析，使读者通过学习，掌握与税收筹划相关的原理和规律，进而能够进行税收筹划实战运用，为企业培养应用型的复合人才。

本书在各章节开篇设有思政目标、知识目标和案例导入，培养学生合理避税的道德观，激发学生正确的价值观；在各章节中引入丰富的教学案例，并对重难点知识设计有微课视频，学生通过课前、课后知识点可巩固学习，对高等院校学生掌握税收筹划理论和方法具有重要的指导作用。

图书在版编目(CIP)数据

税收筹划实务：微课版/唐开兰主编. —北京：清华大学出版社，2024.3
高等院校工商管理专业系列教材
ISBN 978-7-302-65697-5

Ⅰ. ①税⋯ Ⅱ. ①唐⋯ Ⅲ. ①税收筹划—高等学校—教材 Ⅳ. ①F810.423

中国国家版本馆 CIP 数据核字(2024)第 051058 号

责任编辑：石　伟
封面设计：刘孝琼
责任校对：么丽娟
责任印制：刘海龙
出版发行：清华大学出版社
　　　　　网　　　址：https://www.tup.com.cn, https://www.wqxuetang.com
　　　　　地　　　址：北京清华大学学研大厦 A 座　　　邮　　编：100084
　　　　　社 总 机：010-83470000　　　邮　　购：010-62786544
　　　　　投稿与读者服务：010-62776969, c-service@tup.tsinghua.edu.cn
　　　　　质量反馈：010-62772015, zhiliang@tup.tsinghua.edu.cn
　　　　　课件下载：https://www.tup.com.cn, 010-62791865
印 装 者：三河市科茂嘉荣印务有限公司
经　　销：全国新华书店
开　　本：185mm×260mm　　印　张：14.5　　字　数：350 千字
版　　次：2024 年 3 月第 1 版　　印　次：2024 年 3 月第 1 次印刷
定　　价：46.00 元

产品编号：099951-01

前　言

《税收筹划实务》是高等院校会计学专业的一门主干课程，是以财务会计核算为条件的。进行税收筹划需要依法建立健全规范的财务制度和会计核算方式，规范财务管理，从而使企业经营管理水平不断跃上新台阶。纳税人要进行税收筹划，必须要熟悉税收法律、法规，深刻理解和掌握各项税收政策，才能领会并顺应税收政策导向，做出理性选择，做到自觉依法纳税。因此，鼓励企业进行税收筹划能在一定程度上加快普及税法，提高纳税人的纳税意识。

本书是作者根据本科教学的要求修订教学大纲并梳理知识点，在阅读国内外税收筹划领域研究成果的基础上，深入挖掘并适当提炼案例融入其中，并结合多年的教学、实践经验编写而成的，注重应用性。

本书分为七章，第一章和第二章为税收筹划理论，主要介绍税收筹划的基本原理、基本方法、基本步骤及税收筹划风险的类型和防范方法。从税基筹划、税率筹划、税额筹划不同的方面介绍免税、减税、税率差异、扣除、抵免、分劈、延期纳税、退税等筹划方法的运用。第三章至第七章，从纳税人、税率、计税依据、税收优惠等方面介绍国内各税种应如何进行税收筹划。

与同类书相比，本书具有以下特点。

(1) 按照现行税制的分类，以税种顺序排列章节，条理清晰。在各章知识点学习中对相关税法基础理论进行阐述，既适合财务管理、税务、会计、审计等应用型本科学生的学习，也适合企业会计人员、会计师事务所、税务师事务所等社会人员学习。

(2) 在各章节开篇设有思政目标和思政案例导读，深入挖掘提炼多方面的思政元素，并将其有机融入会计学专业课程教学中，对专业课的课程思政教学改革进行了有益的探索。

(3) 引入大量的实务案例，各章重点从纳税人、税率、税基、优惠政策等方面进行合理避税的案例分析，并结合国内税收制度的特点以及最新的税收政策的变化，使课程具有前瞻性和实用性。

(4) 对相关重难点知识设计有微课视频，通过视频将每章的重要知识点讲解明白、透彻，帮助学生进行预习和复习，有效提高学习效率。

本课程的综合性较强，要求学习者具备一定的会计和税法基础知识，要求的先修课程包括税法理论、税务会计或基础会计课程。

本书编写分工如下：第一章、第三章由唐开兰副教授编写；第二章、第五章由邓莲花老师编写；第四章由谢广霞老师编写，第六章、第七章由李孝娇老师编写。全书由唐开兰副教授进行总体设计、修订，进行总纂并定稿。

　　本书的顺利出版，首先，要感谢国内外从事税收筹划研究与应用的学者与实务工作者。本书吸收了不少前人的研究成果和实践经验，对此我们表示诚挚的感谢，并愿意加入继续探索和实践的行列。其次，要感谢学院的领导和同事们，他们对本书给予了许多的帮助与支持。但由于编者学识水平和实践经验有限，书中难免有疏漏与不妥之处，恳请有关专家、学者及广大读者不吝赐教，以便进一步修订与提高。

编　者

习题案例答案及课件获取方式.pdf

目 录

第一章　税收筹划基础知识

【思政目标】

1. 通过运用合理的税收筹划方法，帮助学生提高纳税意识，依法纳税。
2. 通过对税收筹划基础知识的理解，培养学生社会主义核心价值观和爱国情怀。
3. 通过对税收筹划相关概念的辨析，提高学生税收法律责任意识。

【知识目标】

1. 税收筹划与税收欺诈概念的辨析。
2. 熟悉税收筹划的特征、原则和作用等。
3. 掌握税收筹划的基本原理和基本方法。
4. 熟悉税收筹划的基本步骤。

【案例引入】不具备法律意识的"税收筹划"是偷税

　　某机电经销公司，属于增值税一般纳税人。该公司在了解增值税是凭外购货物的增值税专用发票进行抵扣后，就聘请某企业的财务主管为其企业进行避税筹划。该财务主管的第一项工作就是从"增值税专用发票抵扣"入手。他找到一家经营机电业务的小规模纳税人(该小规模纳税人为定额征收户)协商，让其在进货时，向销货方索取增值税专用发票，并在户头填写该机电经销公司的名称，然后机电经销公司用发票抵扣进项税，从而达到少缴纳增值税税款的目的。几个月时间，该机电经销公司就少缴纳增值税税款达 26 万多元。在年度纳税检查中，税务机关通过检查该企业的库存商品及款项往来时发现了这个问题，因为进货没有库存，也不存在款项往来，因此被税务机关认定为故意偷税行为，该企业负责人被依法追究刑事责任，企业受到重罚。

　　案例启发：从该案例可以看出，税收筹划必须要依法进行，违背现行税法而少缴纳税款属于违法行为。纳税人必须在现行的税收法律、法规的框架下进行筹划，否则会受到相应的法律处罚。

　　纳税人开展税收筹划，需要具备自我保护意识。既然税收筹划要在不违法的前提下进行，那么税收筹划行为就应该合理、合法，这就是纳税人的一种自我保护意识。纳税人为了更好地实现自我保护，需要注意以下四点：(1)增强法治观念；(2)熟练掌握税收法律和法规；(3)熟练掌握有关的会计处理技巧；(4)熟练掌握有关税收筹划方法。

第一节　税收筹划概述

一、税收筹划的相关概念

1. 税收筹划的概念

税收筹划源于西方。19 世纪中叶，意大利的税务专家已经出现，一些企业的纳税工作委托税务代理人代为办理；在美国，税收筹划咨询业专家已经出现，他们为纳税人提供税务咨询，其中就包括为纳税人进行税收筹划。如今税收筹划在发达国家十分普遍，已成为一个成熟、稳定的行业，专业化趋势十分明显。在我国，税收筹划还处于起步阶段，国人对此虽有极大的兴趣和需求，但又有所顾忌。

所谓税收筹划，是指通过对涉税业务进行策划，制作一整套完整的纳税操作方案，从而达到节税的目的。

关于税收筹划的内容，目前国内有以下三种不同的观点。

一是认为税收筹划专指一种情况即节税筹划，即认为节税筹划与税收筹划是相同的范畴。

二是将税收筹划向外延伸到各种类型的少缴税、不缴税的行为，甚至将偷税、逃税、欠税都包括在内。

三是关于对各种纳税事务的筹划，是一个全方位的概念，涉及纳税人纳税事务的各方面，但税收筹划应遵守国家有关的法律、法规。概括来说，税收筹划是企业的一种理财活动，是指纳税人为实现经济利益最大化的目的，在国家法律允许的范围内，对自己的纳税事项进行系统安排，以获得最大的经济利益。

2. 税收欺诈

古今中外，每个纳税人都想少纳税。而少纳税的手段、方式、渠道有很多，除税收筹划之外，还有避税、偷税、逃税等。一些纳税人对税收筹划与避税等概念的理解模糊，界限掌握不清楚，致使其在所谓的税收筹划时造成筹划不当，从而构成偷税、逃税，导致税务机关按规定调整其应纳税额。纳税人不仅不能达到节税的目的，还会被要求缴纳滞纳金，甚至受到行政处罚，情节严重者更将被追究刑事责任。因此，我们有必要熟悉与税收筹划相关的概念，降低税收筹划给纳税人带来的风险。常见的税收欺诈包括逃税、逃避追缴欠税、抗税、骗税等。

1) 逃税

逃税是指纳税人为了不缴纳或少缴纳税款，采取各种不合法手段，隐瞒自身的真实情况，欺骗税务机关，逃避缴纳税款的行为。逃税与税收筹划有明显的差别，逃税是采取伪造、隐匿、变造、擅自销毁记账凭证、账簿，在账簿上增加支出或减少收入，或税务机关要求申报而拒不申报或虚假申报的行为，达到不缴纳或少缴纳应纳税款的目的，这都是在现实中的各类逃税行为，是一种违法犯罪行为。

【案例1-1】2018年6月初，群众举报范某某的"阴阳合同"涉税问题，后经江苏等地税务机关依法调查核实，范某某在某电影拍摄过程中实际取得片酬3000万元，其中1000万元已经申报纳税，其余2000万元以拆分合同方式偷逃个人所得税618万元，少缴税金及附加112万元，合计730万元。此外，范某某及其担任法定代表人的企业少缴税款2.48亿元，其中偷逃税款1.34亿元。对于上述违法行为，税务机关依据《中华人民共和国税收征收管理法》的相关规定，对范某某及其担任法定代表人的企业追缴税款2.55亿元，加收滞纳金0.33亿元；对范某某采取拆分合同手段隐瞒真实收入偷逃税款处4倍罚款计2.4亿元，对其利用工作室账户隐匿个人报酬的真实性质偷逃税款处3倍罚款计2.39亿元；对其担任法定代表人的企业少计收入偷逃税款处1倍罚款计94.6万元；对其担任法定代表人的两户企业未代扣代缴个人所得税和非法提供便利协助少缴税款各处0.5倍罚款，分别计0.51亿元、0.65亿元。

2）逃避追缴欠税

逃避追缴欠税是指纳税人在税务机关限定的相关追缴期内，对不按规定缴纳所欠的税款，采取转移或隐匿财产，或私自变卖大宗资产等手段，逃避税务机关追缴期内所欠税款的行为。这是一种违反税法的行为。逃避追缴欠税可以实现延迟纳税或少纳税，甚至不纳税，给纳税人带来一定的利益，其行为属于主观故意违法。

【案例1-2】某纳税人在年终结算之前，将计划第二年开展的维修、经营策划的40万元的活动，按照策划设计提前发生，使本期利润减少40万元，应税所得额也减少了40万元，降低了当年的纳税人所得税40×25%=10(万元)，这样当年的所得税税负转移到下一年度发生，实现了递延纳税10万元的税收筹划效果。但是，倘若纳税人并未进行以上筹划，而是当期少缴纳了10万元税款，并长期不按税务机关限期补缴，最后又将纳税人的资产全部转移或变卖，从而使税务机关难以追缴该纳税人所欠的10万元应纳税款及滞纳金，这就构成了逃避追缴欠税。因此，逃避追缴欠税与税收筹划有本质的区别。

3）抗税

抗税是以暴力或威胁等方法，拒绝缴纳税款的行为。抗税行为直接触犯了法律。

【案例1-3】某县地方税务局税务专管员到某批发部多次找吴某催收应缴纳的200元税款，吴某认为自己生意不好，不应当交税，并持水果刀威胁税务征收人员，扬言说如果谁敢让他交税，他就用刀捅死谁。次日上午10时许，该局执法人员经县局批准后再次到某批发部，准备依法扣押相当价值的商品以抵其应纳税款，吴某见状立即双手拿刀威胁税务执法人员，阻挠税务执法人员执法，进行暴力抗税。税务人员见状迅速报警。民警赶到现场后即对吴某进行劝说，吴某非但不听，反而双手持刀与民警对抗，威胁民警。双方相持20分钟后，为防止事态扩大，民警果断采取抓捕行动。在抓捕吴某时，吴某持刀反抗，导致一名民警受轻微伤。这一案件发生后，县地方税务局及其所在县公安局高度重视，公安经侦部门迅速立案调查取证，并提交检察机关批准对吴某按抗税罪进行逮捕。

4）骗税

骗税是一种特定的行为，指采取弄虚作假或欺骗等手段，将本来没有发生的应税行为，虚构成发生的应税行为，将小额的应税行为伪造成大额的应税行为，从而骗取出口退税款的一种少交税款的行为。

【案例1-4】2016年8月，某市国家税务局联合公安部门，破获某进出口公司涉嫌出口骗税案。经查，进出口公司在2012年10月至2015年7月，以支付开票手续费的方式或以实际控制生产厂家方式取得虚开增值税专用发票，并伙同境外商人以循环进出口的方式虚构海参出口业务。公司以上述虚开取得的增值税专用发票申报办理出口退税，涉及金额为17662.23万元，出口退税额为2296.09万元。公司法定代表人杨某某因涉嫌骗取出口退税罪已被批准逮捕。

3. 税收欺诈与税收筹划的区别

税收欺诈是指使用欺骗、隐瞒等违法手段，故意违反现行税收法律、法规，不缴或少缴税款的违法行为，如逃税、欠税、骗税、漏税、抗税等。税收欺诈与税收筹划有本质区别，其具体表现在以下几方面。

(1) 经济行为上。税收欺诈是对一项或多项实际已发生的应税行为全部或部分的否定。而税收筹划只是对某项或多项应税行为的实现形式和过程在现行的税收法律和法规的框架下进行事先合理合法的安排，其经济行为是合法、合理的。

(2) 行为性质上。税收欺诈是公然违反税收法律、法规，与税收法律、法规相对抗的一种违法行为。税收欺诈的主要手段表现为纳税人通过故意少报或隐藏有关的纳税情况和事实，达到不缴税或少缴税的目的，其行为具有明显的欺诈性。即使有时纳税人非故意产生一些漏税行为，但其结果也是法律所不允许的或非法的。而税收筹划则是尊重法律，利用法律规定，结合纳税人实际经营情况来选择有利于自身的纳税安排。税收筹划行为的性质是合法的，因为它不触犯税收法律、法规的禁止性条款。

(3) 法律后果上。税收欺诈是属于法律上明确禁止的行为，因此一旦被征税机关查明事实，纳税人就要为此承担相应的法律责任，受到相应的法律制裁。世界各国的有关法律对此都有相应的处罚规定。而税收筹划则是通过合法的形式来尽可能地承担较少的税收负担，其经济行为符合法律要求，无论是形式上、内容上还是事实上都是合法的。

(4) 对税收法律、法规的影响上。税收欺诈是公然违反税收法律、法规，是对税收法律、法规的一种对抗和藐视，其成功与否和税法的科学性无关，要防止税收欺诈，就应加强税收征管，严格执法。而税收筹划是充分尊重税收法律、法规，成功筹划需要纳税人或其代理人在对税收法律、法规条文非常熟悉和对税法的精神充分理解的同时，又掌握一定的税收筹划方法，才能达到合理合法减少税收的目的。从一定意义上说，它也从另一个角度促进了税收法律、法规不断走向完善和科学之路。

二、税收筹划产生的原因

税收筹划不是自古就有，它是一定历史时期的特定产物，其产生具有主观和客观两方面的原因。

1. 国内税收筹划产生的主观原因

任何税收筹划行为，其产生的根本原因都是经济利益的驱动，即经济主体为追求自身经济利益的最大化。我国对一部分国有企业、集体企业、个体经营者所做的调查表明，绝大多数企业有到经济特区、开发区及税收优惠地区从事生产经营活动的愿望和要求，其主要原因是税收负担轻、纳税额较少。而利润等于收入减去成本(不包括税收)再减去税收，在收入不变的情况下，降低企业或个人的成本及税收支出，便可以获取更大的经济收益。税收作为生产经营活动的支出项目，应该越少越好，无论它是怎样的公正合理，但对纳税人而言都意味着直接经济利益的损失。

2. 国内税收筹划产生的客观原因

任何事物的出现总是有其内在原因和外在刺激因素。税收筹划的内在动机可以从纳税人尽可能减轻纳税负担的强烈愿望中得到根本性答案。国内税收筹划的客观原因主要有以下几个方面。

1) 纳税人定义上的可变通性

任何一种税都要对其特定的纳税人给予法律的界定。这种界定理论上包括的对象和实际上包括的对象差别很大，出现这种差别的原因在于纳税人定义的可变通性，正是这种可变通性诱发纳税人的税收筹划行为。特定的纳税人要缴纳特定的税，如果某纳税人能够说明自己不属于该税的纳税人，并且理由合理充分，那么他自然就不用缴纳该税。

纳税人的可变通性一般有三种情况：一是该纳税人确实转变了经营内容，过去是某税的纳税人，现在成为另一种税的纳税人；二是内容与形式脱离，纳税人通过某种非法手段使其形式上不属于某税的纳税义务人，而实际上并非如此；三是该纳税人通过合法手段转变了内容和形式，使纳税人无须缴纳该种税。

2) 征税对象金额的可调整性

税额计算的关键取决于两个因素：一是征税对象金额；二是适用税率。纳税人在既定税率的前提下，由征税对象金额派生的计税依据越小，税额就越少，纳税人税负就越轻。为此纳税人会尽量调整征税对象金额使税基变小。如企业按销售收入缴纳增值税时，纳税人尽可能地使其销售收入变少。销售收入有可扣除调整的余地，因此某些纳税人在销售收入内尽量多增加可扣除项目。

3) 税率上的差别性

税制中不同税种有不同税率，同一税种中不同税目也可能有不同税率，这种广泛存在的差别性，为企业和个人进行税收筹划提供了客观条件。

4) 全额累进临界点的突变性

全额累进税率和超额累进税率相比，累进税率变化幅度较大，特别是在累进级距的临界点左右。这种突变性诱使纳税人采用各种手段使征税金额停在临界点低税率一方。

5) 起征点的诱惑力

起征点是征税对象金额最低征税额，低于起征点可以免征，而当超过时，应全额征收，因此纳税人想使自己的应纳税所得额控制在起征点以下。

6) 各种减免税是税收筹划的温床

税收中一般都有例外的减免照顾，以便扶持特殊的纳税人。然而，正是这些规定诱使众多纳税人争相取得这种优惠，千方百计使自己符合减免条件，例如，新产品可以享受税收减免，不是新产品也出具证明或使产品具有某种新产品的特点以享受这种优惠。

3. 国际税收筹划产生的客观原因

国际税收筹划产生的客观原因是国家之间税收制度的差异。

1) 纳税人概念的不一致

关于纳税义务，国际社会有三个基本原则：一是一个人作为一国居民，必须在其居住国纳税；二是一个人如果是一国公民，就必须在该国纳税；三是一个人如果拥有来源于一国境内的所得或财产，在来源国就必须纳税。前两种情况我们称之为属人主义原则，后一种情况我们称之为属地主义原则。各国属地主义和属人主义上的差别以及同是属地主义或属人主义，但在具体规定，如公民与居民概念上存在差别，这也为国际税收筹划带来了机会。

2) 征税的程度和方式在各国间不同

绝大多数国家对个人和公司法人所得都要征收所得税，但对财产转让所得则不同，比如有些国家不征收财产转让税。同样是征收个人和企业所得税，有些国家税率较高，税负较重，有些国家则税率较低，税负较轻，甚至有的国家和地区不征税，从而给税收筹划创造了机会。

3) 税率上的差别

同样是征收所得税，各国规定的税率却大不一样，将利润从高税地区向低税地区转移是利用这种差别进行税收筹划的重要手段之一。

4) 税基上的差别

所得税税基为应税所得，但在计算应税所得时，各国对各种扣除项目规定的差异可能很大。显然，给予各种税收优惠会缩小税基，而取消各种税收优惠则会扩大税基。因此在税率一定的情况下，税基的大小决定着税负的高低。

5) 避免国际双重征税方法上的差别

国际双重征税是指两个或两个以上的国家，在同一时期内，对参与经济活动的同一纳税人或不同纳税人的同一征税对象或税源，征收相同或类似的税收，一般可分为法律意义上的国际双重征税和经济意义上的国际双重征税。为了消除国际双重征税，各国使用的方法不同，较为普遍的是抵免法和豁免法，后一种方法可能会产生国际税收筹划机会。

除此以外，各国使用反避税方法上的差别、税法有效实施上的差别以及其他非税收方面法律上的差别都会给纳税人进行跨国税收筹划提供一定的条件，这也是国际税收筹划产生的重要客观原因。

三、税收筹划的分类

1. 按节税的基本原理分类

税收筹划按节税的基本原理可分为绝对节税与相对节税。

绝对节税是税收筹划直接使纳税人缴纳税款的绝对额减少。绝对节税原理是在各种可供选择的纳税方案中，选择缴纳税款最少的方案。绝对节税可以是直接减少某一个纳税人缴纳税款的总额，也可以是直接减少某一个纳税人在一定时期缴纳税款的总额。

相对节税是一定时期纳税人的纳税总额并没有减少，但一段时间内各纳税期的纳税数额发生了变化，主要是纳税时间推迟，或前期纳税少、后期纳税多，增加了税后收益，相对于收益而言纳税总额相对减少。

2. 按税收筹划的区域分类

税收筹划按区域可分为国内税收筹划与跨国税收筹划。

国内税收筹划是指纳税主体所制订的一项法律所允许的企业税负最低计划，仅仅限于一个国家内部。

跨国税收筹划是指跨国纳税主体(包括公司和个人)所制订的一项法律所允许的使其全球税收负担最小化的计划，从而实现对外经济活动的所有管辖区的总所得最大化的经济行为。具体来讲，就是跨国纳税人在国际税收的大环境下，利用各国税收法规的差异和国际税收协定的不足，寻找合法的方法来减轻税收负担，实现其税收总支出最小化。这些税收包括跨国纳税人经营活动的所有所在国的当地税收，以及本国的所得税。

3. 按企业经营过程进行分类

税收筹划按企业经营过程可分为投资决策中的税收筹划、生产经营过程中的税收筹划、企业成本核算过程中的税收筹划、企业成果分配中的税收筹划。

4. 按税种进行分类

税收筹划按税种可分为增值税税收筹划、消费税税收筹划、个人所得税税收筹划、企业所得税税收筹划等。

四、税收筹划的主要形式

税收筹划的主要形式包括节税筹划、合理避税筹划、规避"税收陷阱"筹划、税负转嫁筹划和涉税零风险筹划。

1. 节税筹划

节税筹划是指纳税人在不违背税法立法精神的前提下，充分利用税法中固有的起征点、减免税等一系列优惠政策和税收惩罚等倾斜调控政策，通过纳税人对筹资活动、投资活动及经营活动的巧妙安排，达到少缴纳税收的目的。这种巧妙安排与避税筹划最大的区别在于避税是违背立法精神的，而节税是顺应立法精神的。换言之，顺应法律意识的节税活动及其后果与税法的本意相一致，它不但不影响税法的地位，反而会加强税法的地位，从而使政府利用税法进行的宏观调控更加有效，是值得提倡的行为。节税手段的形式有以下几种。

(1) 利用税收照顾性政策、鼓励性政策进行的节税，是最基本的节税形式。

(2) 在现行税法规定的范围内，选择不同的会计政策、会计方法以求节税。

(3) 在现行税法规定的范围内，在企业组建、经营、投资与筹资过程中进行。

2. 合理避税筹划

合理避税筹划是相对于逃税而言的一个概念，合理避税筹划是指纳税人在充分了解现行税法的基础上，通过掌握相关会计知识，在不触犯税法的前提下，利用税法中的漏洞、空白获取税收利益的筹划。其大体上有三种形式：合法型、非违法型、形式合法而内容不合法。合理避税是纳税人为了规避或减轻自身税收负担而利用税法漏洞、缺陷或税收征收管理的薄弱环节等，通过税法特例、选择性条款、税负差异进行的非违法的节税法律行为；以及为转嫁税收负担所进行的经济行为。合理避税筹划的具体方法有以下几种。

1) 转让定价

转让定价是通过关联企业，达到整体最大限度地逃避纳税义务。对产品、劳务的交易不按市场价格进行，在高税率地区采用高进低出，在低税率地区采用低进高出，以达到整体的避税。

2) 企业存货计价避税

企业存货计价避税是利用企业内部具体的核算方法和存货的市场价格变动，采用高转成本，低转利润的办法实现避税。

3) 折旧

折旧是采用税法允许而对企业有利的折旧方法。

4) 资产摊销法

资产摊销法是对无形资产、递延资产、低值易耗品、包装物、材料的摊销尽可能保持成本最大化，税前利润最小化。

5) 筹资租赁法

筹资租赁法是以支付租金的方法降低企业利润和税基。

6) 信托手段

信托手段是通过在税收优惠地区设置信托机构，让非优惠地区的财产挂靠在优惠地区的信托机构名下，利用税收优惠政策避税。

7) 挂靠避税

挂靠避税是挂靠在科研、福利、教育、老少边穷地区，利用税收优惠政策避税。

对于这种方式的筹划，理论界有一定争议，很多学者认为这是对国家法律的蔑视，应该被否定。挂靠避税筹划虽然违背了立法精神，但其获得成功的重要前提是纳税人对税收政策进行了认真研究，并在法律条文形式上对法律予以认可，这与纳税人不尊重法律的偷税、逃税有着本质的区别。对于纳税人的这种筹划，税务机关不应该予以否定，更不应该认定为偷税、逃税并给予法律制裁。国家立法机关应该不断地完善税收法律规范，填补空白，堵塞漏洞，使类似的情况不再发生，也就是采取反避税措施加以控制。

【案例 1-5】A 公司在某一低税国买入一已被清盘的亏损纳税人 B 公司，来减轻税负。其税收筹划的过程如下。处于高税国的 A 公司原应税所得额为 1000 万美元，税率为 50%，应纳所得税税额为 500 万美元。某一低税国的 B 公司亏损了 200 万美元，A 公司支付了 100 万美元将 B 公司购进，成为 A 公司的分公司，这样，A 公司、B 公司的所得应该汇总才能计算应缴纳的所得税税额。A 公司按其所在国的税率来缴税，应缴税 400 万美元，比购买 B 公司前少缴了 100 万美元，即 A 公司分文未付就获得了相当于 100 万美元资产的一家子公司。其计算如下：A 公司原来的应税所得额为 1000 万美元，减去 B 公司亏损额 200 万美元，税收收益为 200×50%=100 万美元，这个收益正好等于支付购买 B 公司投资的 100 万美元。

3. 规避"税收陷阱"筹划

规避"税收陷阱"是指纳税人在经营活动中，要注意税收政策规定的一些被认为是税收陷阱的条款。

例如，《中华人民共和国增值税暂行条例》第三条规定，纳税人兼营不同税率的项目，应当分别核算不同税率项目的销售额；未分别核算销售额的，从高适用税率。如果人们对经营活动不进行事前的税收筹划，就有可能掉进"纳税陷阱"，从而增加企业的税收负担。

4. 税负转嫁筹划

税负转嫁是纳税人通过价格的调整与变动，将应纳税款转嫁给他人负担的过程。广义的避税包括税负转嫁；狭义的避税不包括税负转嫁，视税负转嫁为独立的税收筹划领域。税负转嫁只适用于流转税。

1) 税负转嫁与避税的区别

(1) 适用的范围不同。税负转嫁适用范围较窄，受制于商品、劳务的价格、供求弹性，避税则不受这些限制。

(2) 适用的前提不同。税负转嫁的前提是价格自由浮动，避税不受此限制。

(3) 税负转嫁可能会与企业财务目标相悖。

2) 税负转嫁的方法

(1) 前转。税负前转亦称"顺转""下转"，是纳税人将其所纳税款，以通过提高商品或生产要素价格的方式，向前转移给商品或生产要素的购买者或最终消费者负担的一种税负转嫁形式。一般来说，前转是税负转嫁的最典型和最普遍的形式，多发生在商品和劳务的应税上。

(2) 后转。税负后转亦称"逆转""上转"，是纳税人将其所纳税款，以压低生产要素进价或降低工资、延长工时等方法，将其缴纳的税款冲抵价格的 部分，逆着价格运动方向，向后转移给销售者或生产要素的提供者负担的一种税负转嫁形式。后转一般是在市场供求条件不允许纳税人以提高商品销售价格的办法向前转移税收负担时发生的，而且大多发生在生产要素的应税上。

(3) 消转。税负消转亦称"税收转化"，是纳税人对其所纳税款，既不向前转嫁，也不向后转嫁，而是通过改善经营管理、改进生产技术、提高劳动生产率等方法，自己消化税收负担。消转没有把税负转移给他人，也没有特定的负税人，是一种特殊的税负转嫁形式。

(4) 税收资本化。税收资本化亦称"资本还原"，即生产要素购买者将所购生产要素未来应纳税款，通过从购入价格中预先扣除的方法，向后转嫁给生产要素出售者的一种形式。税收资本化主要发生在某些资本品的交易，如土地交易税中。

5. 涉税零风险筹划

涉税零风险是指纳税人生产经营账目清楚，纳税申报正确，税款缴纳及时、足额，没有任何税收违法乱纪行为，或风险极小，可忽略不计的一种状态。

当谈及税收筹划，一般人都认为是指企业或个人运用各种手段直接减轻自身税收负担的行为，其实这种认识是片面的。因为纳税人除了减轻税收负担之外，还存在不会直接获得任何税收上的利益，但可以避免涉税损失的出现，这也相当于实现了一定的经济收益，这种状态就是涉税零风险。因此，实现涉税零风险也是税收筹划的重要内容。税收筹划主要形式的比较如表 1-1 所示。

表 1-1   税收筹划与税收欺诈的比较

比较点	税收筹划的主要形式					税收欺诈
	节税筹划	合理避税筹划	规避"税收陷阱"筹划	税负转嫁筹划	涉税零风险筹划	
法律性质	合法	非违法	合法	纯经济活动	合法	违法
政府态度	提倡	不提倡	支持	中立	鼓励	反对和抵制
风险性	低风险	风险较高	零风险	多因素风险性	几乎零风险	高风险
实施手段	主要利用税收优惠政策或选择机会	主要利用税法漏洞	正确申报、定期检查、了解税务政策、遵守法律规定等	调整产品价格	正确进行纳税申报，及时、足额纳税	利用非法手段
经济影响	促进经济良性发展	影响以致破坏市场规则	促进经济良性发展	有利于企业间的竞争	有利于形成良好的税收征纳环境	违背公平竞争原则，破坏经济秩序

五、税收筹划的特征

税收筹划有其固有的特征，主要表现在合法性、政策的导向性、目的性、专业性和时效性等几个方面。

1. 合法性

税收筹划是在合法条件下进行的，是在对国家制定的税法进行比较分析研究后，进行的纳税优化选择。

从税收筹划的概念可以看出，税收筹划是以不违反国家现行的税收法律、法规为前提，否则，就构成了税收违法行为。因此，纳税人应具备法律知识，尤其是具备相关的税收法律知识，清楚违法与不违法的界限。

税收筹划的合法性是税收筹划最基本的特点，具体表现在税收筹划运用的手段要符合现行税收法律、法规，与现行税收法律、法规不冲突，而不是采用隐瞒、欺骗等违法手段。税收筹划的合法性还表现在税务机关无权干涉，税收筹划最根本的做法是利用税法的立法导向和税法的不完善或税收法律、法规的漏洞进行筹划；相关机关只能采取有效措施，对有关的税收法律、法规进行建立、健全和完善，以堵塞纳税人利用税法漏洞达到减轻税负和降低纳税成本的途径。同时，对待纳税人进行税收筹划并不能像对待偷税、逃税那样追究纳税人的法律责任，相反只能默认企业进行税收筹划，并利用纳税人进行税收筹划找出的漏洞把税收法律、法规加以完善。当然，进行税收筹划是合法的，但不一定是合理的。税收筹划的合法性要求纳税人熟悉或通晓国家税收政策规定，并能够准确地把握合法与不合法的界限。

2. 政策的导向性

税收是国家控制的一个重要的经济杠杆，国家可以通过税收优惠政策，多征或减征税收，引导纳税人采取符合政策导向的行为，以实现国家宏观经济调控或治理社会的目的。

3. 目的性

税收筹划是一种理财活动，也是一种策划活动，而人们的策划活动是为了实现一定的意图和目标而进行的，没有明确的意图和目标就无法进行策划。在税收筹划中，一切选择和安排都围绕着节约税收成本的目标而进行，实现企业利益的最大化和使其合法权益得到充分享有与行使是进行税收筹划的中心。

4. 专业性

税收筹划是纳税人对税法的能动运用，是一项专业技术性很强的策划活动。它要求筹划者不仅要精通国家税收法律、法规，熟悉财务会计制度，而且要时刻清楚如何在既定的纳税环境下，达到实现企业财务管理目标、节约税收成本的目的。

5. 时效性

国家的税收政策法令是纳税人进行理财的一个外部环境，它实际上给纳税人的行为提供了空间，纳税人只能适应它，而无法改变它，税收筹划受现行的税收政策法令所约束。然而，纳税人面对的行为空间并不是一成不变的。任何事物都是不断向前发展的，国家税收政策法规也不例外，随着国家经济环境的变化，国家的税收法律也会不断修正和完善。税收作为国家掌握的一个重要经济杠杆，税收政策必然根据一定时期宏观经济政策的需要而制定，即任何国家的税收政策都不是一成不变的，当国家税收政策变动时，税收筹划的形式也应及时进行调整。

第二节　税收筹划的原则和作用

【引言】税务职业道德建设要遵循社会主义核心价值观的要求，税务职业道德可概括为 16 个字，即爱岗敬业、依法治税、公正廉明、服务发展。加强税务职业道德建设，要从以下几个方面入手：一是把税务职业道德纳入税务文化建设体系，并随着税务文化建设的进程不断予以完善与发展；二是在税务文化建设过程中突出尊重人、关爱人、依靠人的理念；三是把依法治税与以德治税结合起来，加强税务人员个人品德建设；四是把税务职业道德建设列入人事教育计划，做到常抓不懈；五是坚持以点带面促使税务职业道德建设向纵深发展。

一、税收筹划的原则

税收筹划有利于实现企业价值或股东利益最大化，所以许多纳税人都乐于进行税收筹划。但是，如果纳税人盲目地进行税收筹划，就可能无法达到预期的目的。根据税收筹划的性质和特点，企业进行税收筹划应当遵循以下原则。

1. 事前筹划原则

税收筹划必须做到与现行的税收政策法令不冲突。国家税法制定在先，而税收法律行为在后，在经济活动中，企业的经济行为在先，向国家交纳税收在后，这就为税收筹划创造了有利的条件。我们可以根据已知的税收法律规定，调整自身的经济事务，选择最佳的纳税方案，争取最大的经济利益。如果没有事先筹划好，经济业务已发生，应税收入也已确定，则税收筹划就失去了意义。所以，企业进行税收筹划，必须在经营业务未发生、收入未取得时做好安排。

我国古代著名的军事家孙子说："夫未战而庙算胜者，得算多也；未战而庙算不胜者，得算少也。多算胜，少算不胜，而况于无算乎？吾以此观之，胜负见矣。"意思是开战之前就预见能够取胜的，是因为筹划周密，取胜条件充分；开战之前就预见不能取胜的，是因为筹划不周，取胜条件不充分。筹划周密、条件充分就能取胜；筹划不周、条件不充分就会失败，更何况不作筹划、毫无条件呢？我们根据这些观察，谁胜谁负也就显而易见了。

国家与纳税人之间围绕着征税和纳税所产生的利益关系，其实质是由税法所调整的征、纳双方的税收法律关系。税法是产生税收法律关系的前提条件，是征、纳双方都必须遵守的行为规范，但是，税法本身并不能产生具体的税收法律关系。税收法律关系的产生、变更、消灭必须由能够引起税收法律关系产生、变更、消灭的客观情况，也就是税收法律事实来决定。

2. 保护性原则

企业的账簿、凭证是记录企业经营情况的真实凭据，是税务机关进行征税的重要依据，也是证明企业未违反税收法律的重要依据。例如，《中华人民共和国税收征收管理法》第五十二条规定，因税务机关的责任，致使纳税人、扣缴义务人未缴或少缴税款的，税务机关在三年内可以要求纳税人、扣缴义务人补缴税款，但是不得加收滞纳金。因纳税人、扣缴义务人计算错误等失误，未缴或者少缴税款的，税务机关在三年内可以追征税款、滞纳金；有特殊情况的，追征期可以延长到五年。其中所说的特殊情况是指涉及的应纳税款额在 10 万元以上。因此，企业在进行税收筹划后，要巩固已取得的成果，妥善保管好账目、记账凭证等有关会计资料，确保其完整，保管期不得短于税收政策规定的补征期或追征期。

3. 经济原则

税收筹划可以减轻企业的税收负担，使企业获得更多的经济利益。但是，在具体操作中，许多税收筹划方案理论上虽可以少缴纳税金或降低税负，但在实际运作中往往不能达到预期效果，其中很多税收筹划方案不符合成本效益原则是税收筹划失败的原因。税收筹划本质上属于企业财务管理的范畴，它的目标与企业财务管理的目标是相同的——实现企业价值最大化。所以在进行税收筹划时，要综合考虑采取该税收筹划方案是否给企业带来绝对的利益，要考虑企业整体税负以及纳税绝对值的降低。

税收筹划在降低纳税人税收负担、取得税收利益的同时，必然要为税收筹划方案的实施付出额外的费用，导致企业相关成本增加，以及因选择该筹划方案而放弃其他方案所损失的相应机会收益。例如，企业运用转让定价方式减轻自己的税负，需要花费一定的人力、物力、财力在低税负区设立相应的办事机构，而这些机构的设立可能完全出于税收方面的考虑，而非正常的生产经营需要。再如，税收筹划是一项技术性很强的工作，筹划人员不仅需要有过硬的财务、会计、管理等业务知识，还要精通有关税收法律、法规及其他相关法律、法规，并十分了解税收的征管规程及存在的漏洞与弊端，因此，企业在税收筹划前需要进行必要的税务咨询，有时还需要聘用专业的税务专家为企业服务，或直接购买避税计划。所以，税收筹划与其他管理决策一样，必须遵循成本效益的原则，只有当筹划方案的所得大于支出时，该项税收筹划才是成功的。

4. 适时调整的原则

税收筹划是一门科学，有其规律可循。但是，一般的规律并不能代替一切，不论多么成功的税收筹划方案，都只是一定历史条件下的产物，不是在任何地方、任何时候、任何条件下都适用的。税收筹划的特征是其具有合法性，究竟何为合法，何为不合法，这完全取决于一个国家的具体法律。随着税收地点的变化，纳税人从一个国家到另一个国家，其具体的法律关系是不同的；随着时间的推移，同一国家的法律也会发生变化。企业面对的具体的国家法律、法规不同，其行为的性质也会不同。由此可见，任何税收筹划方案都是在一定地区，一定时间，一定法律、法规环境条件下，以企业的经济活动为背景制定的，具有针对性和时效性，一成不变的税收筹划方案，终将妨碍企业财务管理目标的实现，损害企业股东的权益。因此，如果企业想长久地获得税收等经济利益的最大化，就必须密切关注国家有关税收法律、法规的变化，并根据国家税收法律环境的变化及时修订或调整税收筹划方案，使之符合国家税收政策法令的规定。

二、税收筹划的作用

1. 有利于提高纳税人的财务管理水平

依法纳税是纳税人应尽的义务，税收的无偿性决定了纳税人税款的支出是资金的净流出，没有与之相配比的收入。税收成本是纳税人经营管理支出的主要组成部分，在收入、成本、费用等条件不变的情况下，纳税人的税款支出与税后净收入成反比。因此，在进行财务管理时，必须把税收成本纳入纳税人的经济目标进行管理。纳税人为减少税收支出，会将眼光放在应纳税款上。但是，如果纳税人少交的税款是通过偷税、逃税、骗税、欠税等违法手段实现的，那么，纳税人不仅要受到税收法律的制裁，而且偷税、逃税、骗税、欠税等违法行为还会影响纳税人声誉，给纳税人正常的生产经营造成严重的负面影响。因此，有必要认真分析税收对纳税人理财活动的影响，以寻求一种既能减少纳税人税收支出，又不违反税收法律、法规的方法，这种方法就是税收筹划。目前，有些纳税人存在偷税、逃税、骗税、欠税等违法犯罪行为，虽然有法律意识淡薄的原因，但关键是纳税人没有事先进行税收筹划，尤其是纳税人在筹资、投资和经营活动中没有事先考虑税收支出。等纳税人的经济活动结束后，在不能实现预期经济效益的情况下，为实现纳税人的经济目标，便采取有损国家利益的违法行为。而税收筹划是以税收政策法规为导向的，因此对筹资、投资、经营管理、利润分配等财务活动中的纳税问题进行筹划，有利于纳税人更好地理财，提高财务管理水平。

2. 有利于促进税务代理等中介机构的健康发展

在市场经济条件下，政府发挥宏观调控职能需要一个政府与市场之间的媒介性组织。中介组织作为政府与企业之间的媒介进行沟通和协调，具有政府不可替代的作用，能为政府和企业提供双向服务，公正地维护政府和企业的合法权益，促进市场秩序稳定、有序地发展，协助政府办理各种事务，起到政府功能放大的效应，使政府的宏观管理措施在微观的企业层面得到贯彻。政府转变职能，就是要把政府原有的一部分职能交给社会中介组织去履行。充分发挥注册会计师、税务师、咨询策划、纠纷仲裁等中介组织的作用，在政府与市场之间构建强有力的联结点，为政府转变职能、企业走向市场创造必要条件。税务代理、咨询机构作为社会中介组织的重要组成部分，已初具规模，由专业的税务代理人员代理纳税事宜，针对企业的实际情况进行合理、合法的税收筹划，既可解除纳税人对税法不熟悉导致违反税法规定而被处罚的后顾之忧，又可使纳税人的税收负担降低，同时可以使企业把精力放在发展生产、提高经济效益上。因此，税务代理机构开展税收筹划，既是社会主义市场经济条件下纳税人的客观需要，也是税务代理机构自我发展、提高生存能力的客观需要。

3. 有利于提高国家宏观经济政策的运行效果

税收是国家实现其宏观经济政策的重要手段，然而，国家税收政策法规能否起到预期效果，主要取决于纳税人是否对这些政策法规做出了行为反应，以及是否主动利用了这些政策措施。如果国家制定了税收政策，而因一些因素的影响，这些政策信息不能正常地传达给纳税人，或政策措施力度不足以改变纳税人的行为，纳税人并没有对其做出行为反应，国家预期的政策目标就难以实现。从这个意义上说，纳税主体是国家宏观调控的微观基础。因此，国家若通过运用税收政策来实现其宏观经济政策目标，不仅要保证政策信息能传达给纳税人，而且要注意措施的力度应足以改变纳税人的行为。纳税人进行税收筹划，正是对这些政策信息的主动接收，并能动地加以运用，是纳税人按照国家宏观政策要求，对自身行为进行的调整，其结果必然有助于国家宏观经济政策的实现。可见，税收筹划是纳税人实现其经济效益最大化的重要手段之一，也是国家政策意志转化为纳税人行为的具体形式，是国家宏观调控得以实现的载体之一。科学地进行税收筹划，可以协调企业微观经济决策和国家宏观经济政策，提高宏观经济政策的运行效果。

4. 有利于培养和提高公民的纳税意识

纳税意识对纳税人的主观行为活动有着深刻的影响。"为什么要纳税"是许多纳税人关心的一个问题。长期以来，不少纳税人不是将纳税作为自己的义务来履行，而是视为一种额外负担，是政府对自身利益的剥夺。因此，培养和提高公民的纳税意识，成为当前国家税收征管工作中迫切需要解决的问题。增强纳税人的法律意识，培养和提高其纳税意识，需要征、纳双方共同努力。正确处理税务机关与纳税人之间的关系，尊重纳税人的合法权益，承认依法纳税是纳税人应尽的义务，依法进行税收筹划是纳税人应有的权利。作为纳税人应充分了解国家有关的税收法律、法规，学会用合法的方式来维护自己的正当权益。税收筹划则能够促进纳税人自行完成这一过程。成功的税收筹划的前提是纳税人熟悉和通晓税收政策法律、法规，并准确掌握合法与非法的界限，保持各种账目资料文件的完整，把运用税法进行税收筹划作为一种自身发展的内在需要。随着纳税人主动对税收政策法规和国家税收政策的学习和运用，纳税人的纳税意识也得到培养，税收法律意识也会得到加强。

5. 有利于涵养税源，促进国家税收收入的持续增长

纳税人进行税收筹划，从短期来看，可能减少了国家的税收收入，但从长期来看，则有利于国家对税源的培植，反而有可能增加国家的财政收入。首先，在目前国家政策性减税有限的情况下，纳税人通过税收筹划以降低税负，减轻了企业的税收负担。这对企业的生存发展十分有利，尤其是对那些暂时比较困难的企业来说，适当地减轻税收负担，就可以将资金用在企业最需要的地方，帮助企业渡过难关，有利于企业的长期发展。只有当企业发展良好，经济情况好转，国家的税收收入源泉才会充足，国家对税款进行征收才存在基础。其次，企业进行税收筹划在一定程度上受国家政策的指引和调节，有利于实现国家的产业政策。虽然短期可能减少国家税收，但就长远而言，却能够促进经济持续发展。此外，如果纳税人能通过税收筹划途径减轻自身的税收负担，也会使偷税、骗税、逃税的行为大大减少，这也有利于改善纳税环境，减少国家税务机关和纳税人之间的矛盾。

第三节　税收筹划的基本原理

【引言】不谋全局者，不足谋一域。习近平总书记2020年10月在中共中央党校(国家行政学院)中青年干部培训班开班式上强调：“领导干部想问题、作决策，一定要对国之大者心中有数，多打大算盘、算大账，少打小算盘、算小账，善于把地区和部门的工作融入党和国家事业大棋局，做到既为一域争光、更为全局添彩。”

一、绝对收益筹划原理和相对收益筹划原理

根据收益效应分类，可将税收筹划原理归为两类：绝对收益筹划原理和相对收益筹划原理。

1. 绝对收益筹划原理

绝对收益筹划是指直接或间接地使纳税绝对总额减少，即在多个可供选择的纳税方案中，选择缴纳税款额最少的方案。这种节税包括直接减少纳税人某项业务的纳税总额，或直接减少其在一定时期内的纳税总额。在绝对收益筹划原理的理念下，具体方法多种多样，比如企业可采用减少税基、适用较低税率的方式来减少纳税总额。

绝对收益筹划原理按照节税采用的手段分为直接收益筹划和间接收益筹划。

1) 直接收益筹划

直接收益筹划是指通过税收筹划，直接减少某一个纳税人的税负绝对额的节税措施。

假定某公司可供选择的筹划方案有 i 项，这些方案使用的筹划技术不完全相同，但在

一定时期所取得的税前所得相同，那么，这些方案在一定时期节减的税负就不相同，纳税人在一定时期的纳税总额也不相同。这些筹划方案表示如下。

$$\sum T_1 = \sum T - \sum Sr_1 - \sum St_1 - \sum Sp_1 - \sum Sd_1 - \sum Sc_1 - \sum Sb_1$$
$$\sum T_2 = \sum T - \sum Sr_2 - \sum St_2 - \sum Sp_2 - \sum Sd_2 - \sum Sc_2 - \sum Sb_2$$
$$\sum T_3 = \sum T - \sum Sr_3 - \sum St_3 - \sum Sp_3 - \sum Sd_3 - \sum Sc_3 - \sum Sb_3$$

......

$$\sum T_i = \sum T - \sum S_i = \sum T - \sum Sr_i - \sum St_i - \sum Sp_i - \sum Sd_i - \sum Sc_i - \sum Sb_i \qquad (1\text{-}1)$$

其中，$\sum T$＝纳税人不采用筹划方案时，其一定时期的纳税总额。

$\sum T_i$＝纳税人采用筹划方案 i 后，其一定时期的纳税总额。

$\sum S_i$＝纳税人采用筹划方案 i 后，其一定时期可能净节减的税额。

$\sum Sr_i$＝纳税人采用筹划方案 i 后，其一定时期因减免税可能净节减的税额。

$\sum St_i$＝纳税人采用筹划方案 i 后，其一定时期因税率差异可能净节减的税额。

$\sum Sp_i$＝纳税人采用筹划方案 i 后，其一定时期因分割可能净节减的税额。

$\sum Sd_i$＝纳税人采用筹划方案 i 后，其一定时期因扣除可能净节减的税额。

$\sum Sc_i$＝纳税人采用筹划方案 i 后，其一定时期因抵免可能净节减的税额。

$\sum Sb_i$＝纳税人采用筹划方案 i 后，其一定时期因退税可能净节减的税额。

说明：

① i＝1，2，3，…

② $\sum$ 表示一定时期内的纳税额或节减税额的总和。税收筹划的目标是使筹划期间内的税负最小化。一项有效的税收筹划必须着眼于整个筹划期间。因为筹划期间一般不局限于 1 年，如果只考虑减少当年的税额，而不考虑这种减少对其他年份的抵销效果，可能会导致更多的纳税额。

③ 公式中各项筹划技术的净节减税额可能为 0，也有可能为负数，即为增加税额。

④ 公式中各项筹划技术有可能相互影响，即一项筹划技术可能导致另一项筹划技术更加节减税额，也可能导致另一项筹划技术增加税额。

通过比较，从 i 项方案中选择纳税总额最少的一项方案。

【案例 1-6】假定某公司一定时期的纳税总额为 $\sum T$＝100 万元，现在有以下三个税收筹划方案。

筹划分析：

方案 1：$\sum Sr_1$＝10 万元，$\sum St_1$＝5 万元，$\sum Sp_1$＝0 万元，$\sum Sd_1$＝-5 万元，$\sum Sc_1$＝5 万元，$\sum Sb_1$＝0 万元。

方案 2：$\sum Sr_2$＝20 万元，$\sum St_2$＝-5 万元，$\sum Sp_2$＝0 万元，$\sum Sd_2$＝10 万元，$\sum Sc_2$＝10 万元，$\sum Sb_2$＝5 万元。

方案 3：$\sum Sr_3$＝10 万元，$\sum St_3$＝10 万元，$\sum Sp_3$＝0 万元，$\sum Sd_3$＝-20 万元，$\sum Sc_3$＝10 万元，$\sum Sb_3$＝0 万元。

按照绝对收益筹划原理，可以对各方案进行如下比较。

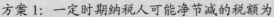

方案1：一定时期纳税人可能净节减的税额为

$$\sum S_1 = \sum Sr_1 + \sum St_1 + \sum Sp_1 + \sum Sd_1 + \sum Sc_1 + \sum Sb_1$$
$$= 10 + 5 + 0 + (-5) + 5 + 0$$
$$= 15(万元)$$

纳税人采用筹划方案1后的一定时期的纳税总额：

$$\sum T_1 = \sum T - \sum S_1$$
$$= 100 - 15$$
$$= 85(万元)$$

方案2：一定时期纳税人可能净节减的税额为

$$\sum S_2 = \sum Sr_2 + \sum St_2 + \sum Sp_2 + \sum Sd_2 + \sum Sc_2 + \sum Sb_2$$
$$= 20 + (-5) + 0 + 10 + 10 + 5$$
$$= 40(万元)$$

纳税人采用筹划方案2后的一定时期的纳税总额：

$$\sum T_2 = \sum T - \sum S_2$$
$$= 100 - 40$$
$$= 60(万元)$$

方案3：一定时期纳税人可能净节减的税额为

$$\sum S_3 = \sum Sr_3 + \sum St_3 + \sum Sp_3 + \sum Sd_3 + \sum Sc_3 + \sum Sb_3$$
$$= 10 + 10 + 0 + (-20) + 10 + 0$$
$$= 10(万元)$$

纳税人采用筹划方案3后的一定时期的纳税总额：

$$\sum T_3 = \sum T - \sum S_3$$
$$= 100 - 10$$
$$= 90(万元)$$

筹划结论： 对以上三个方案进行全面比较，选择最佳的筹划方案。可以看出，三个方案都因筹划方法的内部抵销而影响了筹划的效果。方案1可节减税额15万元，方案2可节减税额40万元，方案3可节减税额10万元。方案2节减的税额最多，取得的税后收益也最大，因此是最佳筹划方案。

【案例 1-7】某公司设立时，关于注册地有两种考虑：设在开发区还是非开发区。假定能取得应纳税所得额为100万元，开发区的所得税税率为15%，非开发区的所得税税率为25%，其他因素均相同。

筹划分析：

方案1：设在开发区：

应纳所得税税额=100×15%=15(万元)

方案2：设在非开发区：

应纳所得税税额=100×25%=25(万元)

筹划结论： 在两个方案中，方案1利用税率差异可以取得10万元(25-15)的节减税额的收益，因此应选择方案1。

2) 间接收益筹划

间接收益筹划是通过在相关纳税人之间转移应纳税所得，以便适用于最低的边际税率(或是取得最小的总税额)，某一个纳税人的纳税绝对额没有减少，但征税对象所负担的税收绝对额减少，间接减少了另一个或另一些纳税人纳税绝对额。

间接筹划方案的选择可以通过比较以下方案后决定。

$$\sum T_1=t_1+t_2+t_3+\cdots+t_{n-3}+t_{n-2}+t_{n-1}$$

$$\sum T_2=t_1+t_2+t_3+\cdots+t_{n-3}+t_{n-2}$$

$$\sum T_3=t_1+t_2+t_3+\cdots+t_{n-3}$$

......

$$\sum T_i=t_1+t_2+t_3+\cdots+t_{n-i} \tag{1-2}$$

其中，t_n 为税收客体第 n 次纳税时所负担的纳税绝对额($n=1$，2，3，…)。

$\sum T_i$ 为采用筹划方案 i 后的纳税绝对总额($i=1$，2，3，…)。

通过分析，从中选择纳税绝对总额最小的方案。

【案例 1-8】假定某水泥厂销售给某建筑公司 100 万元水泥，但该建筑公司因资金紧张，无力支付货款，愿用市场价格为 100 万元的楼房抵账。

筹划分析： 如果水泥厂接受该抵账方案，并欲将该楼房对外出售以收回货款，那么建筑公司用不动产产权抵账，视同销售不动产，应缴纳增值税；水泥厂将来出售楼房以回收账款，属于销售不动产行为，同样应缴纳增值税。

该楼房的销售额所负担的增值税 $\sum T=T_1+T_2=100\times9\%+100\times9\%=18$(万元)

如果水泥厂改变收账方式，与建筑公司达成协议，水泥厂帮助建筑公司联系楼房买主，然后，建筑公司用售房款来偿还水泥厂的账款。

该楼房的销售额所负担的增值税 $\sum T=T_1=100\times9\%=9$(万元)

筹划结论： 在本案例中，水泥厂在收账过程中的不动产产权转让次数由两次变成一次，从而减少了在收账过程中不必要的纳税支出。

2. 相对收益筹划原理

相对收益筹划原理是指纳税人一定时期内的纳税总额并没有减少，但某些纳税期的纳税义务递延到以后纳税期实现，取得递延纳税额的时间价值，从而取得相对收益。

相对收益筹划原理主要考虑了货币的时间价值。货币的时间价值是指货币经历一段时间的投资和再投资所增加的价值，也称为资金的时间价值。

绝对收益筹划原理是直接减少纳税人的纳税绝对总额从而取得收益；而相对收益筹划原理是通过对纳税义务在时间上的安排，相对减少纳税总额从而取得收益。

假设一个公司可选择的筹划方案有 i 个，这些方案在一定时期内的纳税总额相同，但在各纳税期的纳税额不完全相同，这些方案可表示如下。

$$\sum T_1=t_{1-1}+t_{1-2}+t_{1-3}+\cdots+t_{1-n}$$

$$\sum T_2=t_{2-1}+t_{2-2}+t_{2-3}+\cdots+t_{2-n}$$

......

$$\sum T_i=t_{i-1}+t_{i-2}+t_{i-3}+\cdots+t_{i-n} \tag{1-3}$$

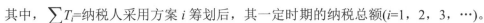

其中，$\sum T_i$=纳税人采用方案 i 筹划后，其一定时期的纳税总额(i=1，2，3，…)。

$\sum T_{i-n}$=采用方案 i 筹划后，纳税人第 n 个年度要缴纳的税额(n=1，2，3，…)。

说明：

① 设 $\sum T_1=\sum T_2=\sum T_3=\cdots=\sum T_i=\sum T$($\sum T$ 为纳税人不筹划情况下一定时期内的纳税绝对总额)。

② 纳税义务的递延体现在前面纳税年度缴纳的税额小于不筹划情况下同年度缴纳的税额，后面纳税年度缴纳的税额大于不筹划情况下同年度缴纳的税额。

③ 如果不考虑绝对收益的因素，那么 $\sum T_1=\sum T_2=\cdots=\sum T_i$

对各方案的纳税额求现值如下。

$$p_1=T_{1-1}/(1+r)+T_{1-2}/(1+r)^2+T_{1-3}/(1+r)^3+\cdots+T_{1-n}/(1+r)^n$$

$$p_2=T_{2-1}/(1+r)+T_{2-2}/(1+r)^2+T_{2-3}/(1+r)^3+\cdots+T_{2-n}/(1+r)^n$$

……

$$p_i=T_{i-1}/(1+r)+T_{i-2}/(1+r)^2+T_{i-3}/(1+r)^3+\cdots+T_{i-n}/(1+r)^n \qquad (1\text{-}4)$$

说明：r 为投资报酬收益率。

从中选取一定时间内纳税额的现值最小的方案。

【案例 1-9】假设一个公司的年度目标投资收益率为 10%，在一定时期所取得的税前所得相同。如果税法允许计提固定资产折旧的方法有年限平均法、加速折旧法、一次计入费用法。其结果假定如下。

筹划分析：

方案 1：采用年限平均法：

　　$T_{1-1}=T_{1-2}=T_{1-3}=100$(万元)，即每年缴纳的所得税相等。

方案 2：采用加速折旧法：

　　$T_{2-1}=50$(万元)，$T_{2-2}=100$(万元)，$T_{2-3}=150$(万元)

方案 3：采用一次计入费用法：

　　$T_{3-1}=0$(万元)，$T_{3-2}=150$(万元)，$T_{3-3}=150$(万元)

(1) 3 年的预期纳税绝对总额 $\sum T_i$ 为

方案 1：$T_1=T_{1-1}+T_{1-2}+T_{1-3}=100+100+100=300$(万元)

方案 2：$T_2=T_{2-1}+T_{2-2}+T_{2-3}=50+100+150=300$(万元)

方案 3：$T_3=T_{3-1}+T_{3-2}+T_{3-3}=0+150+150=300$(万元)

该公司采用不同的方案在 3 年内的纳税绝对总额相同，都是 300 万元。

(2) 把预期纳税绝对总额按目标投资收益率折算成现值 p_i

方案 1：$\sum T_1$ 的预期纳税绝对总额的现值为

　　$p_1=100+100/(1+10\%)+100/(1+10\%)^2=273.55$(万元)

方案 2：$\sum T_2$ 的预期纳税绝对总额的现值为

　　$p_2=50+100/(1+10\%)+150/(1+10\%)^2=264.88$(万元)

方案 3：$\sum T_3$ 的预期纳税绝对总额的现值为

　　$p_3=0+150/(1+10\%)+150/(1+10\%)^2=260.33$(万元)

(3) 筹划方案的相对节减税额 $\sum S_i$ 为

方案 2 相对节减税额 $\sum S_2 = \sum T_1 - \sum T_2 = 273.55 - 264.88 = 8.67$(万元)

方案 3 相对节减税额 $\sum S_3 = \sum T_1 - \sum T_3 = 273.55 - 260.33 = 13.22$(万元)

筹划结论： 尽管在三个方案中该公司一定时期内的纳税总额为 300 万元，但因货币具有时间价值，方案 2 和方案 3 就如同纳税人取得了一笔无息贷款，在本期有更多的资金用于投资和再投资，将来可获得更大的投资收益，或减少企业的筹资成本，相对节减了税收，取得了收益，所以选择方案 2 或方案 3；而在方案 2 与方案 3 中，又以选择方案 3 最优，因为它比方案 2 相对节减更多的税款，取得的收益更大。

二、税基筹划原理、税率筹划原理和税额筹划原理

根据着力点不同，可将税收筹划原理分为税基筹划原理、税率筹划原理和税额筹划原理。

1. 税基筹划原理

税基筹划原理是纳税人通过缩小税基来减轻税收负担甚至免除纳税义务的原理。税基是计税的基数，在适用税率一定的条件下，税额的大小与税基的大小成正比。税基越小，纳税人负有的纳税义务越轻。企业所得税的计算公式为

$$应纳所得税=应纳税所得额 \times 所得税税率$$

其中，"应纳税所得额"即是税基，在所得税税率一定时，应纳税所得额越小，则应纳所得税越少。对税基进行筹划，既可以实现税基的最小化，也可以通过对税基实现时间的安排，在递延纳税、适用税率、减免税等方面获取税收收益。

1) 税基递延实现

税基总量不变，税基合法递延实现。在一般情况下可递延纳税，等于获得了资金的时间价值，取得了无息贷款，节约了融资成本；在通货膨胀的情况下，税基递延等于降低了实际应纳税额；在适用累进税率的情况下，可防止税率的爬升。

2) 税基均衡实现

税基总量不变，税基在各纳税期之间均衡实现，在有免征额或税前扣除定额的情况下，可实现免征额或者税前扣除定额的最大化；在适用累进税率的情况下，可实现边际税率的最小化。

【案例 1-10】 某有限公司转让技术并在技术转让过程中提供有关的技术咨询、技术服务、技术培训，与 A 客户签订 3 年的协议，共收取 1200 万元。根据《中华人民共和国企业所得税法实施条例》第九十条规定，居民企业的年度技术转让所得不超过 500 万元的部分，免征企业所得税；超过 500 万元的部分，减半征收企业所得税。公司有以下三种方案可选择。

方案 1：与 A 客户的协议确认为每年收取 400 万元。

方案 2：与 A 客户的协议确认为第一年收取 700 万元，第二年收取 500 万元。

方案 3：与 A 客户的协议确认为第一年收取 200 万元，第二年收取 400 万元，第三年收取 600 万元。

哪种方案最优？这之中就有一个应用税基均衡实现原理的运筹问题。

3) 税基即期实现

税基总量不变，税基合法提前实现，在减免税期间，可实现减免税的最大化。

【案例 1-11】假设某公司自开业之日起享受免征两年所得税的待遇。预计 4 年内应纳税所得额总共 100 万元。如果该公司能通过费用摊销等手段合法地控制应纳税所得额，可有以下三种筹划方案。

方案 1：应纳税所得额第一年为 50 万元，第二年为 50 万元，第三年、第四年均为 0 万元。

方案 2：应纳税所得额第一年为 20 万元，第二年为 20 万元，第三年、第四年均为 30 万元。

方案 3：应纳税所得额第一年为 0 万元，第二年为 0 万元，第三年、第四年均为 50 万元。

请计算哪种方案缴纳的税款最少？这之中就有一个应用税基即期实现原理的运筹问题。

4) 税基最小化

税基总量合法减少，可以减少纳税或者避免多纳税。

2. 税率筹划原理

税率筹划原理是指纳税人通过降低适用税率的方式来减轻税收负担的原理。

1) 筹划比例税率

筹划比例税率主要是寻求最佳税负点。比例税率运用于增值税、消费税、资源税、企业所得税等的筹划。

2) 筹划累进税率

筹划累进税率主要是寻求最佳累进分界点。累进税率运用于超额累进税率(个人所得税)、超率累进税率(土地增值税)、全额累进税率等的筹划。

3) 筹划定额税率

定额税率运用于资源税、车船使用税等的筹划。

3. 税额筹划原理

税额筹划原理是纳税人通过直接减少应纳税额的方式来减轻税收负担或者解除纳税义务的原理，常常与税收优惠政策中的减免税、退税相联系。

第四节　税收筹划的基本方法

一、免税方法

1. 免税方法的概念

免税是指国家对特定地区、行业、企业、项目或情况(特定的纳税人或纳税人的特定应税项目，或纳税人的某些特殊情况)的纳税人所给予的完全免征税收的照顾或奖励措施。免税包括对自然人免税、对公司免税、对机构免税等。免税一般可以分为法定免税、特定免税和临时免税三种。在这三类免税规定中，法定免税是主要方式，特定免税和临时免税是辅助方式，是对法定免税的补充。

免税方法是指在合法、合理的情况下，使纳税人成为免税人，或使纳税人从事免税活动，或使征税对象成为免征对象而免税的税收筹划方法。比如，《个人所得税法》规定，个人转让居住 5 年以上住房者免征个人所得税；《企业所得税法》规定，投资于港口、码头、机场等基础设施的企业，从获得第一笔收入的当月起，第 1 年至第 3 年免税。税收筹划者可利用这些优惠政策使纳税人成为免税人。

2. 免税方法的特点

1) 免税属于绝对收益筹划

免税方法运用的是绝对收益筹划原理，直接免除纳税人的税收绝对额，属于绝对收益筹划型税收筹划方法。

2) 适用范围具有局限性

免税仅对特定纳税人、征税对象及情况减免，纳税人必须从事特定的行业、在特定的地区经营、需满足特定的条件等，而这些不是每个纳税人都能或都愿意做到的。因此，免税方法往往不能普遍运用，适用范围有一定的局限性。

3) 方法简单

免税方法不需要利用数理、统计、财务管理等知识，无须通过复杂的计算，甚至不用计算、比较，就能知道是否可以节约税收，方法简单，对筹划人员素质要求不高。

4) 具有一定的风险性

在能够运用免税方法的企业投资、经营或个人活动中，往往有一些是被认为投资收益率低或风险高的地区、行业、项目和行为，比如，投资高科技企业可以免税，还可能得到超过社会平均水平的投资收益，并且可能具有高成长性，但风险也极高，很有可能投资失误导致投资失败，使免税毫无意义。

3. 免税方法的筹划要点

1) 尽量争取更多的免税待遇

在合法、合理的前提下，尽量争取更多的项目获得免税待遇。与缴纳税款相比，免征的税收就是节减的税收，免征的税收越多，节减的税收也就越多。比如，《企业所得税法》规定，从事符合条件的环境保护、节能节税项目的所得，符合条件的技术转让所得免征所得税等，所以新企业在投资时可以考虑以上投资项目。

2) 尽量使免税期限最长

在合法、合理的前提下，尽量使免税期限最长。许多免税优惠都有期限规定，免税期越长，节减的税收也就越多。

【案例 1-12】某国对一般企业按普通税率征收企业所得税，对在甲经济开发区的企业适用从开始经营之日起免征 3 年所得税的规定，对在乙经济开发区的企业适用从开始经营之日起免征 5 年所得税的规定。

案例解析：根据以上规定，如果其他条件基本相同或利弊基本相抵，在甲经济开发区和乙经济开发区之间选择投资经营地时，可以考虑选择优惠期长的乙经济开发区，从而获得更长时间的免税待遇，在合法和合理的情况下节减更多的税负。

3) 尽量使免税额最大

在合法、合理的前提下，尽量使免税额最大。例如，假定企业在免税期可以通过采用适用的企业成本结转方法、折旧计提方法，而使成本确认推迟到纳税期发生，降低企业应纳税所得额。

二、减税方法

1. 减税方法的概念

减税实质上相当于财政补贴，有两类不同的减税方法。一类是出于税收照顾目的的减税。例如，国家对遭受自然灾害地区企业的减税，是国家对纳税人由于各种不可抗力造成的财物损失进行的财产补偿，属于税收照顾。另一类是出于税收奖励目的的减税。比如，产品出口企业、高新技术企业、再循环生产企业、个人稿酬所得的减税，这类减税是税收奖励，是对纳税人贯彻国家政策的财务奖励。

减税方法是指在合法、合理的情况下，使纳税人减少应纳税收入而直接节税的税收筹划方法。与缴纳全额税收相比，减征的税收越多，节减的税收也就越多。

2. 减税方法的特点

1) 属于绝对减税

减税方法运用的是绝对收益筹划原理，直接减少纳税人的应纳税总额，进而减少税收绝对额，属于绝对收益筹划型税收筹划方法。

2) 方法简便

减税方法无须利用数理、统计等知识，只要通过简单的计算，就可知道大致能节约的税负，方法相对简单，对人员素质要求不高。

3) 适用范围较小

减税仍是对特定纳税人、征税对象及情况的减免，而这些条件不是每个纳税人都能满足的，比如，只有稿酬所得的收入额减按 70%计算。因此，减税方法仍是一种不能普遍运用、适用范围较小的税收筹划方法。

4) 具有一定的风险性

在能够运用减税方法的企业投资、经营或个人活动中，往往有一些被认为是投资收益率低和风险高的地区、行业、项目和行为，从事这类投资、经营或个人活动具有一定的风险性，比如，投资利用"三废"进行再循环生产的企业就具有一定的风险性，投资收益难以预测。

3. 减税方法的筹划要点

1) 尽量争取减税待遇，最大化减税效益

在合法、合理的情况下，尽量争取减税待遇，争取尽可能多的税种获得减税待遇，从而减征更多的税负。与缴纳税款相比，减征的税款即节减的税款，获得减征待遇的税种越多，减征的税款就越多，节减的税款也就越多。

2) 尽量使减税期限最长

在合法、合理的前提下，尽量使减税期限最长。减税期越长，节减的税收也就越多。

与按正常税率缴纳税款相比，减征的税款就是节减的税款，而使减税期最长能使节税利益最大化。

三、税率差异方法

1. 税率差异方法的概念

税率差异方法是指在合法、合理的情况下，利用性质相同或相似的税种适用税率的差异而直接节减税负的税收筹划方法。与按高税率缴纳税款相比，按低税率少缴纳的税款就是节减的税款。

出于国家财政、经济政策的原因，税率差异是普遍存在的，例如，一个国家对不同企业组织形式规定不同的税率，公司的企业所得税适用税率为 25%，个人独资企业和合伙企业适用税率为五级超额累进税率；对不同产业或产品的纳税人规定的税率不同，一般企业适用的企业所得税税率为 25%，高新技术企业适用的税率则为 15%。企业可根据国家有关法律和政策决定自己企业的组织形式、投资规模和投资方向等，利用税率差异少缴纳税款；同理，一个自然人也可以选择其投资规模、投资方向等，利用税率差异少缴纳税款。因此，合法、合理利用税率差异，可以节减税款。

2. 税率差异方法的特点

1) 税率差异方法属于绝对收益筹划

税率差异方法运用的是绝对收益筹划原理，可以直接减少纳税人的税收绝对额，属于绝对收益筹划型税收筹划方法。

2) 税率差异方法较为复杂

采用税率差异技术节减税款不仅受不同税率差异的影响，还受不同的计税基数差异的影响，计税基数的计算很复杂，计算出结果后还要按一定方法进行比较，才能知道大概可节减多少税款，所以税率差异方法较为复杂。比如，《关于进一步支持小微企业和个体工商户发展有关税费政策》(财税〔2023〕12 号)、《关于进一步实施小微企业所得税优惠政策的公告》(财税〔2023〕13 号)规定，自 2023 年 1 月 1 日至 2027 年 12 月 31 日，符合条件的小型微利企业，年度应纳税所得额不超过 300 万元的，不再分段计算，统一"减按 25% 计算应纳税所得额，按 20% 的税率缴纳企业所得税"。

3) 适用范围较广

税率差异是国家财政、经济政策造成的普遍现象，几乎每个纳税人都有一定的适用范围，因此，税率差异方法是一种能普遍运用、适用范围较广的税收筹划方法。

4) 具有相对稳定性

税率差异是客观存在的，且一般情况下，在一定时期内是相对稳定的，因此税率差异方法具有相对稳定性。

3. 税率差异方法的筹划要点

1) 尽量寻求税率最低化

在合法、合理的前提下，尽量寻求适用税率的最低化。在其他条件相同的情况下，按高低不同的税率缴纳的税额是不同的，它们之间的差异，就是节减的税额。寻求税率的最低化，可以实现节税的最大化。

2) 尽量寻求税率差异的稳定性和长期性

税率差异具有一定的稳定性只是就一般情形而言，税率差异的稳定性是一个相对概念，比如，政局稳定国家的税率差异要比政局动荡国家的税率差异更具稳定性，政策制度稳定国家的税率差异要比政策制度多变国家的税率差异更具长期性。在合法、合理的前提下，应尽量寻求税率差异的稳定性和长期性。

四、扣除方法

1. 扣除方法的概念

扣除是指从原数额中减去一部分。税收中的扣除包括狭义的扣除和广义的扣除。

税收中狭义的扣除是指从计税金额中减去一部分以得出应税金额。例如，根据《企业所得税法》，企业的应纳税所得额为收入总额减去免税收入、不征税收入、扣除项目和弥补以前年度亏损后的余额。又如个人所得税中的"综合所得"准予扣除一定的费用。

税收中广义的扣除包括从应纳税额中减去一部分，即"税额扣除""税额抵扣"。比如，《企业所得税法》规定，纳税人来源于境外的所得，已在境外缴纳的所得税税款，准予在汇总纳税时，从其应纳税额中扣除；《增值税暂行条例》规定，应纳税额为当期销项税额抵扣当期进项税额后的余额。

扣除方法是指在合法、合理的情况下，使扣除额增加而直接节税，或调整各个计税期的扣除额而采用相对收益筹划的税收筹划方法。在收入相同的情况下，各项扣除额、减免额、冲抵额等越大，计税基数就越小，应纳税额也就越小，因此所节减的税款就越大。

2. 扣除方法的特点

1) 可用于绝对收益筹划和相对收益筹划

扣除方法可用于绝对收益筹划，通过扣除使计税基数绝对额减少，从而使绝对纳税额减少；也可用于相对收益筹划，通过合法、合理地分配各计税期的费用扣除和亏损冲抵，增加纳税人的现金流量，起到延期纳税的作用。

2) 方法较为复杂

各国税法中的各项扣除、减免、冲抵规定是最为烦琐的，也是变化较多的。要节减更多的税负需要精通税法，计算出结果后加以比较，因此，扣除方法较为复杂。比如，很多国家对亏损的结转冲抵规定有多种选择性条款，有结转冲抵以后年度应纳税所得、结转以前年度所得等不同选择。

3) 适用范围较广

扣除适用于所有纳税人，纳税人几乎都能采用此方法节税，因此，扣除方法是一种能普遍运用、适用范围较广的税收筹划方法。

4) 具有相对稳定性

扣除在规定时期内是相对稳定的，因此采用扣除方法进行税收筹划具有相对稳定性。

3. 扣除方法的筹划要点

1) 扣除项目最多化

在合法、合理的情况下，应尽量使更多的项目得到扣除。在其他条件相同的情况下，扣除的项目越多，计税基数就越小，应纳税额也就越小，因此节减的税额就越大。使扣除项目最多化，可以达到节税最大化。

2) 扣除金额最大化

在合法、合理的情况下，应尽量使各项扣除额最大化。在其他条件相同的情况下，扣除的金额越大，计税基数就越小，应纳税额也就越小，因此节减的税额就越大。使扣除金额最大化，可以达到节税最大化。

3) 扣除期限尽量最早

在合法、合理的情况下，应尽量使各允许扣除的项目在最早的计税期得到扣除。在其他条件相同的情况下，扣除越早，早期缴纳的税金就越少，早期的现金净流量就越大，可用于扩大流动资本和进行投资的资金也越多，将来的收益也越多，造成相对节减的税额就越大。所以扣除最早化，可以达到节税最大化。

五、抵免方法

1. 抵免方法的概念

税收抵免是指从应纳税额中扣除税收抵免额。税收抵免额是纳税人用已纳税额抵减应纳税额，因此，税收抵免的具体表现为纳税人在汇算清缴时可以用其已纳税额冲减其应纳税额。采用源泉扣缴和自行申报两种税收征收方法的国家，在汇算清缴时都有税收抵免规定，其目的是避免重复征税。纳税人应交税费的借方金额冲抵其贷方金额，借贷相抵后，借方有余额的表示纳税人的已纳税额大于应纳税额，纳税人应得到退税；贷方有余额，则表示纳税人的应纳税额大于已纳税额，应补足缴纳剩余的应纳税额。

抵免方法是指在合法、合理的情况下，使税收抵免额增加而利用绝对收益筹划原理的税收筹划方法。税收抵免额越大，冲抵应纳税额的数额就越大，应纳税额则越小，因而节减的税额就越大。

2. 抵免方法的特点

1) 属于绝对收益筹划

抵免方法运用的是绝对收益筹划原理，直接减少纳税人的税收绝对额，属于绝对收益筹划型税收筹划方法。

2) 方法简单

尽管有些税收抵免与扣除有类似之处，但总体而言，各国规定的税收优惠性或基本扣除性抵免一般种类有限，计算不会很复杂，因此，抵免方法较为简单。

3) 适用范围较广

抵免是普遍适用于所有纳税人而不只适用于某些特定纳税人的优惠，因此，抵免方法适用范围较广。

4) 具有相对稳定性

抵免在一定时期内相对稳定，风险较小，所以运用抵免方法进行税收筹划具有相对稳定性。

3. 抵免方法的筹划要点

1) 尽量使抵免项目最多

在合法、合理的情况下，应尽量争取更多的抵免项目。在其他条件相同的情况下，抵免项目越多，冲抵应纳税额的项目也越多，冲抵应纳税额的项目越多，应纳税额越小，因而节减的税额就越大。所以，使抵免项目最多化，可以达到节税最大化。

2) 尽量使抵免金额最大

在合法、合理的情况下，应尽量使各抵免项目的抵免金额最大化。在其他条件相同的情况下，抵免金额越大，冲抵应纳税额的金额也越大，应纳税额就越小，因而节减的税额就越大。

六、分劈方法

1. 分劈方法的概念

分劈方法是指在合法、合理的情况下，使所得、财产在两个或更多个纳税人之间进行分劈而直接节税的税收筹划方法。

采用分劈方法节税与采用税率差异方法节税的区别在于：前者是通过使纳税人的计税基数合法、合理地减少来节税，而后者是利用税率差异来节税；前者主要利用国家的社会政策，而后者主要利用国家的税收政策。

2. 分劈方法的特点

1) 属于绝对收益筹划

分劈方法运用的是绝对收益筹划原理，直接减少纳税人的税收绝对额，属于绝对收益筹划型税收筹划方法。

2) 方法较为复杂

采用分劈方法节减税收不但要受许多税收条件的限制，还要受许多非税收条件如分劈参与人等复杂因素的影响，所以方法较为复杂。

比如，由于增值税一般纳税人和小规模纳税人应纳税额的计算方法不同，若某企业采用小规模纳税人计算方法较合适，但企业的年应税销售额已超过一般纳税人的年认定标准，则可以采用分劈方法将该企业划分为两个或更多个纳税人并将收入分割给不同的纳税人。

3) 适用范围狭窄

一些企业往往通过分立多个小企业，强行分割所得以降低适用税率，因此被许多国家认定为一种避税行为。为了防止企业利用小企业税收优惠待遇进行避税，一些国家针对企业的所得分割制定了反避税条款，所以分劈方法一般只适用于自然人的税收筹划，且能够适用的人和进行分劈的项目有限，条件也比较苛刻，因此分劈方法适用范围狭窄。

3. 分劈方法的筹划要点

使用分劈方法节税，除了要合法，还要注意所得或财产分劈的合理性，即其有一定的商业目的。

【案例 1-13】某日用化妆品厂将生产的化妆品、护肤护发品、小工艺品等组成成套消费品销售。每套消费品由下列产品组成：化妆品为一瓶 30ml 香水 300 元，护肤护发品为一瓶摩丝 10 元，小工艺品为塑料包装盒 5 元，上述价格均不含税。化妆品消费税税率为 30%。

方案一：将产品包装后再销售给商家，厂家应纳消费税为

(300+10+5)×30%=94.5(元)

方案二：将产品先分别销售给商家，再由商家包装后对外销售，厂家应纳消费税为

300×30%=90(元)

可见，方案二比方案一节减税额 4.5 元。

七、延期纳税方法

1. 延期纳税方法的概念

延期纳税是指延缓一定时期后再缴纳税款。狭义的延期纳税是指纳税人按照国家有关延期纳税规定进行的延期纳税；广义的延期纳税还包括纳税人按照国家其他规定可达到延期纳税目的的财务安排和纳税计划，如按照折旧政策、存货计价政策规定来达到延期纳税的财务安排。

延期纳税方法是指在合法、合理的情况下，使纳税人延期缴纳税款而利用相对收益筹划原理的税收筹划方法。纳税人延期缴纳本期税款并不能减少纳税人纳税的绝对总额，但相当于得到一笔无息贷款，可以增加纳税人本期的现金流量，使纳税人在本期有更多的资金扩大流动资本，用于投资。

2. 延期纳税方法的特点

1) 属于相对收益筹划

延期纳税技术运用的是相对收益筹划原理，一定时期的纳税绝对额并没有减少，利用资金时间价值节减税负，属于相对收益筹划型税收筹划方法。

2) 方法复杂

大多数延期纳税涉及财务制度各方面的规定和其他方法，并涉及财务管理的许多方面，需要筹划人员具备一定的数学、统计和财务管理知识，各种延期纳税节税方案要通过较为复杂的财务计算才能比较、决策，方法较为复杂。

3) 适用范围广泛

延期纳税方法可以利用税法延期纳税规定、会计政策与方法的选择以及其他规定进行节税，几乎适用于所有纳税人，适用范围广泛。

4) 具有相对确定性

延期纳税主要是利用财务原理，不是利用相对来说风险较大、容易变化的政策，因此，延期纳税方法具有相对确定性。

3. 延期纳税方法的筹划要点

1) 尽量使延期纳税项目最多

在合法、合理的情况下，应尽量争取更多的项目延期纳税。在其他条件(包括一定时期纳税总额)相同的情况下，延期纳税的项目越多，本期缴纳的税款就越少，现金流量越大，相对节减的税负就越多。

2) 尽量使延长期最长

在合法、合理的情况下，应尽量实现纳税延长期最长化。在其他条件(包括一定时期纳税总额)相同的情况下，纳税延长期越长，由延期纳税增加的现金流量所产生的收益就越多，相对节减的税负也就越多。比如，税法规定购置的高新技术设备和环保产品设备可以采用加速折旧法，在其他条件基本相似或利弊基本相抵的情况下，尽管总的折旧额基本相同，但选择加速折旧可以在投资初期缴纳最少的税款，而把税负推迟到以后期间，相当于延期纳税。

八、退税方法

1. 退税方法的概念

退税是税务机关按规定对纳税人已纳税款的退还。税务机关向纳税人退税的情况有：税务机关误征或多征税款，如税务机关不应征收或因计算错误多征收的税款；纳税人缴纳的、符合退税条件的税款，如纳税人源泉扣缴的预提税或分期预缴的税款超过纳税人应纳税额的款额；零税率商品的已纳国内流转税税款；符合国家退税奖励条件的已纳税款。

退税方法是指在合法、合理的情况下，使税务机关退还纳税人已纳税款而直接节税的税收筹划方法。在已缴纳税款的情况下，退税无疑是偿还了缴纳的税款，节减了税负，所退税额越大，节减的税负也就越多。退税方法涉及的退税主要是让税务机关退还纳税人符合国家退税奖励条件的已纳税款。

2. 退税方法的特点

1) 属于绝对收益筹划

退税方法运用的是绝对收益筹划原理，直接减少纳税人的税负绝对额，所以属于绝对收益筹划型税收筹划方法。

2) 方法简单

退税方法节减的税负一般通过退税公式就能得出，还有一些国家同时给出简化的算式，进一步简化了节减税负的计算，因此退税方法较为简单。

3) 适用范围较小

退税一般只适用于某些有特定行为的纳税人，因此，退税方法适用的范围较小。

4) 具有一定的风险性

一些国家用退税政策鼓励某种特定行为，如投资，且往往是因为这种行为具有一定的风险性，这也使得采用退税方法的税收筹划具有一定的风险性。

3. 退税方法的筹划要点

1) 尽量争取退税项目最多

在合法、合理的情况下,应尽量争取更多的退税待遇。在其他条件相同的情况下,退税的项目越多,退还的已纳税额就越多,节减的税负也就越多,故实现退税项目最多化,可以达到节税最大化。

2) 尽量使退税额最大

在合法、合理的情况下,应尽量实现退税额最大化。在其他条件相同的情况下,退税额越大,节减的税负也就越多。所以实现退税额最大化,可以达到节税最大化。

第五节　税收筹划的基本步骤

一、信息收集

在信息现代化的背景下,随着大数据和互联网的运用,"互联网+税务"功能越来越强大。信息是税收筹划的基础。筹划者只有充分掌握了信息,才能进一步展开税收筹划工作,体现税收筹划的预测性与前瞻性。收集的信息既包括企业外部信息,也包括企业内部信息。

1. 收集企业外部信息

企业外部信息不仅制约着企业的经济活动,也影响着企业经营活动的效果,所以,税收筹划必须掌握企业外部信息。企业外部信息主要包括以下 3 个方面。

1) 税收法律、法规

税收法律、法规是处理国家与纳税人税收分配关系的主要法律规范,包括所有调整税收关系的法律、法规、规章和规范性文件。税收筹划不能违反税收法律、法规,而且税收筹划人员要认真研究和掌握税收法律、法规,找到其中可供税收筹划使用之处。实务税收法律、法规常随经济情况的变动或为配合政策的需要而修正,修正次数较其他法律频繁。因此,企业进行税收筹划时,必须对税法修正的内容或趋势密切注意并适时对税收筹划方案做出调整,以使自己的行为符合法律规范。

2) 其他相关政策法规

税收筹划的内容涉及企业生产经营活动的各个方面,要做到有效运用税收筹划策略,不仅要了解、熟悉税法,还要熟悉《会计法》《公司法》《价格法》《反不正当竞争法》《反垄断法》《证券法》等有关法律、法规,还要了解《行政许可法》《行政复议法》《行政诉讼法》《国家赔偿法》等法律、法规。当自身陷入被动时,能够充分运用多重法律,维护自身权益。只有这样才能分辨什么是违法,什么是不违法,在总体上确保自己税收筹划行为的合法性。全面了解各项法律规定,尤其是熟悉并研究各种法律制度,可为税收筹划活动构建一个安全的法律环境。

3) 征税机关的认定

在理论上,税收筹划与逃税的含义不同,能够进行区别,但是在实践中,要分辨某一行为究竟是属于税收筹划行为，还是逃税行为却比较困难，一般以税务机关的认定和判断为准。因此，在认定和判断时，除了明确税法及相关法律的规定外，还必须进一步了解税务部门从什么角度认为该税收筹划是否合法、合规。

2. 收集企业内部信息

企业自身的情况是税收筹划的出发点。税收筹划必须掌握企业内部信息。有些税种对纳税人的界定存在一定差异，规定在一定条件下对有同样行为的主体不纳入征税范围。因此，对纳税人身份进行筹划，在一定条件下可以避免成为纳税人，免除纳税义务。企业在税收筹划时应收集的企业内部信息主要包括以下 6 个方面。

1) 组织形式

纳税人的组织形式不同，在双重征税、亏损抵补等方面的税收待遇也不同，税收筹划要设计最佳的组织形式。

2) 注册地点

不同的注册地点，在地区性税收政策、财政返还、避免双重征税等方面的适用规定是不同的。税收筹划要更好地利用所在地区的税收政策。

3) 所从事的产业

我国税法在促进产业结构的调整或升级方面规定了许多税收优惠政策，充分利用这些税收优惠政策，选择投资领域，可以取得更多的税收利益。

4) 财务情况

税收筹划是财务管理的一个方面，应服从于纳税人的整体财务计划，而且要在全面和详细了解纳税人的真实财务情况的基础上，才能制定合法、合理的税收筹划方案。

5) 对风险的态度

税收筹划作为经济活动也存在风险。有时风险较大，但报酬率也高，如何决策就要看经营管理者对风险的认知和偏好。

6) 税务情况

了解企业以前和目前的有关税务情况，包括有关申报、纳税以及和税务机关关系等情况，有助于制定合理的企业税收筹划方案。

二、目标分析

目标分析有助于确定税收筹划的方向和范围，即税收筹划的空间。

1. 纳税人的目标

纳税人对税收筹划的共同目标是实现综合利益最大化，但具体目标各有不同。

1) 以增加所得还是资本增值为目的

纳税人对财务收益的要求大致有三种。第一种是要求最大限度地增加每年的所得。第二种是要求若干年后纳税人资本有最大的增值。第三种是既要求增加所得，也要求资本增值。对不同的要求，税收筹划方法和策略也是不同的。

2) 对投资的要求

如果纳税人有投资意向但尚未有明确的方案，税收筹划人员可根据纳税人的具体情况进行税收筹划，提出投资建议，如投资地点、投资项目、投资期限等。但当纳税人的投资意向已有一定的倾向性时，税收筹划人员就必须了解纳税人的要求，根据纳税人的要求来进行税收筹划，提出建议，如建议改子公司为分支机构、改经销为代销等。

2. 目标的限定

1) 纳税成本与经济效益的选择

税收筹划和其他财务管理决策一样，必须遵循成本效益原则，只有当筹划方案的所得大于支出时，该项税收筹划才是成功的。

(1) 税收筹划与企业发展战略的选择。决定现代企业整体利益的因素是多方面的，税收利益虽是企业的一项重要的经济利益，但不是企业的全部经济利益。因此，开展税收筹划应服从于企业的整体利益，不能为筹划而筹划，而应从企业的社会形象、发展战略、预期效果、成功概率等多方面综合考虑、全面权衡，切莫顾此失彼，草率行事。

(2) 税收筹划目标与财务管理目标的选择。从根本上讲，税收筹划属于企业财务管理的范畴，它的目标是由企业财务管理的目标决定的，即实现企业所有者财富最大化。在筹划税收方案时，不能只考虑税收成本的降低，而忽略因该筹划方案的实施引发的其他费用的增加或收入的减少，必须综合考虑采取该税收筹划方案是否能给企业带来绝对的收益。任何一项筹划方案都有两面性，随着某一项筹划方案的实施，纳税人在取得部分税收利益的同时，必然会为该筹划方案的实施付出额外的费用，以及因选择该筹划方案而放弃其他方案所损失的机会收益。当新发生的费用或损失小于取得的利益时，该项筹划方案才是合理的；当费用或损失大于取得的利益时，该筹划方案就是不可取的。一项成功的税收筹划方案必然是多种税收筹划方案的优化选择，不能认为税负最轻的方案就是最优的税收筹划方案，一味地追求税收负担的降低往往会导致企业总体利益的下降。

2) 税种的限定

从理论上说，税收筹划可以针对一切税种，但由于不同税种的性质不同，税收筹划的途径、方法及收益也不同。因此，只有在了解各税种的性质、法律规定以及各税种在经济活动不同环节中的地位和影响的基础上，才能做到综合衡量、统筹考虑，选择最优的筹划方案，取得尽可能大的收益。

(1) 考虑整体税负的轻重。企业的任何一项经济活动，都可能会涉及多个税种，因此税收筹划不能局限于个别税种税负的高低，应着重考虑整体税负，因为纳税人的经营目标是获得最大总收益，这就要求整体税负最低。在考虑整体税负的同时，还要着眼于生产经营业务的扩展。即使缴纳税款的绝对额增加了，甚至税负也提高了，但从长远看，资本回收率能够提高，还是可取的。理想的税收筹划应使总体收益最多，但不一定纳税最少，例如，上市公司可能倾向于选择可增加税前利润的财务处理方式。

(2) 全面考察相关年度的征税情况。例如，所得税是按年征税，除少部分诸如亏损抵免的运用可以绝对地减少应纳税额外，更多的所得税税收筹划会影响相关年度的所得额。换言之，当年所得额减少，常会引起以后年度所得额的增加，即前后年度所得额会因不同的税收筹划策略而发生变动。因此，在进行税收筹划方案设计时，筹划者必须立足于企业经营的连续过程，将前后相关年度的征税额分别加以计算，全面考虑，才能实现税收筹划目标。

3) 经济活动参与者各方的税负情况

交易方式不同，经济活动参与者各方的税收负担也可能不同。而当事人应负担的税负，往往具有高度的转嫁性，以致影响交易各方的真实税收负担。因此，在进行税收筹划时，除必须考虑本身直接应负担的税额外，同时也应该兼顾交易对方的征税情况及其税负转嫁的可能性，从而采取相应对策。

4) 特定税种的影响因素

对于特定税种，要考虑以下两个影响因素。一是经济与税收相互影响的因素，也就是某个特定税种在经济活动中的地位和作用。对纳税人决策有重大影响的税种当然是税收筹划的重点。二是税收自身的因素，这主要看税种的税负弹性，税负弹性越大，税收筹划的潜力也越大。

三、方案设计与选择

税收筹划方案的设计是税收筹划的核心。在掌握相关信息并对目标进行了仔细分析的基础上，税收筹划人员可以着手设计税收筹划方案。一个纳税人或一项涉税事项的筹划方案可能不止一个，税收筹划人员制定方案后，下一步就是对税收筹划方案进行筛选，根据筹划目标，选出最优方案。

不同的筹划者在方案形式的设计上可能大相径庭，但是在程序和内容方面具有共同之处，即一般的税收筹划方案包含以下 4 个部分。

(1) 涉税问题的认定：判断所发生的理财活动或涉税项目属于什么性质，涉及哪些税种，形成什么样的税收法律关系。

(2) 涉税问题的分析、判断：判断涉税项目可能向什么方面发展，会引发什么后果；能否进行税收筹划，筹划的空间有多大；需要解决哪些关键问题。

(3) 设计多种可行的备选方案：针对涉税问题，设计若干个可供选择的税收筹划方案，并对涉及的经营活动、财务运作及会计处理拟订配套方案。

(4) 备选方案的评估与选优：对多种备选方案进行比较、分析和评估，然后选择一个最优的实施方案。

四、方案实施与反馈

税收筹划方案制定后，需经有关管理人员批准，方可进入实施阶段。

(1) 企业应当按照税收筹划方案，对纳税人身份、组织形式、注册地点、所从事的产业、经济活动以及会计处理等做出相应的处理或改变，并且要注意税收筹划方案中特殊的法律安排。因为税收筹划是以合法为前提的，如果在执行中出现偏差，可能带来不良后果。企业的财务部门应对采取筹划方案后取得的财务收益进行记录。

(2) 税收筹划人员通过一定的信息反馈，了解企业实际的经济活动情况以及税收筹划方案的实施情况。税收筹划人员根据这些实际数据计算出税收筹划方案应达到的效果，如应该节减的税额。

(3) 税收筹划人员将应达到的标准与实际情况进行比较，确定其差额，发现特殊情况，差异过大应同纳税人进行沟通，并进行具体的调查研究，以发现产生差异的具体原因。如果是纳税人没有按税收筹划人员的规划执行税收筹划方案，税收筹划人员应给予提示，指出可能产生的后果。当反馈的信息表明，税收筹划人员设计的税收筹划方案有误时，税收筹划人员应及时修订税收筹划方案。

(4) 当企业所处的经济环境和自身情况发生变化时，税收筹划人员应评估这些变化对税收筹划方案执行的影响，如有必要，应根据新的经济活动状况重新设计或修订税收筹划方案。

本 章 小 结

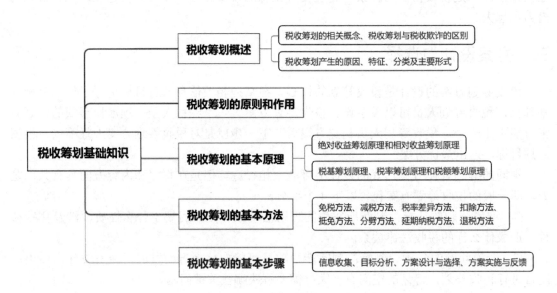

思考与练习

一、单项选择

1. 税收筹划的主体是(   )。
    A. 纳税人   B. 征税对象   C. 计税依据   D. 税务机关
2. 税收筹划与逃税、抗税、骗税等行为的根本区别是具有(   )。
    A. 违法性   B. 可行性   C. 前瞻性   D. 合法性
3. 避税最大的特点是它的(   )。
    A. 违法性   B. 可行性   C. 非违法性   D. 合法性
4. (   )选项不属于税负转嫁的一般方法。
    A. 税负前转   B. 税负后转   C. 税负消转   D. 纳税人身份转换
5. 相对节税主要考虑的是(   )。
    A. 费用绝对值   B. 利润总额   C. 货币时间价值   D. 税率
6. 税收筹划最重要的原则是(   )。

A. 合法性原则   B. 财务利益最大化原则

C. 时效性原则   D. 风险规避原则

二、多项选择题

1. 税收筹划的主要形式包括(　　)。

    A. 避税   B. 节税   C. 转嫁税负   D. 涉税零风险

2. 税收筹划按税种分类可以分为(　　)等。

    A. 增值税筹划   B. 消费税筹划   C. 经营活动筹划   D. 所得税筹划

3. 税收筹划的基本特征为(　　)。

    A. 合法性   B. 超前性   D. 综合性   E. 专业性

4. 税收筹划的风险为(　　)。

    A. 违法风险   B. 投资风险   C. 经营风险   D. 政策风险

5. 纳税人进行税收筹划从影响纳税额的因素入手通常是指(　　)。

    A. 税基筹划   B. 税率筹划

    C. 选择节税空间大的税种入手   D. 税额筹划

6. 税收筹划基本方法——分劈方法的筹划要点包括(　　)。

    A. 分劈合理化   B. 分劈项目最多化

    C. 节税最大化   D. 分劈最小化

7. 税收筹划收集信息包括(　　)。

    A. 企业外部信息   B. 只包括企业外部信息

    C. 只包括企业内部信息   D. 企业内部信息

8. 税收筹划收集的企业内部信息主要包括(　　)等。

    A. 纳税人的身份   B. 组织形式   C. 注册地点   D. 所从事的产业

三、判断题

1. 避税是违法的。   (　　)

2. 税基式税收筹划是指通过缩小计税基础的方式来减少纳税总额。 (　　)

3. 实现涉税零风险可以避免发生不必要的经济损失，但这种筹划不会使纳税人直接获得税收上的好处。 (　　)

4. 在纳税义务已经发生且应纳税额已确定之后，再做所谓的筹划，也是税收筹划。

                                                           (　　)

5. 纳税人最大和最基本的权利，是不需要缴纳比税法规定的更多的税款。 (　　)

四、简答题

1. 简述税收筹划与税收欺诈的联系和区别。

2. 简述税收筹划的特征、原则。

3. 简要分析实施税收筹划的基本步骤。

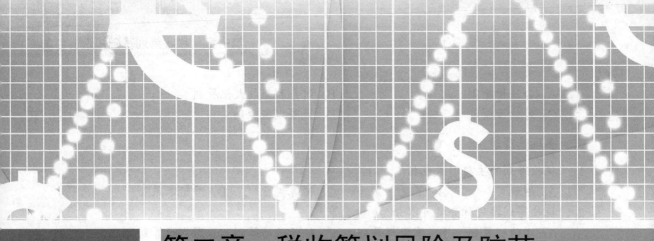

第二章　税收筹划风险及防范

【思政目标】

1. 合理合法筹划，提高法律的遵从度。
2. 引导学生树立正确的职业理想，遵守职业操守。
3. 培养学生守法意识，诚实守信。

【知识目标】

1. 掌握税收筹划风险的概念及特征。
2. 熟悉税收筹划风险的类型及产生的原因。
3. 掌握税收筹划风险的防范措施。

【案例引入】冒牌高新，面临税务追缴危机

某生物化工股份有限公司是一家从事丙烯酰胺类单体和聚丙烯酰胺功能高分子研发、生产和销售的高新技术企业。在对该企业上市阶段的招股书进行分析时发现，其研发费用主要为直接材料费用(占比近 70%)，企业采购的主要材料是"丙烯腈"，但是主要材料"丙烯腈"的领用用途中，竟然没有研发用途。相反，其他非主要材料的领用用途中，则有研发用途。采购占比 95%以上的主要材料没有一分钱用于研发，仅靠采购占比非常小的材料的研发领用，能凑得出研发费用中每年约 1,600 万元的直接材料费用吗？但招股说明书中披露 2020 年研发费用中直接材料占比的大幅下降主要原因为丙烯腈价格下降。披露情况和企业实际研发行为存在差异，同时又无明确解释或相关资料证明直接材料费用发生的合理性，因此容易被判断为研发费用造假，进而认定假冒国家高新技术企业资质。

2022 年全国高新技术企业数量达到了 27.5 万家，且呈快速增长态势。但需要注意的是，高新技术企业数量增长背后，各省发布的取消企业高新资格案例也层出不穷。

科技部火炬中心高新技术企业认定管理工作网公告显示，仅 7 月份，就有 89 家企业被取消高新技术资格，原因包括高新技术企业收入占比不达标、科技人员占比不达标、研发费用占比不达标等。

针对此情况，财政部税政司相关人士在答记者问时说，对被取消高新技术企业资格的企业，由认定机构通知税务机关按《税收征收管理法》及有关规定，追缴其自发生取消高新技术企业资格行为之日所属年度起已享受的高新技术企业税收优惠。

2016 年，科技部、财政部、国家税务总局联合发布了修订完善后的《高新技术企业认定管理办法》，进一步完善了高新技术企业认定管理工作。按照三部委发布的认定办法，企业被认定为高新技术企业须同时满足 8 个条件：主要包括：(1)企业申请认定时须注册成立一年以上；(2)企业通过自主研发、受让、受赠、并购等方式，获得对其主要产品(服务)在技术上发挥核心支持作用的知识产权的所有权；(3)对企业主要产品(服务)发挥核心支持作用的技术属于《国家重点支持的高新技术领域》规定的范围；(4)企业从事研发和相关技术创新活动的科技人员占企业当年职工总数的比例不低于 10%；(5)企业近三个会计年度的研究开发费用总额占同期销售收入总额的比例符合要求；(6)近一年高新技术产品(服务)收入占企业同期总收入的比例不低于 60%；(7)企业创新能力评价应达到相应要求；(8)企业申请认定前一年内未发生重大安全、重大质量事故或严重环境违法行为。

案例启发：不少企业之所以挖空心思地想通过高新认定，最主要的原因在于，成为高新技术企业后可以享受一系列优惠。就税收方面的优惠来说，高新技术企业可享受 15%的所得税优惠。此外，高新技术企业还可享受技术转让所得优惠、职工教育经费扣除优惠、个人所得税优惠等多方面的税收优惠。而除了税收优惠，一些地方政府对高新技术企业还有相应补贴。过去对高新技术企业认定的核查，主要以书面核查为主，虽然也曾开展过实地核查，但总体上通过认定相对容易。正因如此，一些原本缺乏高新技术资质、根本没有自主知识产权的企业，通过"专业包装"，就能成为高新技术企业，享受相应优惠。使得高新技术企业的整体素质"鱼龙混杂"，又严重扰乱了市场秩序，不利于发挥政策激励创新的作用。

从根本上来说，企业要想顺利通过高新认定，必须要树立"打铁必须自身硬"的意识和观念。随着有关部门越来越重视实地核查，"伪高新"将被剔除，"真高新"将得到保障。在此情况下，企业更应杜绝投机取巧、铤而走险的心态，始终坚持创新研发，严格遵守高新技术企业的认定审核办法，不断完善研发管理以及财务设置，准确合理地编制研发支出，不断健全企业的自身管理。

第一节 税收筹划风险概述

企业通过税收筹划的运用，可以降低税收负担、提高经济效益，但也有潜在的巨大风险，风险与利益并存。如果企业忽视这些客观存在的风险，任其发展而不加以防范，则有悖于税收筹划的初衷，将可能遭受更大的损失。因此，企业应正视税收筹划风险的存在，并采取相应的防范措施，准确把握并有意识地规避风险。

一、风险与税收筹划风险的概念

"风险"本意指不确定性，同时也是一种概率事件。市场中的经济人大多具有风险厌恶特征，因此，经济学中的"风险"，一般是对潜在的、未来可能发生损害的一种估计和预测。

税收筹划风险，通常是指由经济、社会、法律等环境因素的变化，所导致的企业税收筹划方案的失败及未来经济或其他利益的可能损失。具体表现为企业税收筹划行为中对税法理解运用的偏差及外界不确定因素的影响，最终导致因企业少缴税款，引发税务管理机关对其进行处罚，所需支付的巨额罚款。例如，企业被税务机关检查，由于税收筹划方案设计或实施不当，必须承担补税、罚款、刑事处罚等过多的纳税责任。

税收筹划风险不同于一般的商业风险。从商业角度来讲，商业风险越大，将来的损失越大，同时意味着收益也越大。但是，税收筹划风险却是例外，其侧重点往往在"损失"上。

二、税收筹划风险的特征

1. 客观性

一方面，影响税收筹划风险的各种因素具有不确定性，但是客观存在的；另一方面，筹划风险是不可避免的，但同样有一定的规律，掌握了规律，筹划风险是可以降低的。

2. 主观相关性

税收筹划主观相关性是指筹划风险发生及造成损失的程度是与面临风险的主体行为及决策紧密相关的。同一风险事件对不同的经营者会产生不同的风险结果，而同一经营者由于对不同事件所采取的决策或策略不同，也会导致不同的风险结果。税收筹划风险事件受主观条件和客观条件影响，对于客观条件，筹划主体无法自由选择，只能在一定程度上施加影响，而主观条件(筹划主体的行为及决策)则可自主选择。

3. 复杂性

首先，税收筹划风险的形成原因是复杂的，既有客观环境造成的，如社会经济环境和国家政策法规等客观因素的变化；也有主观认识造成的，筹划人缺少对风险的判别，不了解相关的税收法律、法规，甚至违反了国家法律、法规。其次，税收筹划风险带来的结果也是复杂的，税收筹划失败除了会给企业带来经济上的损失外，还会影响企业的名誉，使企业受损。如果企业处理不当，甚至会影响企业未来的发展。

4. 潜在性

一方面，税收筹划风险是客观存在的，但无法做出精确判断，筹划人员只能在思想上认识到它的存在，依赖知识和经验做出专业判断；另一方面，税收筹划风险可能造成的损失有一个显化的过程，这一过程的长短因筹划的内容、企业的经济环境、法律环境及筹划人员对风险的认识程度而异。

5. 可度量性

风险的可度量性决定了税收筹划风险的可度量性。税收筹划风险涉及对筹划方案未来结果的预测，虽然是对未来不确定的预测，但是造成税收筹划风险的因素能够借鉴经验数据，运用数理统计等技术手段加以分析估算，并在此基础上采取相应措施对风险加以应对。

三、税收筹划风险产生的原因

1. 税收的本质属性是筹划风险的根本原因

税收的基本内涵如下。第一，征税的主体是国家；第二，国家征税依据的是其政治权力；第三，征税的基本目的是满足国家的财政收入需要；第四，税收分配的客体是社会剩余产品；第五，税收具有强制性、无偿性、固定性的特征。其中，无偿性是其核心，强制性是其保障。税收的强制性决定了税法属于义务性法规，说明了在税收法律关系中政府或是税务机关和纳税人之间的权利与义务是不对等的。纳税人应以尽义务为主，不仅要依法纳税，而且其涉税行为也处于被动地位。纳税人的税收筹划行为是否合法，需要由税务机关来认定，这就导致筹划风险的存在。

2. 税收筹划原则是筹划风险的直接原因

企业的税收筹划行为，必须要遵循一定的原则，而这些原则之间的相互影响、相互作用就直接导致了税收筹划风险的产生。

1) 系统性原则

企业在进行筹划时应考虑企业整体的战略管理决策，同时考虑税收因素和非税收因素的影响。如果只考虑税收因素，虽然实现了节税的目的，但可能导致企业整体利益的受损，产生筹划风险。

2) 事先筹划和时效性原则

企业必须在纳税义务产生之前采取有效的筹划行为，对企业的生产经营活动进行筹划安排。但是现实中税收法律、法规变动频繁，补充条款多，企业的经营环境和经营状况也是在不断变化中，这些未来的不确定因素必然导致事先筹划的方案存在风险。

3) 守法性原则

企业不管采取什么样的筹划方案，都必须符合国家的法律规定，即具有法律性，不遵守法律规定就不存在税收筹划。一方面，纳税人的税收筹划要遵守国家相关法律、法规；另一方面，纳税人要正确理解国家的立法意图和政策导向，筹划方案要得到税务机关的认同。而这两点都是很难实现的，如果纳税人没有把握这两点，即不符合守法性原则，有可能被税务机关认定为偷税、逃税，导致筹划风险的产生。

3. 筹划人员的有限理性是筹划风险的主观原因

1) 政策理解不当、筹划目标不明确

首先，政策理解不当导致风险。在实际操作中企业往往因政策运用不当或理解有误导致偷税和逃税，或是避税筹划行为得不到税务机关的认可，被认定为偷税、逃税，因而面临税务机关的处罚甚至名誉受损，最终得不偿失。

其次，筹划目标不明确导致风险。税收筹划目标制定不明确，导致筹划人员对目标的理解错误，以致筹划方案只强调减轻税负，偏离了企业的理财目标。认为只要能少缴税，怎么做都行。在经济利益的驱使下，很多企业冒着被税务机关惩处的风险，打着税收筹划的幌子，大行偷税、逃税之道，违反国家的税收法律、法规，最终的结果只会使企业遭受更大的损失。

2) 税收筹划人员素质参差不齐

我国税收法规繁多且政策变动频繁，众多的补充条款，常随着经济情况变化或为配合政策的需要，不断修正和完善。这在一定程度上要求筹划人员不仅要掌握当前的税收法律政策，还要随时关注国家出台的相关补充条款并能加以运用。但就目前我国的情况而言，无论是企业还是税务机关，对税收筹划的认识和理解都是有限的，且缺乏高素质的税收筹划人员。

企业筹划人员能制定什么样的筹划方案以及筹划方案的实施，全都取决于企业筹划人员的主观判断，包括对税收政策的认识与理解。企业筹划人员限于自身业务水平，对有关法律、法规理解不深入、不细致，不能及时掌握最新的政策变动导向，虽然其主观上没有偷税、逃税，但实际纳税行为却违反了税法规定，造成事实上的偷税、逃税，给企业带来筹划风险。因此，面对外部税收法律环境的变化和由此形成的税收筹划风险，纳税人必须且迫切地需要提高自身的素质和风险防范意识。

4. 征纳双方的博弈是筹划风险的客观原因

税法的不完善，导致企业常常利用税法的漏洞与缺陷进行筹划，而税收作为财政收入的主要来源，政府为了保证收入的稳定与增长，会不断完善税收法律、法规，并加强税收的征管与稽查，两者之间的矛盾会导致纳税人在进行税收筹划时存在风险。

第二节　税收筹划风险的类型

税收筹划风险通常是由纳税人的主观因素和外部客观因素共同作用产生的，其可分为：政策风险、经营风险、执法风险、纳税信誉风险、心理风险和纳税意识淡薄的风险。

一、政策风险

税收筹划是一种符合政府政策导向的经济行为，其实际操作与政府政策有密切关系，由此带来的税收筹划风险，称为政策风险，包括政策选择风险、政策变化风险、政策误读风险。

1. 政策选择风险

由于国家目标设定的多重性和经济生活的复杂性，各国或各地区在制定其税收政策时，对不同的经济活动采取差别的税收待遇。这种差别的税收待遇来自不同国家之间税收政策和税收制度的差异以及同一国家税制规定上的差异。如不同税种适用不同的纳税人、征税对象、税率、纳税环节、纳税期限、减免优惠规定等。

各类企业因从事生产经营投资的不同，而分别适用不同的税种，即使适用相同税种，也因从业地点、生产销售产品性质、企业组织形式及盈利规模的不同，而适用不同的税率、减免优惠等。这就要求筹划人员对税收政策的理解准确，既不能扩大，也不能缩小，同时必须注意立法机关、行政机关做出的有效力的解释。

2. 政策变化风险

税收政策随着经济环境和经济条件的变化而不断调整，因此税收政策尤其是优惠政策具有不定期性或相对较短的时效性。而税收筹划属于一种事前行为，具有长期性和预见性，这种事前性、长期性和预见性与税收政策的不定期性或相对较短的时效性相矛盾，给企业的纳税选择，尤其是长期纳税规划带来一定的风险。我国正处于市场经济的不断完善与发展过程中，作为国家重要经济杠杆的税收政策，调整较为频繁，尤其是税收优惠政策，具有零星分散、期限短、变化快的特点，如果企业不能及时掌握政策变化，并进行综合全面的权衡，就很可能导致投资、经营失败。

3. 政策误读风险

政策误读风险的产生主要是筹划人对政策精神的认识不足、把握不准而导致筹划失败。

【案例2-1】为达到"节税"目的，某杂志社(公司制企业)将本社编辑的工资收入分解为基本工资收入和稿酬收入，基本工资收入按照工资薪金所得代扣个人所得税，而稿酬收入按照稿酬收入项目代扣个人所得税。从表面上看，企业已将其员工的所有收入纳入代扣个人所得税范围，并履行了税款缴纳义务。但该企业对于"稿酬所得"项目的理解，显然不符合税法规定，即任职、受雇于报纸、杂志等单位的记者、编辑等专业人员，因在本单位的报纸、杂志上发表作品取得的所得，属于因任职、受雇而取得的所得，应与其当月工资收入合并，按"工资、薪金所得"征收个人所得税。除上述专业人员以外，其他人员在本单位的报纸、杂志上发表作品取得的所得，应按"稿酬所得"征收个人所得税。因此，本例中编辑人员的"稿酬所得"并不属于税法意义上的"稿酬所得"范畴，而应按"工资、薪金所得"缴纳个人所得税。

二、经营风险

筹划的超前性是其经营风险的主要原因，大致可分为以下几类。

1. 税收筹划方案设计风险

一般来说，企业在法律许可的范围内，存在多种税收筹划方案，通过策划以实现最低税负和财务利益的最大化。但在现实生活中，许多企业为了达到少缴税款的目的，运用各种手段设法直接降低自身的实际税收负担，从而产生以下两个方面的风险。

1) 利用税法漏洞带来的税法陷阱及风险

税法陷阱是税法漏洞的对称，是指税法中貌似优惠或漏洞的规定，会给纳税人带来更重的税负。税法漏洞的存在，给企业提供了避税的机会，但也使企业不得不小心落入看似漏洞、实为政府反避税措施的陷阱。一旦落入税法陷阱，就要缴纳更多的税款，影响企业正常的收益，给企业造成不必要的经济损失。

2) 纳税成本陷阱及风险

纳税成本陷阱与风险有以下两种：一是税收筹划成本超过了税收筹划收益；二是单一税种税负下降，企业整体税负上升。

税收筹划成本是企业为进行筹划所付出的一切成本，由五个组成部分。直接成本是指企业为节约税款而发生的人、财、物的耗费；设计成本是指聘请税务咨询机构的税务专家进行税收筹划而支付的设计及咨询费；实施成本是指方案在实施过程中需额外支付的相关成本费用；风险成本是指筹划方案因设计失误或实施不当给企业带来的经济损失和法律责任；机会成本是指采用税收筹划方案而放弃其他方案的收益。税收筹划收益包括直接收益和间接收益，前者是指因税收筹划使纳税人免缴或少缴纳的税款；后者是指由于税收筹划方案顺应了税收政策导向，优化了资源配置，促进了企业长期稳定的良性发展而带来的收益。根据"成本收益原则"，如果"成本"小于"收益"，税收筹划就是成功的；反之，则失败。实际工作中，许多企业仅关注筹划方案所带来的直接收益，而忽略为此支付的成本，由此可能造成筹划成本超过筹划收益。另一个风险是单个税种税负减轻，但企业综合税负上升，纳税人缺乏整体的筹划思路和方案，忽略经济活动及税种间的关联性，仅就单一经营项目、单一税种或单一纳税环节进行筹划，从而导致企业整体税负的增加。

所以，企业在选择税收筹划方案时，必须进行合理的"成本—效益"分析，不能忽略企业价值最大化这一最终目标。

【案例 2-2】为了扩大销售，某书店在实体店面的基础上开设了网上书店，销售各种图书，并采取包邮方式，以销售总价与客户结算。为了降低图书销售业务的增值税，书店计划单独计算运费。假设原来售价 20 元的图书，在新方案下的销售价格仅为 15 元，同时客户需另外支付 5 元运费。从书店角度来看，其总收入不变，但增值税销售价格下降了25%，并因此可以节省 25%的增值税销项税额，扣除增值税进项税后，增值税的降低远超25%。但该方案实施后，网络销售总额出现显著下降。通过对客户在线咨询的分析，该书店发现，一些客户在咨询后放弃购买，原因是客户的 20 元支付额，只能取得 15 元的书费发票，而 5 元的运费支付不能取得合法的财务票据，仅少数客户可以接受新的销售方式。

可见，任何一项筹划方案都有两面性，纳税人最大限度地获得税收利益的同时，必然会为该筹划方案的实施付出一定的代价，或实施此筹划方案而损失其他收益。因此，企业应进行收益和成本综合分析，以做出最优的实施方案。

2. 经营变化风险

税收筹划是一种合理、合法的预先谋划行为，具有较强的计划性、事先性和时效性。筹划方案的选择是在未来实际环境与筹划方案的预期环境相一致的假设下作出的，如果两者不一致，将会导致筹划活动失败。税收筹划的过程实际上是对税收政策的差别进行选择的过程。一旦选择某项税收政策，企业日后的生产经营活动只有符合所选税收政策要求的特殊性，才能享受此税收政策的优惠。然而，在市场经济体制下，企业的经营活动具有灵活性，一旦经营活动发生变化，或对项目预期经营活动的判断失误，就很可能失去享受税收优惠的必要特征或条件，不仅无法达到减轻税负的目的，还可能会加重税负。

3. 方案实施风险

科学的税收筹划方案必须通过有效的实施来实现。即使有科学的筹划方案，但如果在实施过程中没有严格的实施措施，或者没有得力的实施人才，又或者没有完善的实施手段，都可能导致筹划活动失败。

三、执法风险

　　严格意义上的税收筹划应当是合法的，符合立法者的意图，但这种合法性还需要税务行政执法部门的确认，而在这一确认过程中，客观上存在着税务行政执法偏差，从而产生筹划失败的风险。

　　执法风险具体体现在以下几点。一是税收法律、法规的不完善导致税务行政执法部门执行偏差。二是税法对具体的税收事项常留有一定的弹性空间，在一定的范围内，税务机关拥有自由裁量权，客观上为执法偏差提供了可能性。三是税务执法人员的素质参差不齐导致税收政策执行偏差。

四、纳税信誉风险

　　纳税信誉风险是指税收筹划一旦被认定为违法行为，企业建立起来的信誉和品牌价值就会受到影响，而纳税信誉是企业重要的信誉之一。大多数企业不愿意与纳税信誉低的企业合作，因为这类企业往往被认为在资金支付能力及合同履行能力等方面存在较高的风险。纳税信誉风险是一种间接风险，将导致企业发生经济损失。例如，成都某集团以假合资形式进行的"避税"行为被曝光查处之后，发生了信誉危机，其产品的销售量急剧下降。

五、心理风险

　　心理风险是纳税人在制定和实施税收筹划方案时，面临的预期结果具有不确定性，故需承受由此造成的心理负担。一位会计专家说，作假心里不踏实，老是担心出问题，即使还没有出问题，心里也不愉快，这样的钱还是不"赚"为好。

六、纳税意识的风险

　　纳税意识，包括企业领导者的纳税意识和税收筹划相关人员的职业道德。一方面，若企业领导者纳税意识淡薄或者对税收筹划有误解，认为筹划的目的就是通过所谓的"筹划"尽可能少纳税或不纳税，授意或唆使筹划人员通过非法手段达到逃税的目的，从事这类"筹划"事项的风险就很高；反之，若企业领导者依法纳税意识很强，进行税收筹划的目的只是降低企业涉税费用和风险，实现合理优化纳税，那么只要筹划人员依法精心筹划，风险一般不高。另一方面，若税收筹划人员职业道德水平低下，会直接影响其工作态度、对风险的判断及筹划事项最终完成的结果，这会带来潜在的风险；反之，若税收筹划人员以坚持遵守税法为前提，保持必要的职业谨慎性和敏锐的专业判断力，依法严格按程序从事税收筹划工作，就会降低风险。因此企业必须提高纳税意识。

第三节　税收筹划风险的防范

一、严格遵守税收及相关法律，合理适度筹划

税收筹划应当在法律、法规允许的范围内进行，不能因过度追求筹划收益而触碰法律底线。同时，税收筹划的合法性、合理性具有明显的时空特点，因此税收筹划人员必须了解和把握好尺度，尽量避免打"擦边球"。

恰当的税收筹划可为企业降低税收成本、提高企业经营效益，但不合法的税收筹划方式会让企业面临较大的法律风险，影响企业的声誉，不利于企业发展。因此，企业要避免以法律风险作为追求税收筹划收益的途径。

当企业面对各种各样的税收优惠政策时，如地方政府开出各种优惠条件招商引资，企业要事先做必要的风险评估，因为这种形式的优惠并不总能增加企业的整体收益。在评估时，首先要考虑优惠政策的稳定性与可靠性。一般而言，越是立法级次高的法律文件，其稳定性越强；越是法律条文无歧义的制度，其违规风险越低。其次要考虑实务操作中企业能否达到优惠政策规定的条件。总之，既要考虑企业的现实状况是否与立法精神相一致，也要考虑企业能否达到法规所要求的形式要件。

二、做好前期规划，全面评估税收风险

有些企业项目周期长、政策调整频率高，通常涉及企业人、财、物，乃至企业集团分工的全面调整，项目一旦启动，就难以进行大规模的调整，所以必须要在项目启动前做足合理的筹划功课。如果项目启动前的规划不够全面，即使一个很小的疏忽，也有可能演化为一个很大的税务风险。因此前期的税收筹划方案设计，一定要精心规划，不能有侥幸心理，否则将埋下很大的税收风险隐患。

在实际工作中，许多企业的内部管理，会重点关注市场开拓、降低成本等方面，而对于税收的管理，则置于生产经营过程之后，认为税收是生产经营过程所产生的结果。而实际情况是，当企业的生产经营过程完成之后，其所应承担的纳税义务就已经确定了，这是由法律所约束的，既定的经营行为和经营结果，就应该承担确定税种、确定数量的纳税义务。可见，不仅税收筹划方案应当在生产经营过程之前，企业面临的税收风险，也是在企业生产经营过程中就已经预定了。因此，应在税收筹划方案运作前期进行系统科学的全面规划，以达到事半功倍的效果。

三、贯彻成本效益原则，降低经营风险

在筹划税收方案时，不能仅考虑税收成本的降低，而忽略因实施该筹划方案所引发的其他费用增加或收入减少。决策者在选择筹划方案时，必须遵守成本效益原则，更多地考虑整体利益，谨慎地选择税收筹划方案。

四、密切关注条件变化，及时调整、完善筹划方案，保持灵活性

企业所处的经济环境差别很大，无论是外部市场环境变化、政策环境变化，还是国际政治与经济环境变化，都可能影响企业的经营。而税收筹划方案，必须基于企业的经营业务之上。企业经营性调整，或税收制度调整，都要求税收筹划方案要有相应的应对策略，不断调整、完善筹划方案，以将风险降到最低。同时要根据企业的实际情况制定税收筹划方案，并保持相当的灵活性，以便随着国家税制、税法、相关政策的改变及预期经营活动的变化随时调整，对税收筹划方案进行重新审查和评估，适时更新筹划内容，采取措施分散风险，保证税收筹划目标的实现。

五、建立税收筹划风险的预警与化解机制

纳税人在进行税收筹划运作时，除了在筹划方案设计中力求风险最小化与收益最大化的平衡之外，还需要在税收筹划风险发生时，及早发现，并建立有效的化解机制。

1. 税收筹划风险的预警机制

纳税人的风险预警与化解机制，应能实现对税收筹划的潜在风险的预警，对现实风险的监控与评估，以及对风险的快速反应与处理。

风险预警是应对税收筹划风险最基础的环节。早期的风险预警，可以为纳税人赢得更多的分析、处理时间，甚至可以在经营周期完成之前，对业务流程或其他经营事项进行相应的调整。风险预警系统应能发出警告，提醒纳税人及早进行深入分析，采取应对策略。

2. 税收筹划风险的化解机制

首先，需要企业内部的税务管理职能部门具有很强的税收业务能力，能够在最短的时间内，对税收风险的性质、程度等做出准确的分析，并制定应对税收筹划风险的方案。

其次，需要企业的管理系统，在税收筹划风险发生后，能够有效协调各部门之间的业务协作机制，通过内部管理各环节的有效配合，将相关风险的冲击降到最小，根本上优化企业管理系统的相关环节，提高企业的长期抗冲击能力。

最后，税务风险的化解，还需要纳税人加强与税务执法者的信息沟通。特别是纳税人与税务管理部门对税收法规的理解出现分歧的时候，良好的沟通不仅可以使纳税人加深对税收制度的理解，税收执法者也可以加深对纳税人具体情况的了解，在彼此加深理解的基础上，寻求政策平衡点。同时适时提出对税务机关有建设性的建议，增加征纳之间的友好度，营造良好的税企关系。

六、提高企业涉税人员的业务素质

一方面，要引进高素质的税收筹划人才，将应聘人员的税收筹划知识与能力的考核成绩、职业道德修养以及沟通和协作能力，作为人员录取的标准之一；另一方面，要加强对包括财会人员在内的从事税收筹划工作的人员的培训，使之较好地掌握税收、会计、财务、法律、企业管理、风险管理等各方面的知识，同时加强职业道德教育和沟通、协作能

力的培训，使其既能制订正确的税收筹划方案，又能正确地组织执行税收筹划方案，还能有效地对税收筹划风险进行防范。

七、聘请税收筹划专家，提高税收筹划的科学性

税收筹划是一项高层次的理财活动和系统工程，涉及法律、税收、会计、财务、金融、企业管理等多方面的知识，具有很强的专业性和技能性，需要专门的筹划人员进行操作。因此，对于那些综合性的、与企业全局关系较大的税收筹划业务，应聘请税收筹划专家来进行，以提高税收筹划的规范性和合理性，从而进一步降低税收筹划的风险。

本 章 小 结

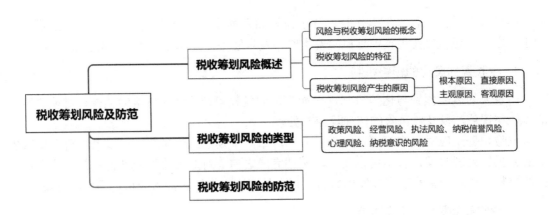

思考与练习

一、单项选择题

1. 税收筹划风险是客观存在的，不宜做出精确判断，是指(　　)。
   A. 税收筹划的复杂性　　　　　　　B. 税收筹划的可评估性
   C. 税收筹划的潜在性　　　　　　　D. 税收筹划的可度量性

2. 税收筹划风险不包括(　　)。
   A. 政策选择风险　　　　　　　　　B. 政策变化风险
   C. 企业债务风险　　　　　　　　　D. 经营风险

3. 企业不管采取什么样的筹划方案，都必须符合国家的法律规定，指的是税收筹划的(　　)。
   A. 系统性原则　　B. 守法性原则　　C. 事先筹划原则　　　D. 时效性原则

4. 下列表述中，错误的是(　　)。
   A. 税收筹划应当在法律、法规允许的范围内进行，不可因为过度追求税收筹划收益而踏入法律的禁区

B. 税务筹划人员首先必须了解和把握好尺度，尽量避免过分打"擦边球"

    C. 通过不合法方式进行筹划会让企业面临较大的法律风险，以致影响企业的声誉

    D. 税收筹划方案成功与否的标志是，是否实现了税负绝对量的降低

  5. 下列表述中，错误的是(　　)。

    A. 当企业面对各种各样的税收优惠政策时，企业一定要在事先做必要的风险评估

    B. 利用税收优惠政策进行税收筹划总是能增加企业的整体收益

    C. 越是立法级次高的法律文件，其稳定性越强

    D. 越是法律条文无歧义的制度，其违规风险越低

二、多项选择题

  1. 进行税收筹划风险的防范，具体措施包括(　　)。

    A. 注重前期规划，提前对风险进行全面评估

    B. 关注企业整体利益，降低税收类经营风险

    C. 保持筹划适度的灵活性

    D. 避免触及税收相关法律的"红线"

  2. 税收筹划风险防范应(　　)。

    A. 严格遵守税收及相关法律，合理适度筹划

    B. 做好前期规划，全面评估税收风险

    C. 贯彻成本效益原则，降低经营风险

    D. 建立税收筹划风险的预警与化解机制

  3. 税收筹划风险的特征包括(　　)。

    A. 客观性　　　　B. 主观相关性　　C. 潜在性　　　　D. 可度量性

三、判断题

  1. 政策风险又分为政策变化风险和政策选择风险。   (　　)

  2. 税收筹划的风险是不可评估的。   (　　)

  3. 执法风险不包括下述情况，部分行政执法人员专业素质低，从而将原本合法的筹划方案错误地认定为偷(逃)税等违法行为。   (　　)

  4. 在筹划前可忽略税收筹划的机会成本，着重关注精巧的筹划设计。   (　　)

  5. 当会计制度与税收法规产生差异时，如果产生了纳税争议，在纳税时应以国际通行的会计准则为依据。   (　　)

四、简答题

  1. 简述税收筹划风险的概念及特征。

  2. 简述税收筹划风险产生的原因。

  3. 简述税收筹划风险防范的措施。

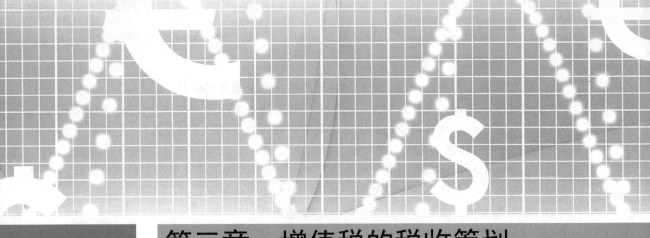

第三章　增值税的税收筹划

【思政目标】

1. 运用销项税额、进项税额的合理筹划，培养学生诚实守信、廉洁自律的优秀品德。

2. 运用税收减免政策进行税收筹划，激发学生的担当意识和家国情怀。

3. 通过对比纳税成本，增强学生的纳税风险意识。

【知识目标】

1. 熟悉增值税的纳税义务人、征税范围、税率、应纳税额的计算。

2. 熟悉增值税纳税人身份的选择。

3. 掌握不同销售方式下增值税的筹划方法的选择。

4. 了解兼营行为和混合销售行为下筹划方法的选择。

5. 能合理利用税收优惠政策进行税收筹划。

放弃免税权的纳税筹划.mp4

兼营行为的纳税筹划.mp4

无差别平衡点增值率.mp4

【案例引入】企业的纳税方式不能盲目地效仿

某新型建筑材料生产企业，其产品技术含量较高，成本较低，主要销售给建筑单位。两年前该企业属于小规模纳税人，由于对现行的增值税政策了解不多，这家企业模仿其他企业的做法，通过种种方法把自己的小规模纳税人身份转变成一般纳税人。一般纳税人增值税税率为 13%，而该企业外购原料少，能抵扣的进项税额不多，导致该企业增值税税负高达 11.6%。此时，该企业才意识到转变身份给自己带来了沉重的税负。为了减轻税收负担，他们采取销售收入不入账等手段，偷逃税款，最后受到税务机关的处罚。

案例启发：从这一案例可以看出，因为该企业在从事具体的生产经营之前没有超前意识，也就没有认真测算两类纳税人身份对自身税负的影响。如果精通现行的增值税法规，并对税负加以测算的话，该企业就不会选择成为一般纳税人了。

纳税人应具备法律意识，企业在进行税收筹划时不能盲目操作，不能与现行税收法律、法规相抵触。企业进行税收筹划的最终目的是降低税收成本，减轻税收负担，但目标的实现只能是在合法、合理的前提下进行，而且要被征税机关认可。如果税收筹划超出这个前提就很有可能演变成逃税、骗税等违法行为。

第一节　增值税纳税人的税收筹划

一、增值税纳税人身份的种类和标准

(一)增值税纳税人身份的种类

在我国，增值税实行凭专用发票等有效凭证抵扣税款的制度，客观上要求纳税人具备健全的会计核算制度和能力。但是，我国增值税纳税人(以下简称纳税人)数量庞大，会计核算水平参差不齐，大量的小企业和个体工商户还不具备利用有效凭证抵扣税款的条件，为了简化计税方法，便于增值税的征收，根据《增值税暂行条例》及《增值税暂行条例实施细则》的规定，将纳税人按会计核算水平和经营规模分为一般纳税人和小规模纳税人，分别采取不同的管理办法和计税方法。

(二)增值税纳税人身份的标准

1. 小规模纳税人的标准

小规模纳税人是指年销售额在规定标准以下，并且会计核算不健全，个能按规定报送有关税务资料的增值税纳税人。

根据规定，凡符合下列条件的视为小规模纳税人。

(1) 自 2018 年 5 月 1 日起，增值税小规模纳税人标准统一为年应征增值税销售额 500 万元及以下。

(2) 年应税销售额超过小规模纳税人标准的其他个人(指自然人)按小规模纳税人纳税(不属于一般纳税人)。

(3) 对于原增值税纳税人，超过小规模纳税人标准的非企业性单位、不经常发生应税行为的企业可选择按小规模纳税人纳税；对于"营改增"试点纳税人，年应税销售额超过小规模纳税人标准但不经常发生应税行为的单位和个体工商户可选择按照小规模纳税人纳税。

【知识点链接】2020 年因新冠疫情大部分企业停工停产，国家在抗击疫情的艰难时刻，税收锐减，财政支出巨大；疫情之后，国家为鼓励各行各业复工复产，颁布了小规模纳税人一系列税收优惠。

优惠一：在 2022 年 3 月 31 日前，小规模纳税人继续享受减按 1%征收率征收增值税的优惠；适用 3%预征率的预缴增值税项目，减按 1%预征率预缴增值税。

优惠二：2022 年 4 月 1 日至 2022 年 12 月 31 日，小规模纳税人适用 3%征收率的应税销售收入，免征增值税；适用 3%预征率的预缴增值税项目，暂停预缴增值税。

优惠三：财政部和国家税务总局发布的《关于明确增值税小规模纳税人减免增值税等政策的公告》明确，自 2023 年 1 月 1 日至 2023 年 12 月 31 日，对月销售额 10 万元以下(含本数)的增值税小规模纳税人，免征增值税。

同时，自 2023 年 1 月 1 日至 2023 年 12 月 31 日，增值税小规模纳税人适用 3%征收率的应税销售收入，减按 1%征收率征收增值税；适用 3%预征率的预缴增值税项目，减按

1%预征率预缴增值税。

优惠四：在 2022 年 1 月 1 日至 2024 年 12 月 31 日期间，小规模纳税人可以在 50%的税额幅度内减征资源税、城市维护建设税、房产税、城镇土地使用税、印花税(不含证券交易印花税)、耕地占用税和教育费附加、地方教育附加。

2. 一般纳税人的标准

根据《增值税一般纳税人登记管理办法》的规定，增值税纳税人的登记可以分为以下两种情况。

一是增值税纳税人，年应税销售额超过财政部、国家税务总局规定的小规模纳税人标准(自 2018 年 5 月 1 日起，为 500 万元)的，除税法另有规定外，应向其机构所在地主管税务机关办理一般纳税人登记。其中，年应税销售额，是指纳税人在连续不超过 12 个月或 4 个季度的经营期内累计应征增值税销售额，包括纳税申报销售额、稽查查补销售额、纳税评估调整的销售额。纳税申报销售额是指纳税人自行申报的全部应征增值税销售额，包括免税销售额和税务机关代开发票销售额。稽查查补销售额和纳税评估调整的销售额计入查补税款申报当月(或当季)的销售额，不计入税款所属期销售额。经营期是指在纳税人存续期内的连续经营期间，含未取得销售收入的月份或季度。

销售服务、无形资产或不动产有扣除项目的纳税人，其应税行为年应税销售额按未扣除之前的销售额计算。纳税人偶然发生的销售无形资产、转让不动产的销售额，不计入应税行为年应税销售额。

二是年应税销售额未超过标准的纳税人，会计核算健全，能够提供准确税务资料的，可向主管税务机关办理一般纳税人登记。会计核算健全是指能按照国家统一的会计制度规定设置账簿，根据合法、有效凭证进行核算。

《增值税一般纳税人登记管理办法》还规定了两种不得办理一般纳税人登记的情形：①按照政策规定，选择按照小规模纳税人纳税的(应当向主管税务机关提交书面说明)；②年应税销售额超过标准的其他个人。

3. 小规模纳税人和一般纳税人的征税管理

符合增值税一般纳税人条件的纳税人应向主管税务机关办理资格登记，以取得法定资格，未办理一般纳税人登记手续的，应按销售额依照增值税税率计算应纳税额，不得抵扣进项税额，也不得使用增值税专用发票。经税务机关审核登记的一般纳税人，可按规定领购和使用增值税专用发票，按增值税条例规定计算缴纳增值税。需要注意的是，纳税人登记为一般纳税人后，不得转为小规模纳税人，国家税务总局另有规定的除外。

按照《增值税暂行条例实施细则》第二十八条规定，已登记为增值税一般纳税人的单位和个人，在 2018 年 12 月 31 日前，可转登记为小规模纳税人，其未抵扣的进项税额作转出处理。根据《国家税务总局关于小规模纳税人免征增值税政策有关征管问题的公告》(国家税务总局公告 2019 年第 4 号)第五条的规定，转登记日前连续 12 个月(以 1 个月为 1 个纳税期)或者连续 4 个季度(以 1 个季度为 1 个纳税期)累计销售额未超过 500 万元的一般纳税人，在 2019 年 12 月 31 日前，可选择转登记为小规模纳税人。

自 2019 年 3 月 1 日起，将小规模纳税人自行开具增值税专用发票试点范围由住宿业，鉴证咨询业，建筑业，工业，信息传输、软件和信息技术服务业，扩大至租赁和商务服务业，科学研究和技术服务业，居民服务、修理和其他服务业。上述 8 个行业小规模纳税人(以下称试点纳税人)发生增值税应税行为，需要开具增值税专用发票的，可以自愿使用增值税发票管理系统自行开具。

试点纳税人销售其取得的不动产，需要开具增值税专用发票的，应当按照有关规定向税务机关申请代开。试点纳税人应当就开具增值税专用发票的销售额计算增值税应纳税额，并在规定的纳税申报期内向主管税务机关申报缴纳。

(三)一般纳税人和小规模纳税人身份的筹划办法

一般纳税人和小规模纳税人不同的税率和征收方法使其缴纳增值税存在差异，而现行税制对增值税纳税人身份的可转换性规定，为增值税纳税人在身份选择上提供了税收筹划的可能性。

企业选择哪种身份对纳税人有利，这取决于在销售收入相同的情况下，是一般纳税人身份可以少缴税还是小规模纳税人身份可以少缴税。根据一般纳税人和小规模纳税人计税方法，在销售收入既定的情况下，小规模纳税人的应纳税款就已经确定，而一般纳税人的应纳税额是销售额按照规定税率计算的销项税额抵扣相应的进项税额后的结果。增值率或可抵扣率直接影响一般纳税人税负的高低，这也是一般纳税人和小规模纳税人进行税负比较的关键因素。一般来说，增值率越高，小规模纳税人身份更有利；增值率越低，一般纳税人身份更有利。在增值率达到某一点时，一般纳税人和小规模纳税人的税负相等。这一点我们称为无差别平衡点增值率。相反，可抵扣率越高，一般纳税人身份更有利；可抵扣率越低，小规模纳税人身份更有利。在可抵扣率达到某一点时，一般纳税人和小规模纳税人税负相等，这一点我们称为无差别平衡点可抵扣率。因此，无差别平衡点增值率和无差别平衡点可抵扣率就成为一般纳税人和小规模纳税人进行身份筹划时最常用的两种方法。

1. 无差别平衡点增值率判别法

无差别平衡点增值率的计算可分为不含税销售额无差别平衡点增值率的计算和含税销售额无差别平衡点增值率的计算。

1) 不含税销售额无差别平衡点增值率的计算

设增值率为 X_1，假定纳税人不含税销售额为 S_1，适用的销售增值税税率为 T_1，不含税可抵扣购进额为 P_1，适用的购进增值税税率为 T_2，假设增值税征收率为 T_3。假定一般纳税人采用一般计税方法。具体操作如下。

(1) 计算增值率。

$$一般纳税人增值率 X_1 = \frac{不含税销售额 - 不含税可抵扣购进额}{不含税销售额} = \frac{S_1 - P_1}{S_1} \tag{3-1}$$

(2) 计算应纳增值税税额。

一般纳税人应纳增值税税额

=不含税销售额×销售增值税税率-不含税可抵扣购进额×购进增值税税率

$$=S_1 \times T_1 - P_1 \times T_2 \tag{3-2}$$

小规模纳税人应纳增值税税额$=S_1 \times T_3$ (3-3)

(3) 计算增值税无差别平衡点下的增值率。

令两种纳税人增值税税负相等，则 $S_1 \times T_1 - P_1 \times T_2 = S_1 \times T_3$，得：

$$增值率X_1 = \frac{S_1 - P_1}{S_1} = 1 - \frac{T_1 - T_3}{T_2} \tag{3-4}$$

令 $T_1 = 13\%$，$T_2 = 13\%$，$T_3 = 3\%$，得：

$$增值率X_1 = \frac{S_1 - P_1}{S_1} = 1 - \frac{13\% - 3\%}{13\%} = 23.08\%$$

由此得出结论：$T_1 = 13\%$，$T_2 = 13\%$，$T_3 = 3\%$，当增值率 $X_1 = 23.08\%$时，两者增值税税负相同，这时既可以选择一般纳税人身份，也可以选择小规模纳税人身份；当增值率＜23.08%时，小规模纳税人的增值税税负重于一般纳税人的增值税税负，这时选择一般纳税人身份是有利的；当增值率＞23.08%时，一般纳税人的增值税税负重于小规模纳税人的增值税税负，这时选择小规模纳税人身份是有利的。

将增值税税率13%、9%、6%，增值税征收率3%分别代入上式，计算出两类纳税人不含税销售额无差别平衡点增值率，如表3-1所示。

表3-1 两类纳税人不含税销售额无差别平衡点增值率

单位：%

一般纳税人销售增值税税率 T_1	一般纳税人购进增值税税率 T_2	小规模纳税人增值税征收率 T_3	不含税销售额无差别平衡点增值率 X_1
13	13	3	23.08
13	9	3	−11.11
13	6	3	−66.67
9	13	3	53.85
9	9	3	33.33
9	6	3	0
6	13	3	76.92
6	9	3	66.67
6	6	3	50

2) 含税销售额无差别平衡点增值率的计算

设增值率为 X_2，假定纳税人含税销售额为 S_2，适用的销售增值税税率为 T_1，含税可抵扣购进额为 P_2，适用的购进增值税税率为 T_2，增值税征收率为 T_3。假定一般纳税人采用一般计税方法。具体操作如下。

(1) 计算增值率。

$$一般纳税人增值率X_2 = \frac{含税销售额 - 含税可抵扣购进额}{含税销售额} = \frac{S_2 - P_2}{S_2} \tag{3-5}$$

(2) 计算应纳增值税税额。

一般纳税人应纳增值税税额

$$= \frac{含税销售额}{1 + 销售增值税税率} \times 销售增值税税率 - \frac{含税可抵扣购进额}{1 + 购进增值税税率} \times 购进增值税税率$$

$$= \frac{S_2}{1+T_1} \times T_1 - \frac{P_2}{1+T_2} \times T_2 \tag{3-6}$$

$$\text{小规模纳税人应纳增值税税额} = \frac{含税销售额}{1+增值税征收率} \times 增值税征收率 = \frac{S_2}{1+T_3} \times T_3 \tag{3-7}$$

(3) 计算增值税无差别平衡点下的增值率。

令两种纳税人增值税税负相等，则 $\frac{S_2}{1+T_1} \times T_1 - \frac{P_2}{1+T_2} \times T_2 = \frac{S_2}{1+T_3} \times T_3$，得：

$$增值率 X_2 = \frac{S_2 - P_2}{S_2} = 1 - \frac{\dfrac{T_1}{1+T_1} - \dfrac{T_3}{1+T_3}}{\dfrac{T_2}{1+T_2}} \tag{3-8}$$

令 $T_1=13\%$，$T_2=13\%$，$T_3=3\%$，得：

$$增值率 X_2 = \frac{S_2 - P_2}{S_2} = 1 - \frac{\dfrac{13\%}{1+13\%} - \dfrac{3\%}{1+3\%}}{\dfrac{13\%}{1+13\%}} = 25.32\%$$

由此得出结论：$T_1=13\%$，$T_2=13\%$，$T_3=3\%$，当增值率 $X_2=25.32\%$时，两者增值税税负相同，这时既可以选择一般纳税人身份，也可以选择小规模纳税人身份；当增值率<25.32%时，小规模纳税人的增值税税负重于一般纳税人的增值税税负，这时选择一般纳税人身份是有利的；当增值率>25.32%时，一般纳税人的增值税税负重于小规模纳税人的增值税税负，这时选择小规模纳税人身份是有利的。

将增值税税率13%、9%、6%，增值税征收率3%分别代入上式，计算出两类纳税人含税销售额无差别平衡点增值率，如表3-2所示。

表 3-2 两类纳税人含税销售额无差别平衡点增值率

单位：%

一般纳税人销售增值税税率 T_1	一般纳税人购进增值税税率 T_2	小规模纳税人增值税征收率 T_3	含税销售额无差别平衡点增值率 X_2
13	13	3	25.32
13	9	3	-4.06
13	6	3	-51.79
9	13	3	53.55
9	9	3	35.28
9	6	3	5.58
6	13	3	76.12
6	9	3	66.72
6	6	3	51.46

【案例 3-1】某服装销售公司年应税销售额为 600 万元(不含税)，且会计核算制度健全。年购货金额为 320 万元(此为增值税专用发票上注明金额，不含税)。该公司购销均适

用 13%的增值税税率。该公司年应税销售额为 600 万元(不含税),超过财政部、国家税务总局规定的小规模纳税人登记标准 500 万元,符合一般纳税人登记条件,应向主管税务机关办理一般纳税人登记,应缴纳增值税 36.4 万元(600×13%-320×13%)。如何进行增值税纳税人身份的筹划才能减轻增值税?

筹划分析: 该公司增值率(不含税销售额)=(600-320)÷600×100%=46.67%,高于不含税销售额无差别平衡点增值率 23.08%,因此,相比一般纳税人身份,成为小规模纳税人能够减轻增值税税负。

筹划操作: 可将该公司分设成两个独立核算的零售企业——A 公司、B 公司。假设分设后两个企业总的年销售额不变,仍然是 600 万元(不含税),每个公司年不含税销售额均为 300 万元,则都符合小规模纳税人条件,适用 3%的征收率。

分设后 A 公司、B 公司分别应缴纳增值税=300×3%=9(万元)

共计缴纳增值税=9×2=18(万元)

筹划结果: 通过企业拆分,该公司可以节省税负 18.4(36.4-18)万元。

筹划提示: 增值率高的企业可通过企业拆分等手段,使自己符合小规模纳税人的登记条件。但在实际工作中,企业还需要综合考虑成为小规模纳税人对销售价格、销售规模的影响,以及企业客户对增值税发票的要求做出最终选择。

【案例 3-2】某地区 A 公司、B 公司均为汽车零配件生产企业,其中,A 公司年应税销售收入为 300 万元,同期购进货物的金额为 250 万元;B 公司年应税销售收入为 380 万元,同期购进货物的金额为 315 万元(以上金额均为含税金额)。两个企业年应税销售额均未达到一般纳税人标准,税务机关对两个企业均按照小规模纳税人的简易计税方法征税,征收率为 3%。

A 公司每年应缴纳增值税=300÷(1+3%)×3%=8.74(万元)

B 公司每年应缴纳增值税=380÷(1+3%)×3%=11.07(万元)

两个公司共缴纳增值税税额为 19.81 万元。请为两个公司筹划能够节省增值税的方案。

筹划分析: 根据无差别平衡点增值率原理,A 公司的增值率(含税)为 16.67%[(300-250)÷300×100%],小于无差别平衡点增值率 25.32%,因此,选择成为一般纳税人税负更轻。同理,B 公司的增值率(含税)为 17.11%[(380-315)÷380×100%],也小于无差别平衡点增值率 25.32%,同样选择成为一般纳税人更为有利。

筹划操作:

方案 1: B 公司和 A 公司经营业务范围有很大重合,可以通过合并的方式成立一个统一核算的纳税人,假定合并后年应税销售额、购进货物金额不变,购销业务均适用 13%税率。合并后该企业符合一般纳税人的认定标准,需办理一般纳税人登记。则

年应纳增值税=(300+380)÷(1+13%)×13%-(250+315)÷(1+13%)×13%

=13.23(万元)

方案 2: A 公司、B 公司虽然年应税销售额未达到一般纳税人标准,但如果会计核算健全,能够向税务机关提供准确的税务资料,也可申请登记为一般纳税人。因此,两个公司可以通过加强自身财务制度管理,确保会计、税务资料完整准确的途径各自申请变更为一般纳税人。则

A 公司年应纳增值税=300÷(1+13%)×13%-250÷(1+13%)×13%=5.75(万元)

B 公司年应纳增值税=380÷(1+13%)×13%-315÷(1+13%)×13%=7.48(万元)

两个公司共缴纳增值税=5.75+7.48=13.23(万元)

筹划结果：筹划方案 1：通过企业合并的方式实现企业由小规模纳税人向一般纳税人的身份转换，从而节省税收 6.58(19.81-13.23)万元。筹划方案 2：通过健全会计核算的方式实现企业由小规模纳税人向一般纳税人的身份转换。同样节省税收 6.58(19.81-13.23)万元。

筹划提示：两种筹划方案方式不同，但同样达到了节税目的，节税的金额也相同。但是合并的方式要求两个企业在经营理念、营销思路、人力资源管理、企业未来发展方面达成一致，可能需要通过多次谈判才能完成。相比之下，第二种筹划方案两个公司通过健全各自会计核算的方式更容易做到，但健全会计核算同样意味着财务成本的增加。这就需要企业根据自身实际情况做出适合的选择。

2. 无差别平衡点可抵扣率判别法

无差别平衡点可抵扣率是指增值税一般纳税人和小规模纳税人应纳税额相同时的抵扣率水平。当实际抵扣率低于无差别平衡点抵扣率时，增值税一般纳税人税负高于小规模纳税人，则选择成为小规模纳税人更有利；当实际抵扣率高于无差别平衡点抵扣率时，增值税一般纳税人税负低于小规模纳税人，则选择成为一般纳税人更有利。

无差别平衡点可抵扣率的计算可分为不含税销售额无差别平衡点可抵扣率的计算和含税销售额无差别平衡点可抵扣率的计算。

1) 不含税销售额无差别平衡点可抵扣率的计算

设抵扣率为 Y_1，假定纳税人不含税销售额为 S_1，适用的销售增值税税率为 T_1，不含税可抵扣购进额为 P_1，适用的购进增值税税率为 T_2，增值税征收率为 T_3。假定一般纳税人采用一般计税方法。具体操作如下。

(1) 计算抵扣率。

$$抵扣率 Y_1 = \frac{不含税可抵扣购进额}{不含税销售额} = \frac{P_1}{S_1} \qquad (3\text{-}9)$$

(2) 计算应纳增值税税额。

一般纳税人应纳增值税税额

=不含税销售额×销售增值税税率-不含税可抵扣购进额×购进增值税税率

$$=S_1×T_1-P_1×T_2 \qquad (3\text{-}10)$$

小规模纳税人应纳增值税税额=不含税销售额×增值税征收率=$S_1×T_3$ (3-11)

(3) 计算不含税销售额无差别平衡点可抵扣率。

令两种纳税人增值税税负相等，则 $S_1×T_1-P_1×T_2=S_1×T_3$，得：

$$抵扣率 Y_1 = \frac{P_1}{S_1} = \frac{T_1 - T_3}{T_2} \qquad (3\text{-}12)$$

令 $T_1=13\%$，$T_2=13\%$，$T_3=3\%$，得：

$$抵扣率 Y_1 = \frac{P_1}{S_1} = (13\% - 3\%) \div 13\% = 76.92\%$$

由此得出：若 $T_1=13\%$，$T_2=13\%$，$T_3=3\%$，当抵扣率$=76.92\%$时，两者增值税税负相同，这时既可以选择一般纳税人身份，也可以选择小规模纳税人身份；当抵扣率$>76.92\%$时，小规模纳税人的增值税税负重于一般纳税人的增值税税负，这时选择一般纳税人身份是有利的；当抵扣率$<76.92\%$时，一般纳税人的增值税税负重于小规模纳税人的增值税税负，这时选择小规模纳税人身份是有利的。

将增值税税率13%、9%、6%，增值税征收率3%分别代入上式，计算出两类纳税人不含税销售额无差别平衡点可抵扣率，如表3-3所示。

表3-3　两类纳税人不含税销售额无差别平衡点可抵扣率

单位：%

一般纳税人销售增值税税率 T_1	一般纳税人购进增值税税率 T_2	小规模纳税人增值税征收率 T_3	不含税销售额无差别平衡点抵扣率 Y_1
13	13	3	76.92
13	9	3	111.11
13	6	3	166.67
9	13	3	46.15
9	9	3	66.67
9	6	3	100
6	13	3	23.08
6	9	3	33.33
6	6	3	50

2) 含税销售额无差别平衡点可抵扣率的计算

设抵扣率为 Y_2，假定纳税人含税销售额为 S_2，适用的销售增值税税率为 T_1，含税可抵扣购进额为 P_2，适用的购进增值税税率为 T_2，增值税征收率为 T_3。假定一般纳税人采用一般计税方法。具体操作如下。

(1) 计算抵扣率。

$$抵扣率 Y_2 = \frac{含税可抵扣购进额}{含税销售额} = \frac{P_2}{S_2} \tag{3-13}$$

(2) 计算应纳增值税税额。

一般纳税人应纳增值税税额

$$= \frac{含税销售额}{1+销售增值税税率} \times 销售增值税税率 - \frac{含税可抵扣购进额}{1+购进增值税税率} \times 购进增值税税率$$

$$= \frac{S_2}{1+T_1} \times T_1 - \frac{P_2}{1+T_2} \times T_2 \tag{3-14}$$

$$小规模纳税人应纳增值税税额 = \frac{含税销售额}{1+增值税征收率} \times 增值税征收率 = \frac{S_2}{1+T_3} \times T_3 \tag{3-15}$$

(3) 计算增值税无差别平衡点可抵扣率。

令两种纳税人增值税税负相等，则 $\dfrac{S_2}{1+T_1}\times T_1-\dfrac{P_2}{1+T_2}\times T_2=\dfrac{S_2}{1+T_3}\times T_3$，得：

$$抵扣率Y_2=\frac{P_2}{S_2}=\frac{\dfrac{T_1}{1+T_1}-\dfrac{T_3}{1+T_3}}{\dfrac{T_2}{1+T_2}} \tag{3-16}$$

令 T_1=13%，T_2=13%，T_3=3%，得：

$$抵扣率Y_2=\frac{P_2}{S_2}=\frac{\dfrac{13\%}{1+13\%}-\dfrac{3\%}{1+3\%}}{\dfrac{13\%}{1+13\%}}=74.68\%$$

当一般纳税人销售货物、劳务或服务与购进货物、劳务或服务适用的税率不相等时，抵扣率=1-增值率，因此，含税销售额无差别平衡点可抵扣率也可以用(1-含税无差别平衡点增值率)来计算。

由此得出：若 T_1=13%，T_2=13%，T_3=3%，当含税销售额无差别平衡点可抵扣率=74.68%时，两者增值税税负相同，这时既可以选择一般纳税人身份，也可以选择小规模纳税人身份；当抵扣率＞74.68%时，小规模纳税人的增值税税负重丨 般纳税人的增值税税负，这时选择一般纳税人身份是有利的；当抵扣率＜74.68%时，一般纳税人的增值税税负重于小规模纳税人的增值税税负，这时选择小规模纳税人身份是有利的。

将增值税税率13%、9%、6%，增值税征收率3%分别代入上式，计算出两类纳税人含税销售额无差别平衡点可抵扣率，如表3-4所示。

表3-4　两类纳税人含税销售额无差别平衡点可抵扣率

单位：%

一般纳税人销售增值税税率 T_1	一般纳税人购进增值税税率 T_2	小规模纳税人增值税征收率 T_3	含税销售额无差别平衡点抵扣率 Y_2
13	13	3	74.68
13	9	3	104.06
13	6	3	151.79
9	13	3	46.45
9	9	3	64.72
9	6	3	94.42
6	13	3	23.88
6	9	3	33.28
6	6	3	48.54

【案例 3-3】某汽车修理修配企业为增值税一般纳税人，2020 年取得汽车修理修配收入 880 万元(不含税)，且会计核算制度健全，符合增值税一般纳税人登记标准。企业购货

金额为 396 万元(不含税)。假设该企业购销均适用 13%增值税税率。该企业年应税销售额为 880 万元(不含税),超过财政部、国家税务总局规定的小规模纳税人登记标准(500 万元),符合一般纳税人登记条件,应向主管税务机关办理一般纳税人登记。应缴纳增值税为 62.92(880×13%-396×13%)万元。如何进行增值税纳税人身份的筹划才能减轻增值税税负?

筹划分析: 该公司抵扣率(不含税销售额)=396÷880×100%=45%,低于不含税销售额无差别平衡点可抵扣率 76.92%,因此,相比一般纳税人身份,成为小规模纳税人能够减轻增值税税负。

筹划操作: 可以将该企业分设成两个独立核算的汽车修理修配企业。假设分设后两个企业总的年销售额不变,仍然是 880 万元(不含税),每个公司年不含税销售额均为 440 万元,则都符合小规模纳税人条件,适用 3%的征收率。

分设后两个企业分别应缴纳增值税=440×3%=13.2(万元)

两个企业共计缴纳增值税=13.2×2=26.4(万元)

筹划结果: 通过企业拆分的方式,该公司可以节省税负 36.52(62.92-26.4)万元。

筹划提示: 抵扣率低的企业可通过企业拆分等方式,使自己符合小规模纳税人的条件。

【案例 3-4】某地区小型家用电器生产企业 A 和 B 均为小规模纳税人。A 企业年应税销售收入为 266 万元,同期发生的购进货物的金额为 210 万元;B 企业年应税销售收入为 480 万元,同期发生的购进货物的金额为 395 万元(以上金额均为含税金额)。由于两个企业年应税销售额均未达到一般纳税人标准,税务机关对两个企业均按照小规模纳税人的简易计征办法征税,征收率为 3%。这样,A 企业每年应缴纳增值税=266÷(1+3%)×3%=7.75(万元);B 公司每年应缴纳增值税=480÷(1+3%)×3%=13.98(万元),两个企业共缴纳增值税 21.73 万元。如何筹划才能减轻增值税税负?

筹划分析: 根据无差别平衡点可抵扣率原理,A 企业的抵扣率(含税)为 78.95%(210÷266×100%),B 企业的抵扣率(含税)为 82.29%(395÷480×100%),均大于含税销售额无差别平衡点可抵扣率 74.68%,因此两个企业选择成为一般纳税人税负更轻。

筹划操作:

方案 1:A 企业、B 企业可以通过合并的方式成立一个统一核算的纳税人,假定合并后年应税销售额、购进货物金额不变,购销业务均适用 13%的税率。合并后该企业符合一般纳税人的认定标准。根据一般纳税人增值税计算方法,

年应纳增值税=(266+480)÷(1+13%)×13%-(210+395)÷(1+13%)×13%

=16.22(万元)

方案 2:A 企业、B 企业虽然年应税销售额未达到一般纳税人标准,但是,如果会计核算健全,能够向税务机关提供准确的税务资料,也可以申请登记为一般纳税人。因此,两个公司可以通过加强财务制度管理,确保会计、税务资料完整准确的途径各自申请变更为一般纳税人。则

A 企业年应纳增值税额=266÷(1+13%)×13%-210÷(1+13%)×13%=6.44(万元)

B 企业年应纳增值税额=480÷(1+13%)×13%-395÷(1+13%)×13%=9.78(万元)

两个企业共缴纳增值税额=6.44+9.78=16.22(万元)

筹划结果: 筹划方案 1:通过企业合并的方式实现企业由小规模纳税人向一般纳税人

的身份转换，节省税收 5.51(21.73-16.22)万元。筹划方案 2：通过健全会计核算的方式实现企业由小规模纳税人向一般纳税人的身份转换，同样节省税收 5.51(21.73-16.22)万元。

筹划提示：两种筹划方案方式不同，但同样达到了节税目的，节税的金额也相同。B企业年应税销售额为 480 万元，该企业还可以通过加大宣传、拓宽营销渠道等多种扩大销售规模的方式超过年应税销售额 500 万元的标准，这样也可以被判定为一般纳税人。

根据以上理论及案例分析，纳税人在进行增值率(抵扣率)平衡点分析后，若要由小规模纳税人改变为一般纳税人，比较常用的操作方法：一是通过企业合并的方式，将两个规模较小的企业整合成一个企业，从而达到一般纳税人的判定标准。二是扩大销售规模。纳税人年应税销售额超过 500 万元，就可以到机构所在地进行一般纳税人登记。三是健全会计核算。虽然纳税人未达到一般纳税人规定标准，但是可向税务机关提供完整准确的税务资料，也能申请登记为一般纳税人。若要由一般纳税人改变为小规模纳税人，通常采用分拆机构的方法，也可选择按照《财政部 国家税务总局关于统一增值税小规模纳税人标准的通知》在符合条件时转登记为小规模纳税人。

二、混合销售行为中纳税人身份的筹划

(一)混合销售行为及其计税方法的法律规定

一项销售行为如果既涉及货物又涉及服务，则为混合销售。判断混合销售行为的标准有两个：一是其销售行为必须是一项行为；二是该项行为必须既涉及货物销售又涉及服务销售，其中"货物"指《增值税暂行条例》中规定的有形动产，包括电力、热力和气体等；"服务"属于改征增值税范围的交通运输服务、邮政服务、电信服务、建筑服务、金融服务、现代服务和生活服务。

根据我国税法规定，从事货物的生产、批发或者零售的单位和个体工商户的混合销售，按照销售货物缴纳增值税；其他单位和个体工商户的混合销售，按照销售服务缴纳增值税。从事货物生产、批发或者零售的单位和个体工商户，包括以从事货物的生产、批发或零售为主，并兼营销售服务的单位和个体工商户在内。

(二)混合销售行为中纳税人身份选择的筹划方法

"营改增"后，销售服务除有形动产租赁实行 13%的税率，其他服务适用 9%和 6%两档税率；而销售货物适用 13%和 9%两档税率。因此，对于混合销售行为中按照销售货物缴纳增值税的企业，销售服务的税率会被提高，可考虑将销售服务的业务分拆出去单独成立公司，独立核算。

【案例 3-5】某塑钢有限责任公司为增值税一般纳税人，主要经营范围为塑钢门窗的生产、销售并负责安装。假设 2020 年该公司销售塑钢门窗取得不含税销售收入 5600 万元，提供安装服务取得不含税销售收入 1400 万元；当期购买生产用原材料 4300 万元，可抵扣的进项税额为 559 万元。税务机关认定该公司的行为属于混合销售行为，按销售塑钢门窗税率统一征收增值税。该公司如何进行税收筹划可以降低增值税税负？

筹划分析：在现行方案下，该公司增值税应纳税额的计算如下。

增值税销项税额=(5600+1400)×13%=910(万元)

增值税进项税额=559(万元)

增值税应纳税额=910-559=351(万元)

筹划操作：该公司销售塑钢门窗并负责安装属于混合销售行为，统一适用销售货物13%的税率。而如果分别核算的话，销售塑钢门窗适用 13%税率，安装收入适用 9%税率，可以降低企业税负。该公司可以将安装业务拆分出来成立一个安装公司，并独立核算，自行缴纳税款。在税收筹划后，税款缴纳情况如下。

该公司应缴纳的增值税=5600×13%-559=169(万元)

安装公司应缴纳的增值税=1400×9%=126(万元)

合计应纳税额=169+126=295(万元)

筹划结果：该公司通过将税率相对较低的安装业务拆分成立新公司的形式，使缴纳的增值税减少了 56(351-295)万元。

筹划提示：对于发生混合销售行为的企业，应当明确区分其提供的不同应税销售行为的税率，若其主营业务税率高于其他经营项目，则可建立子公司进行筹划；若主营业务税率低于其他经营项目，则按主营业务税率纳税。

三、避免成为增值税纳税人的税收筹划

1. 经济行为是否为增值税征税范围的判定依据

根据《增值税暂行条例》《增值税暂行条例实施细则》和"营改增"相关政策通知的规定，在中华人民共和国境内发生的应税销售行为以及进口货物的单位和个人为增值税的纳税人。确定一项经济行为是否需要缴纳增值税，除另有规定外，一般应同时具备以下四个条件。

(1) 应税行为发生在中华人民共和国境内。

(2) 应税行为属于增值税及"营改增"相关法规规定范围内的业务活动。

(3) 应税行为是为他人提供的。

(4) 应税行为是有偿的。

其中，"境内"具体指以下几种情况。

① 销售货物的起运地或者所在地在境内。

② 提供的应税劳务发生在境内。

③ 在境内销售服务、无形资产或者不动产：第一，服务(租赁不动产除外)或者无形资产(自然资源使用权除外)的销售方或者购买方在境内；第二，所销售或者租赁的不动产在境内；第三，所销售自然资源使用权的自然资源在境内；第四，财政部和国家税务总局规定的其他情形。

下列情形不属于在境内销售服务或者无形资产。

(1) 境外单位或者个人向境内单位或者个人销售完全在境外发生的服务。

(2) 境外单位或者个人向境内单位或者个人销售完全在境外使用的无形资产。

(3) 境外单位或者个人向境内单位或者个人出租完全在境外使用的有形动产。

(4) 财政部和国家税务总局规定的其他情形：①为出境的函件、包裹在境外提供的邮政服务、收派服务；②向境内单位或者个人提供的工程施工地点在境外的建筑服务、工程监理服务；③向境内单位或者个人提供的工程、矿产资源在境外的工程勘察勘探服务；④

向境内单位或者个人提供的会议展览地点在境外的会议展览服务。

2. 避免成为增值税纳税人的筹划方法

企业进行税收筹划时还应区分境内业务和境外业务，通过签订不同的合同，避免成为增值税纳税人。

【**案例 3-6**】境外某国 A 咨询公司与境内一公司签订咨询合同，就这家境内公司开拓境内、境外市场进行实地调研并提出合理化管理建议。该笔业务可以如何进行税收筹划？

筹划分析：根据我国增值税法律的规定，境外单位或个人向境内单位或个人销售的未完全在境外发生的服务，属于在境内销售服务。因而，境外 A 咨询公司提供的咨询服务同时在境内和境外发生，属于在境内的范围，应缴纳增值税。

筹划操作：纳税人应税销售行为不发生在境内，则不属于我国增值税纳税人。如果 A 公司与境内公司的咨询业务分别签订境内、境外市场调研合同，则境外咨询合同收入就属于境外发生服务，不属于增值税的征收范围。

筹划结果：通过签订境内、境外两份咨询合同，境外咨询合同部分可以避免成为我国增值税的纳税人，从而达到节税的目的。

筹划提示：如果应税行为同时在境内与境外发生，则最好将两种经济业务分别签订合同。

第二节 增值税税率和征收率的税收筹划

一、增值税税率和征收率的法律规定

(一)增值税税率的规定

1. 基本税率

增值税一般纳税人销售货物或进口货物，提供加工、修理修配劳务，除低税率适用范围外，税率一律为13%。

2. 9%低税率

纳税人销售交通运输、邮政、基础电信、建筑、不动产租赁服务，销售不动产，转让土地使用权，销售或者进口下列货物，按低税率9%计征增值税。

(1) 粮食等农产品、食用植物油、食用盐。

(2) 自来水、暖气、冷气、热水、煤气、石油液化气、天然气、二甲醚、沼气、居民用煤制品。

(3) 图书、报纸、杂志、音像制品、电子出版物。

(4) 饲料、化肥、农药、农机、农膜。

(5) 国务院规定的其他货物。

3. 6%低税率

纳税人销售增值电信服务、金融服务、现代服务(除有形动产租赁服务外)、生活服务、无形资产(除转让土地使用权),税率为6%。

4. 零税率

(1) 纳税人出口货物,税率为零;但国务院另有规定的除外。

(2) 境内单位和个人发生的跨境应税行为,税率为零。具体包括以下几种情况。

① 国际运输服务,指在境内载运旅客或者货物出境、在境外载运旅客或者货物入境、在境外载运旅客或者货物。

② 航天运输服务。

③ 向境外单位提供的完全在境外消费的研发服务、合同能源管理服务、设计服务、广播影视节目(作品)的制作和发行服务、软件服务、电路设计及测试服务、信息系统服务、业务流程管理服务、离岸服务外包业务、转让技术。

④ 财政部和国家税务总局规定的其他服务。

(二)增值税征收率的规定

增值税征收率适用于两种情况:一是小规模纳税人;二是一般纳税人发生应税销售行为按规定可选择简易计税方法计税的情形。

增值税小规模纳税人以及采用简易计税的一般纳税人计算税款时使用征收率,目前增值税征收率一共有4档:0.5%、1%、3%和5%,一般为3%,财政部和国家税务总局另有规定的除外。

1. 5%征收率

(1) 中外合作油(气)田开采的原油、天然气按实物征收增值税,征收率为5%。

(2) 销售、出租2016年4月30日前取得的不动产。

(3) 房地产开发企业出租、销售自行开发的房地产老项目。房地产老项目是指建筑工程施工许可证注明的合同开工日期在2016年4月30日前的房地产项目。包括但不限于:房地产开发企业中的一般纳税人购入未完工的房地产老项目继续开发后,以自己名义立项销售的不动产。房地产开发企业中的一般纳税人以围填海方式取得土地并开发的房地产项目,围填海工程建筑工程施工许可证或建筑工程承包合同注明的围填海开工日期在2016年4月30日前的,属于房地产老项目。

(4) 2016年4月30日前签订的不动产融资租赁合同。

(5) 以2016年4月30日前取得的不动产提供的融资租赁服务。

(6) 提供劳务派遣服务、安全保护服务(含提供武装守护押运服务)选择差额纳税的。

(7) 收取试点前开工的一级公路、二级公路、桥、闸通行费。

(8) 提供人力资源外包服务。

2. 3%征收率

(1) 销售自产的用微生物、微生物代谢产物、动物毒素、人或动物的血液或组织制成的生物制品。

(2) 寄售商店代销寄售物品(包括居民个人寄售的物品在内)。

(3) 典当业销售死当物品。

(4) 销售自产的县级及县级以下小型水力发电单位生产的电力。

(5) 销售自产的自来水。

(6) 销售自产的建筑用和生产建筑材料所用的砂、土、石料。

(7) 销售自产的以自己采掘的砂、土、石料或其他矿物连续生产的砖、瓦、石灰(不含黏土实心砖、瓦)。

(8) 销售自产的商品混凝土(仅限于以水泥为原料生产的水泥混凝土)。

(9) 单采血浆站销售非临床用人体血液。

(10) 药品经营企业销售生物制品。

(11) 光伏发电项目发电户销售电力产品。

(12) 兽用药品经营企业销售兽用生物制品。

(13) 销售自己使用过的固定资产,适用简易办法依照 3%征收率减按 2%征收增值税政策的,可以放弃减税,按照简易办法依照 3%征收率缴纳增值税,并可以开具增值税专用发票。

(14) 公共交通运输服务,包括轮客渡、公交客运、地铁、城市轻轨、出租车、长途客运、班车。

(15) 经认定的动漫企业为开发动漫产品提供的服务以及在境内转让动漫版权。

(16) 电影放映服务、仓储服务、装卸搬运服务、收派服务和文化体育服务(含纳税人在游览场所经营索道、摆渡车、电瓶车、游船等取得的收入)。

(17) 以纳入"营改增"试点之日前取得的有形动产为标的物提供的经营租赁服务。

(18) 纳入"营改增"试点之日前签订的尚未执行完毕的有形动产租赁合同。

(19) 公路经营企业收取试点前开工的高速公路的车辆通行费。

(20) 中国农业发展银行总行及其各分支机构提供涉农贷款取得的利息收入。

(21) 农村信用社、村镇银行、农村资金互助社、由银行业机构全资发起设立的贷款公司、法人机构在县(县级市、区、旗)及县以下地区的农村合作银行和农村商业银行提供的金融服务收入。

(22) 对中国农业银行纳入"三农金融事业部"改革试点的各省、自治区、直辖市、计划单列市分行下辖的县域支行和新疆生产建设兵团分行下辖的县域支行(县事业部),提供农户贷款、农村企业和农村各类组织贷款取得的利息收入。

(23) 提供非学历教育服务。

(24) 提供教育辅助服务。

(25) 非企业性单位中的一般纳税人提供的研发和技术服务、信息技术服务、鉴证咨询服务,以及销售技术、著作权等无形资产。

(26) 非企业性单位中的一般纳税人提供技术转让、技术开发和与之相关的技术咨询、技术服务。

(27) 提供物业管理服务的纳税人,向服务接受方收取的自来水水费,以扣除其对外支付的自来水水费后的余额为销售额,按照简易计税方法依照 3%的征收率计算缴纳增值税。

(28) 以清包工方式提供的、为甲供工程提供的、为建筑工程老项目提供的建筑服务。

(29) 纳税人销售活动板房、机器设备、钢结构件等自产货物的同时提供建筑、安装服务，应分别核算货物和建筑服务的销售额，分别适用不同的税率或者征收率。

(30) 建筑工程总承包单位为房屋建筑的地基与基础、主体结构提供工程服务，建设单位自行采购全部或部分钢材、混凝土、砌体材料、预制构件的，适用简易计税方法计税。

(31) 销售自产、外购机器设备的同时提供安装服务，已分别核算机器设备和安装服务的销售额，安装服务可以按照甲供工程选择适用简易计税方法计税。

(32) 资管产品管理人运营资管产品过程中发生的增值税应税行为，暂适用简易计税方法，按照 3% 的征收率缴纳增值税。

(33) 自 2018 年 5 月 1 日起，增值税一般纳税人生产销售和批发、零售抗癌药品，可选择按照简易方法依照 3% 征收率计算缴纳增值税。

(34) 一般纳税人提供的城市电影放映服务，可以按现行政策规定，选择按照简易计税方法计算缴纳增值税。

(35) 自 2019 年 3 月 1 日起，增值税一般纳税人生产销售和批发、零售罕见病药品，可选择按照简易方法依照 3% 征收率计算缴纳增值税。上述纳税人选择简易方法计算缴纳增值税后，36 个月内不得变更。

3. 3% 征收率减按 2% 征收

(1) 2008 年 12 月 31 日以前未纳入扩大增值税抵扣范围试点的纳税人，销售自己使用过的 2008 年 12 月 31 日以前购进或者自制的固定资产。

(2) 2008 年 12 月 31 日以前已纳入扩大增值税抵扣范围试点的纳税人，销售自己使用过的在本地区扩大增值税抵扣范围试点以前购进或者自制的固定资产。

(3) 销售自己使用过的属于《增值税暂行条例》第十条规定不得抵扣且未抵扣进项税额的固定资产。

(4) 纳税人销售旧货。

(5) 纳税人购进或者自制固定资产时为小规模纳税人，认定为一般纳税人后销售该固定资产。

(6) 发生按照简易方法征收增值税应税行为，销售其按照规定不得抵扣进项税额的固定资产。

(7) 销售自己使用过的、纳入"营改增"试点之日前取得的固定资产，按照现行旧货相关增值税政策执行。

4. 减按 0.5% 征收

自 2020 年 5 月 1 日至 2023 年 12 月 31 日，从事二手车经销业务的纳税人销售其收购的二手车，由原按照简易方法依 3% 征收率减按 2% 征收增值税，改为减按 0.5% 征收增值税。

5. 按照 5% 征收率减按 1.5% 征收

(1) 个体工商户和其他个人出租住房减按 1.5% 计算应纳税额。

(2) 住房租赁企业中的增值税一般纳税人向个人出租住房取得的全部出租收入，可以选择适用简易计税方法，按照 5% 的征收率减按 1.5% 计算缴纳增值税，或适用一般计税方法计算缴纳增值税。住房租赁企业中的增值税小规模纳税人向个人出租住房，按照 5% 的征收率减按 1.5%计算缴纳增值税。

二、增值税税率的筹划方法

1. 充分利用低税率法律规定

增值税税率的税收筹划，一般纳税人首先要准确掌握低税率的内容和适用范围，若有条件应努力达到相关标准，以享受低税率或零税率待遇。例如，适用 9%低税率中的"农机"，是指农机整机，农机零部件不属于"农机范围"，因此企业在条件允许的情况下应尽可能销售整机。

2. 正确处理兼营行为

兼营不同税率的货物或应税劳务以及同时经营应税和免税项目的，应分别核算，以避免从高适用税率的情况发生，从而达到节税的目的。

(1) 纳税人发生应税销售行为适用不同税率或征收率的，应分别核算适用不同税率或征收率的销售额，未分别核算销售额的，按照以下方法适用税率或者征收率：兼有不同税率的应税销售行为，从高适用税率；兼有不同征收率的应税行为，从高适用征收率；兼有不同税率和征收率的应税销售行为，从高适用税率。

(2) 纳税人同时经营应税和免税项目。《增值税暂行条例》第十六条规定，纳税人兼营免税、减税项目的，应当分别核算免税、减税项目的销售额；未分别核算销售额的，不得免税、减税。对确实无法准确划分不得抵扣的进项税额的，按下列公式计算

$$不得抵扣的进项税额 = 当月全部进项税额 \times \frac{当月免税项目销售额}{当月销售总额} \tag{3-17}$$

为避免因从高适用税率或征收率而加重税收负担，兼有不同税率或征收率的销售货物、加工修理修配劳务、服务、无形资产或者不动产的企业，要将各项目的销售额分别核算。例如，某大型商场既销售各类商品，又为顾客提供餐饮服务。如果分别核算，则各类商品收入适用基本税率为 13%，餐饮服务收入则按 6%的税率计税。如果不能分别核算，则两项收入一并按照 13%的高税率计税。显然，分别核算不同经营行为的销售额对该商场是至关重要的税收筹划思路。兼营免税项目也是同理。

【案例 3-7】某公司为增值税一般纳税人，主要从事货物运输服务和仓储搬运服务。假设该公司 6 月取得货物运输服务收入 300 万元、仓储搬运服务收入 100 万元，均为不含增值税收入。本月可抵扣的进项税额为 15 万元，无上期留抵税额。不考虑城市维护建设税及相关税费，该公司应如何进行税收筹划以减轻税收负担？

筹划分析：

方案一：若该公司未分别核算两项业务收入，则一并适用高税率 9%计算增值税。

应缴纳的增值税=(300+100)×9%−15=21(万元)

方案二：若该公司分别核算两项业务收入，则分别按照适用税率计算增值税。

应缴纳的增值税=300×9%+100×6%−15=18(万元)

筹划结果：该公司通过分别核算货物运输服务收入和仓储搬运服务收入，可少缴纳增值税3(21−18)万元。

> **筹划提示：** 纳税人通过分别核算不同税率的经营业务，减少核算造成的税收成本；"营改增"后，企业还可以选择性地外包非主要业务。这样一方面能增加可抵扣进项税额，减少应缴纳的增值税；另一方面在享受专业服务的同时，还可因抵扣链条延长而享受税收优惠。

3. 通过转变经营模式，转高税率为低税率

目前，我国增值税税率实行 13%、9%、6%、零税率等多档税率，不同的货物、劳务、服务适用的税率有高有低，这就为纳税人通过转变经营模式，降低适用税率的方式进行税收筹划提供了空间。

【案例 3-8】 某运输公司为增值税一般纳税人，主要从事货物运输服务，兼营闲置车辆对外租赁业务。假设 2021 年 4 月该公司取得不含税经营租赁收入 800 万元，可抵扣的进项税额为 50 万元，不考虑其他相关税费及附加，则当月应缴纳的增值税税额为 54(800×13%−50)万元。该公司如何进行税收筹划以减轻税收负担？

筹划操作： 在取得同样销售收入、发生相等销售费用的情况下，如果该公司改变一下经营模式，在对外出租闲置车辆的同时，还为出租车辆配备司机，则该公司的此项收入就由原来的有形动产租赁服务转变为交通运输业服务，适用的增值税税率也由原来的 13%降低为 9%。则

当月应缴纳的增值税税额=800×9%−50=72−50=22(万元)。

筹划结果： 可见，第二种经营模式比第一种经营模式少缴纳税款 32(54−22)万元。

筹划提示： 同样的收入额，只需要对经营模式进行一些恰当合理的转换，就能够有效利用我国现行增值税多档税率的设置适用低税率，以达到节约税款的目的。

第三节　增值税税基的税收筹划

一、增值税税基的法律规定

(一)一般计税方法下税基的主要法律规定

一般纳税人发生应税销售行为适用一般计税方法。其计算公式为

$$当期应纳增值税税额=当期销项税额-当期进项税额 \qquad (3\text{-}18)$$

1. 销项税额

销项税额是指纳税人发生应税销售行为按照销售额或应税劳务收入与规定的税率计算并向购买方收取的增值税税额。销项税额的计算公式为

$$销项税额=销售额×税率$$

一般销售方式下，销售额是指纳税人发生应税销售行为时向购买方(承受劳务和服务行为也视为购买)收取的全部价款和价外费用。需要强调的是，增值税是价外税，公式中的销售额必须是不含税的销售额。一般纳税人如果取得含税销售额，计算销项税额时，必须换

算成不含税的销售额，计算公式为

$$不含税销售额=含税销售额÷(1+税率) \tag{3-19}$$

在某些情况下，纳税人没有销售额或销售额明显偏低或偏高，且没有合理的商业目的，税务机关有权按照以下顺序确定销售额。

(1) 按纳税人近期同类货物或应税行为的平均销售价格确定。

(2) 按其他纳税人近期同类货物或应税行为的平均销售价格确定。

(3) 按组成计税价格确定。

如果对该货物或应税行为不同时征收消费税，则计算组成计税价格的公式为

$$组成计税价格=成本×(1+成本利润率) \tag{3-20}$$

2. 进项税额

进项税额是指纳税人购进货物或接受应税劳务、应税行为所支付或负担的增值税额。它与销项税额相对应，销售方收取的销项税额即购买方支付的进项税额。

需要注意的是，并不是纳税人支付的所有的进项税额都可从销项税额中抵扣。关于进项税额的扣除规定中，分为准予从销项税额中抵扣的进项税额和不得从销项税额中抵扣的进项税额两部分。

(二)简易计税方法的主要法律规定

1. 简易计税方法的适用范围

(1) 小规模纳税人。

(2) 一般纳税人发生的应税销售行为，按规定可以选择适用简易计税的情形。

2. 简易计税方法下，应纳税额的计算

简易计税方法中的应纳税额是指按照不含税销售额和增值税征收率计算的增值税额，不得抵扣进项税额。应纳税额计算公式为

$$应纳税额=不含税销售额×征收率 \tag{3-21}$$

(三)计税方法的税收筹划

我国增值税相关法规规定，一般纳税人在某些情况下也可以采用简易计税方法，即此时纳税人可以在一般计税方法(税款抵扣法)和简易计税方法之间进行选择，是按照销项税额扣除进项税额差额征税更有利，还是运用销售收入乘以征收率计算税额更有利，一般纳税人可以通过核算选择税负较轻的税收筹划方案。具体可以参考无差别平衡点增值率和无差别平衡点可抵扣率的计算方法做出选择。

【案例 3-9】某医药有限公司为增值税一般纳税人，2021 年 7 月取得《第一批罕见病目录》罕见药品零售收入 260(含税)万元，对应罕见药品采购金额为 180 万元(含税)。假设该公司分别核算一般药品与罕见药品的销售收入，那么其应如何进行税收筹划以减轻增值税税负？

筹划分析：根据我国增值税的有关规定，自 2019 年 3 月 1 日起，增值税一般纳税人生产销售和批发、零售罕见病药品，可选择按照简易计税方法适用 3%征收率计算缴纳增值税。

方案一：纳税人采用一般计税方法。

应缴纳的增值税额=销项税额-进项税额

=260÷(1+13%)×13%-180÷(1+13%)×13%=9.20(万元)

方案二：纳税人采用简易计税方法。

应缴纳的增值税额=260÷(1+3%)×3%=7.57(万元)

筹划操作：该公司可事先进行测算，比较一般计税方法和简易计税方法哪个计税方法更有利。根据上述测算，该公司采用简易计税方法能够减轻增值税税负。

筹划结果：该公司采用简易计税方法比一般计税方法节约了增值税税负1.63(9.20-7.57)万元。

筹划提示：需要特别说明的是，采用这种办法进行税收筹划必须充分准确掌握税法规定，才能真正实现企业利益最大化的目标。但是，纳税人选择简易计税方法计算缴纳增值税的，36个月内不得变更。这就要求纳税人能够对未来36个月一般计税方法抵扣率做出科学预测，才能确保选择的方案能够长期为企业节省税收。而且纳税人采用简易计税方法计税还应单独核算罕见病药品的销售额。未单独核算的，不得适用上述政策。

二、增值税销项税额的税收筹划

(一)不同销售方式下的税收筹划

在销售活动中，为了达到促销的目的，企业有多种销售方式。不同的销售方式下，销售者取得的销售额有所不同，且适用的税收政策也不同，因此存在税收筹划空间。纳税人应熟练掌握这些方式及其税务处理，在选择时考虑相关的税收成本，为企业进行税收筹划。不同销售方式的计税规定如表3-5所示。

表3-5 不同销售方式的计税规定

具体销售方式		计税规定
折扣销售	商业折扣	在同一张发票：按折扣后余额计税
		不在同一张发票：不得扣除折扣额，按全额计税
	现金折扣	不得从销售额中减除，按照全部销售额计税
赠送	赠送商品(外购)	按照购入时的价格确认视同销售收入
	赠送商品(自制)	按各项商品的公允价值的比例分摊确认各项的销售收入
	满额返送	满返：按照全部实际销售额计算其收入
		满减：按照折扣销售处理
	赠送服务(自供)	存在从属关系：构成混合销售
		不构成从属关系：只需要考虑该服务项目的纳税问题
	赠送服务(外购)	购入该项服务所产生的增值税进项税，可以进行抵扣
	加量不加价	实质上属于"赠送商品"的一种方式
以旧换新		不得扣除旧货价，按新货同期价格全额计价
还本销售		不得扣除还本支出，按全额计税

1. "折扣销售"的税收筹划

"折扣"是企业促销中常用的手段，主要包括"满额返现""折扣销售""第二件半价"等形式。

1) 折扣销售的纳税方式

我国税法中的"折扣销售"，即会计中所指的"商业折扣"，是指销货方在销售货物或应税劳务时，给予购买方价格上的优惠。折扣是在实现销售的同时发生的，因此税法规定，如果销售额和折扣额是在同一张发票上分别注明的，以折扣后的余额作为销售额计算增值税。这里需要注意以下几个问题。

(1) "分别注明"是将销售金额和折扣金额分别注明在同一张发票上的"金额"栏中，才可按照折扣后的销售价格计征增值税；如果仅将折扣金额在发票的"备注"栏中注明，而没有在同一张发票上的"金额"栏中注明，则只能以折扣前的销售价格计征增值税。

(2) 如果将折扣额另开发票，则无论其在财务上如何处理，均不得从销售额中扣减折扣额。

(3) 本书所说的折扣销售或商业折扣，仅限于对货物价格的折扣，如果销货方将自产、委托加工和购买的货物用于实物折扣的，则该实物款额不仅不能从货物销售额中扣除，且还应对用于折扣的实物按照《增值税暂行条例》中"视同销售货物"中的"赠送他人"项目，计算缴纳增值税。

【案例 3-10】某大型商场(增值税一般纳税人)在促销活动期间推出购物满 100 元，可以享受八折优惠。设其成本为 60 元。以上价格均为含税价，增值税税率为 13%，城市维护建设税税率为 7%，教育费附加税率为 3%。该商场应如何进行税收筹划以减轻增值税税负？

筹划分析：

方案一：商场将销售额和折扣额开在同一张发票上，则该商场应缴税费为

增值税销项税额$=80\div(1+13\%)\times13\%=9.20$(元)

增值税进项税额$=60\div(1+13\%)\times13\%=6.90$(元)

应纳增值税$=9.20-6.90=2.30$(元)

应纳城市维护建设税及教育费附加$=2.30\times(7\%+3\%)=0.23$(元)

企业应纳税所得额$=(80-60)\div(1+13\%)-0.23=17.47$(元)

应纳企业所得税$=17.47\times25\%=4.37$(元)

税负总额$=2.30+0.23+4.37=6.90$(元)

方案二：企业未将销售额和折扣额开在同一张发票上，而是将折扣额另开发票。这则该商场应缴税费为

增值税销项税额$=100\div(1+13\%)\times13\%=11.50$(元)

增值税进项税额$=60\div(1+13\%)\times13\%=6.90$(元)

应纳增值税$=11.50-6.90=4.60$(元)

应纳城市维护建设税及教育费附加$=4.60\times(7\%+3\%)=0.46$(元)

企业应纳税所得额$=(100-60)\div(1+13\%)-0.46=34.94$(元)

应纳企业所得税=34.94×25%=8.74(元)

税负总额=4.60+0.46+8.74=13.80(元)

以上两种方案的对比即折扣销售不同发票处理方式的税负比较，如表3-6所示。

表3-6 折扣销售不同发票处理方式的税负比较   单位：元

折扣额与销售额	增值税	城市维护建设税及教育费附加	企业所得税	税负总额
开在同一发票	2.30	0.23	4.37	6.90
另开发票	4.60	0.46	8.74	13.80

从表3-6可以看出，如果将折扣额开在同一发票上，销售方企业的各项应纳税额(包括增值税及其附加、企业所得税)都远小于将折扣额开在不同发票上。

筹划操作： 企业在选择商品折扣形式进行促销的时候，要注意发票的处理方式，税法规定，未在发票的金额栏注明折扣额而是仅在发票备注栏注明折扣额的，折扣额不允许在销售额中扣除。

筹划提示： 如果将销售额与折扣额在同一发票注明后，每实现100元的销售额，可节约的税负为6.90(13.80-6.90)元。

2) 现金折扣的纳税方式

现金折扣是指销售方为鼓励购货方在规定的期限内付款，而向销售方提供的债务扣除。比如"2/10，1/20，0/30"，即销售方给购货方的信用期限为30天，如果10天内付款，则货款折扣为2%；20天内付款，则货款折扣为1%；21~30天内付款，则无货款折扣。现金折扣发生在销售货物之后，本身不属于销售行为，而是一种融资性质的理财费用，因此，现金折扣不得从销售额中减除，企业应按照全部销售额计算纳税。

现金折扣下，可能发生企业的实际收入低于名义销售收入的情况。这时，企业的实际收入为扣除折扣之后的金额，但企业仍需按照折扣之前的销售收入计算纳税。为了降低税收负担，如果企业面对的是一个信誉良好的客户，销售货款回收风险较小，则企业可以考虑通过修改销售合同，将现金折扣方式转换为折扣销售方式。

【案例3-11】 某企业销售产品，与客户签订的合同额为5万元，合同中约定的付款期为40天，如果对方在20天内付款，将给予其3%的销售折扣，即1 500元。企业采取的是现金折扣方式，折扣额不能从销售额中扣除，企业应按照5万元的销售额计算增值税销项税，即增值税销项税=50 000×13%=6 500(元)

筹划分析： 该企业主动降低该批货物的价格，将合同金额降低为4.85万元，相当于给予对方3%折扣之后的金额。同时双方在合同中约定，对方企业应在20天之内付款，如果超过20天付款则需加收1 500元违约金。

筹划操作： 企业的收入并没有受到实质的影响，但在对方享受折扣时降低了增值税销项税。

(1) 当对方在20天之内付款时

全部价款=48 500(元)

增值税销项税=48 500×13%=6 305(元)

(2) 当对方在 20 天之后付款时

全部价款和价外费用=48 500+1 500=50 000(元)

增值税销项税=50 000×13%=6 500(元)

现金折扣在本质上属于企业的理财费用，与其他促销方式存在较大差异，因此，这里暂不将其与其他折扣方式进行比较。

2. "赠送" 的税收筹划

赠送是企业促销中最常用的手段之一，按所赠送的内容，可以将赠送促销分为赠送商品、满额返送、赠送服务、加量不加价等具体形式。

1) "赠送商品" 的税收筹划

"赠送商品" 是指顾客购买指定商品或消费达到指定金额便可免费获得相应商品的促销方式。主要形式有买一赠一、买一赠多、多买多赠等，如商场中我们常见的买牛奶送杯子、买空调送电风扇等。"赠送商品" 是目前零售企业中常用的促销手段之一。

由于税收制度的差异，赠送商品又可以分为两种情况：一是促销所赠送的商品为外购商品；二是销售方将自制的商品作为赠品。

【知识点链接】相关纳税分析

1. 赠送商品为外购时

1) 增值税方面

经营者外购的商品免费赠送他人的行为属于无偿捐赠，所赠商品应视同销售货物。如果有视同销售行为而没有销售价格，应参照选择合适价格作为计税价格：①按照纳税人近期同类商品的平均价格作为参照；②参照其他相关纳税人所售同类商品的平均价格进行确定；③采用组成计税价格来确定销售额，进而对应纳税额进行计算。其中，应纳消费税的商品，在计算组成计税价格时应考虑加入消费税额。同时，公式中的成本应是采购过程中的实际采购成本。

2) 企业所得税方面

企业发生非货币性资产交换，以及将货物、财产、劳务用于捐赠、偿债、赞助、集资、广告、样品、职工福利或利润分配等用途时，应当视同销售货物、转让财产或提供劳务。同时企业将资产移送他人，用于市场推广或销售的，因资产所有权属已发生改变而不属于内部处置资产，应按规定视同销售确定收入。属于外购的资产，确定销售收入时可按购入时的价格。

3) 个人所得税方面

企业销售商品的过程中，在向个人销售商品和提供劳务的同时给予免费赠品时，所赠商品不征收个人所得税。因此，企业通过赠送商品的方式进行促销，不需要为消费者代扣代缴所得税。

2. 赠送商品为自制时

1) 增值税方面

单位或者个体工商户 "将自产、委托加工或者购进的货物无偿赠送其他单位或者个人"的行为，视同销售货物。当无销售价格时按照组成计税价格计税。

2) 企业所得税方面

企业以买一赠一等方式组合销售本企业商品的，不属于捐赠，应将总的销售金额按各项商品的公允价值的比例来分摊确认各项的销售收入。

3) 个人所得税方面

与所赠商品为外购时相同，无须缴纳个人所得税。

【案例 3-12】某商场计划采取"买一赠一"形式促销 A 商品。A 商品的售价为 100 元，成本为 60 元。对于赠品，该商场有两种选择方案：方案一是外购 B 商品，市场价格为 20 元，采购成本为 15 元；方案二是自制 C 商品，市场价格为 20 元，成本为 15 元。以上价格均为含税价，增值税税率为 13%，城市维护建设税税率为 7%，教育费附加税率为 3%。

筹划操作：按照方案一，所赠商品为外购商品时，该商场应将赠品视同销售处理，应缴税费为

增值税销项税额=(100+20)÷(1+13%)×13%=13.81(元)

增值税进项税额=(60+15)÷(1+13%)×13%=8.63(元)

应纳增值税=13.81-8.63=5.18(元)

应纳城市维护建设税及教育费附加=5.18×(7%+3%)=0.52(元)

企业应纳税所得额=(100-60+20-15)÷(1+13%)-0.52=39.30(元)

应纳企业所得税=39.30×25%=9.83(元)

税负总额=5.18+0.52+9.83=15.53(元)

按照方案二，所赠商品为自制商品时，在增值税中应视同销售，因此应缴纳的增值税和相应附加与方案一相同。但在企业所得税中，需要按比例划分商品与赠品的销售额。因此

应纳增值税=5.18(元)

应纳城市维护建设税及教育费附加=0.52(元)

A 商品应分摊的销售收入=100×[100÷(100+20)]=83.30(元)

A 商品对应成本=60(元)

C 商品应分摊的销售收入=100×[20÷(100+20)]=16.70(元)

C 商品对应成本=15(元)

企业应纳税所得额=(83.3-60+16.7-15)÷(1+13%)-0.52=21.60(元)

应纳企业所得税=21.60×25%=5.40(元)

税负总额=5.18+0.52+5.40=11.10(元)

可见，该商场在促销中使用外购赠品和自制赠品的税负是不同的，二者的比较如表 3-7 所示。

表 3-7 外购赠品和自制赠品的税负比较

单位：元

项　目	增值税	城市维护建设税及教育费附加	企业所得税	税负总额
赠送商品(外购)	5.18	0.52	9.83	15.53
赠送商品(自制)	5.18	0.52	5.40	11.10

方案二中赠送自制的 C 商品所承担的税负总额，明显低于赠送外购 B 商品所承担的税负总额。而这种差异的原因主要在于，方案一(外购赠品)需要以 A 商品、B 商品的市场价格的总和计算销售收入，而方案二(自制赠品)，只需要以 A 商品的售价作为收入总额，并在 A 商品、C 商品之间进行分配。

筹划提示：利用税法中的这一特殊规定，商场在选择商品赠送这种促销形式时，可以在条件允许的情况下，尽量选择自制商品。

筹划结果：将赠品由外购变为自制后，每销售一件 A 商品，取得 100 元的销售额，可降低的税收负担为 4.43(15.53-11.10)元，占其销售额的 4.43%。

2) "满额返送"的税收筹划

"满额返送"是指商家在消费者购买到达一定标准时，向消费者返还一定金额的促销方式。其具体形式可能是赠送购物券，也可能是用返还的现金直接抵扣商品的价格。前者可简称为"满返"，后者可简称为"满减"。

在"满返"促销中，当消费者消费达到一定数额时，可获得相应的现金抵用券。类似于传统的打折促销，从税收角度来讲，"满返"促销使顾客获取了第二次消费时的折扣期权。"满返"带来的商品折扣优惠是通过消费者两次购物的行为来实现的，因此，可将其分为发放现金抵用券、使用现金抵用券两个时段分别进行纳税探讨。

【知识点链接】相关纳税分析

1. 发放现金抵用券时

对于发放现金抵用券时的纳税义务，我国相关法律、法规中并没有明确规定。但是从税收原理上可以进行以下分析：从收入角度来讲，企业销售时虽发放了现金抵用券，但销售收入并没有因此减少，仍应按照全部实际销售额计算其收入；如果购物方没有实际使用现金抵用券，那么这些现金抵用券尚未实现任何价值。因此，也不应在发放时确认其价值，既不冲减销售方的收入，也不降低购货方的购入成本。

零售企业对于购买达到一定金额的顾客，给予一定数额的代金券，允许顾客在特定时间段和指定商品范围内，使用代金券代替部分现金购买商品的行为，不属于无偿赠送的行为，所赠代金券不按视同销售征收增值税。

2. 使用现金抵用券时

消费者使用现金抵用券抵免部分商品价格，实质上是享受了一定的价格折扣。

纳税人销售商品采用折扣方式时，将销售金额和折扣金额开在同一张发票上且分别注明时，可按折扣后的销售价格缴纳增值税。销货方开具发票时，对在同一张发票上注明"返券购买"的货物金额，可作为折扣额在总销售额中扣减。

企业所得税方面已在"折扣销售"中详细阐述，在此不再赘述。

在"满减"销售方式下，商家为消费者扣减的销售额，可视为对消费者的"销售折扣"，因此，只要销售方能将销售额和折扣额开在同一张发票上，就可对应纳税额进行扣减。纳税人销售商品采用折扣方式时，将销售金额和折扣金额开在同一张发票上且分别注明时，可以按照折扣后的销售价格计征增值税。

【案例 3-13】 某大型商场(增值税一般纳税人)在活动期间推出"购物满 100 元，返还 20 元本商场购物券"的活动。假设该商场销售的商品平均成本率为 60%，即标价 100 元的商品，其成本为 60 元。以上价格均为含税价，增值税税率为 13%，城市维护建设税税率为 7%，教育费附加税率为 3%。在这一方案下，商场应缴纳税费为

首次实现 100 元销售时：

增值税销项税额=100÷(1+13%)×13%=11.50(元)

增值税进项税额=60÷(1+13%)×13%=6.90(元)

应纳增值税=11.50−6.90=4.60(元)

应纳城市维护建设税及教育费附加=4.60×(7%+3%)=0.46(元)

企业应纳税所得额=(100−60)÷(1+13%)−0.46=34.94(元)

应纳企业所得税=34.94×25%=8.74(元)

税负总额=4.60+0.46+8.74=13.80(元)

当消费者再次消费并使用购物券后，其第二次销售将有减少 20 元的现金净流入。如综合考虑这一情况，该笔销售所产生的现金流应视为

销售现金流=100−13.80−20=66.20(元)

筹划分析： 如果采取"满返"的方式，向消费者返还购物券，企业需按全部销售额计算缴纳各项税收。但如果采取"满减"的方式，就可以按扣除促销额后的余额计算销售额，作为缴纳各项税收的基础。因此，商场可以将返还的现金直接冲减商品价格，转化为折扣销售。

筹划操作： 商场将"满返"规则更改为"满减"规则，即"购物满 100 元，减现金 20元，直接冲减商品价格"，并将销售额和折扣额开在同一张发票上。

筹划结果： 进行以上调整后，该商场应缴纳的税费变为

增值税销项税额=80÷(1+13%)×13%=9.20(元)

增值税进项税额=60÷(1+13%)×13%=6.90(元)

应纳增值税=9.20−6.90=2.30(元)

应纳城市维护建设税及教育费附加=2.30×(7%+3%)=0.23(元)

企业应纳税所得额=(80−60)÷(1+13%)−0.23=17.47(元)

应纳企业所得税=17.47×25%=4.37(元)

税负总额=2.30+0.23+4.37=6.90(元)

销售现金流=80−6.90=73.10(元)

上述两种方案税负和现金流比较，如表3-8所示。

表3-8　满额返送税收筹划前后的税负和现金流比较　　　　　单位：元

比　较	销售现金流入	纳税义务				现金流出	净现金流入
		增值税	城市维护建设税及教育费附加	企业所得税	税负总额		
满返(筹划前)	100	4.60	0.46	8.74	13.80	20	66.20
满返(筹划后)	80	2.30	0.23	4.37	6.90	0	73.10

由表3-8可知，筹划后的税负总额变为6.90元，即每销售100元商品，商场少纳税6.90元。

操作提示： 以上两种方案的差异在于两个方面：一是应纳税义务的差异；二是销售现金流的差异。对于企业，后者可能会更被重视。

3）"赠送服务"的税收筹划

"赠送服务"是指企业为达到促销目的，在向消费者赠送商品的同时，提供给消费者一定数量服务的促销行为。例如，消费达到一定标准赠送免费的停车时长，或是购买商品提供免费的送货服务。这种促销形式一般而言成本较低，但可为顾客提供很多便利。随着服务业的快速发展，购物免费提供服务成为近几年逐渐兴起的促销方式之一。

由于税收性质的不同，赠送服务可按照所赠服务的来源不同，分为外包给其他公司和由商场自己提供两种形式。

【知识点链接】相关纳税分析

(一)提供服务为外包时

1. 增值税方面

增值额是由企业通过销售货物或提供加工、修理修配劳务以及进口货物所实现的。由于所赠送的服务并没有产生销售收入，因此一般不缴纳流转税。但购入该项服务所产生的增值税进项税额，可以进行抵扣，或计入相关的成本费用项目。

2. 企业所得税方面

从性质上讲，优惠促销活动中的赠送，既不是所得税法规中的"捐赠"，也不属于其他视同销售行为，因此不必进行专门的会计或纳税处理。但购买相关服务的支出，可以进行正常的税前扣除。

3. 个人所得税方面

根据《关于企业促销展业赠送礼品有关个人所得税问题的通知》(财税〔2011〕50号)第一条规定，"企业在向个人销售商品(产品)和提供服务的同时给予赠品"的，不征收个人所得税。

(二)服务为自己提供时

1. 增值税方面，应根据企业销售与提供服务的关系进行界定

如果企业所提供服务与商品销售存在从属关系，即构成混合销售。根据《增值税暂行条例实施细则》规定，当企业发生混合销售行为时，"从事货物的生产、批发或零售的企业、企业性单位和个体工商户的混合销售行为，视为销售货物，应当缴纳增值税"，因此商业企业所赠送的服务，属于增值税应税范围，应随商品的销售一同缴纳增值税。但企业

"销售自产货物并同时提供建筑业劳务"这一混合销售行为除外，应分别核算货物的销售额和非增值税应税劳务的营业额，非增值税应税劳务的营业额不缴纳增值税。

如果所赠服务与商品销售不构成从属关系，则只考虑该服务项目的纳税问题。

2. 企业所得税和个人所得税方面同"提供服务为外包时"处理(不再赘述)

【案例3-14】某淘宝店铺(一般纳税人)在活动期间推出购物满100元免费送货的促销活动。如果送货服务由商场自行承担，其各项成本为20元。如果将送货服务外包给专业的运输公司，虽然其规模化经营可以降低成本，但加上经营利润后，其收费也为20元。假设该店铺销售的商品平均成本率为60%，即标价为100元的商品其成本为60元。以上价格均为含税价，增值税税率为13%，城市维护建设税税率为7%，教育费附加税率为3%。

方案一：送货服务由商场自行承担时，不会增加商场的销售收入，只是成本相应增加。这时该店铺应缴纳税费为

增值税销项税额=100÷(1+13%)×13%=11.50(元)

增值税进项税额=60÷(1+13%)×13%=6.90(元)

应纳增值税=11.50-6.90=4.60(元)

应纳城市维护建设税及教育费附加=4.60×(7%+3%)=0.46(元)

企业应纳税所得额=100÷(1+13%)-60÷(1+13%)-20-0.46=14.94(元)

应纳企业所得税=14.94×25%=3.74(元)

税负总额=4.60+0.46+3.74=8.80(元)

方案二：送货服务由商场外包给专业运输公司承担，交易价格也为20元。商场本身的销售额并没有增加，但增加了相应支出项目。而且如果有专业的运费发票，由于交通运输业已纳入"营改增"范围，还可以增加9%的增值税进项税。这时该店铺应缴纳税费为

增值税销项税额=100÷(1+13%)×13%=11.50(元)

增值税进项税额=60÷(1+13%)×13%+20÷(1+9%)×9%=8.55(元)

应纳增值税=11.50-8.55=2.95(元)

应纳城市维护建设税及教育费附加=2.95×(7%+3%)=0.295(元)

企业应纳税所得额=100÷(1+13%)-60÷(1+13%)-20÷(1+9%)-0.295=16.75(元)

应纳企业所得税=16.75×25%=4.19(元)

税负总额=2.95+0.295+4.19=7.44(元)

以上两种方案即赠送自供服务和赠送外购服务的税负比较如表3-9所示。

表3-9 赠送自购服务和赠送外购服务的税负比较

单位：元

项　　目	增值税	城市维护建设税及教育费附加	企业所得税	税负总额
赠送自供服务	4.60	0.46	3.74	8.80
赠送外购服务	2.95	0.295	4.19	7.44

筹划分析：通过表3-9可以发现，外购的服务进行赠送的税负总额略低。其原因在于，"营改增"之后，外购服务可以按照9%的比例抵扣增值税进项税，因而增值税负担

较轻。

筹划操作： 当店铺计划以赠送服务进行促销活动时，如果外包的成本与自供基本相同，可优先选择将服务外包。而且，由于规模效应的存在，专业的服务提供者能提供更低的价格，以及更专业、更周到的服务。

筹划结果： 在本案例中，每销售 100 元的商品，将所赠服务外包出去，可以节省1.36(8.80-7.44)元的税款。

4)　"加量不加价"促销中的税收筹划

"加量不加价"是指在销售商品时，增加商品数量，而不提高销售总价的促销行为。这种促销方式一般是在同一包装内增加商品数量，消费者无法对其进行拆分购买，赠品作为所售商品整体的一部分，也称为捆绑式销售。在这种促销方式下，顾客购买的商品数量增加，价格不变，实质上属于"赠送商品"的一种方式。

但从纳税角度分析，企业只需按照销售价格缴税即可，在计征增值税时，销项税额不变而进项税额增加，由此降低了增值税纳税额；在计征企业所得税时，销售成本的增加导致了税前成本的增加。同时加量不加价这种通过捆绑销售的形式避免了被认定为赠送，由此降低了企业所得税负担。另外，其也不涉及购买方的个人所得税。

【案例 3-15】 某商场对某型号电饭煲进行促销活动，该电饭煲标价为 100 元，各项成本为 60 元。在促销活动中，将该型号电饭煲免费升级，增加一个内胆，且售价不变。所增加内胆价值为 20 元，成本为 15 元。以上价格均为含税价，增值税税率为 13%，城市维护建设税税率为 7%，教育费附加税率为 3%。

筹划分析： 在这一促销中，销售方企业所获得的销售收入不变，但销售成本增加。

增值税销项税额=100÷(1+13%)×13%=11.50(元)

增值税进项税额=(60+15)÷(1+13%)×13%=8.63(元)

应纳增值税=11.50-8.63=2.87(元)

应纳城市维护建设税及教育费附加=2.87×(7%+3%)=0.29(元)

企业应纳税所得额=100÷(1+13%)-(60+15)÷(1+13%)-0.29=21.83(元)

应纳企业所得税=21.83×25%=5.46(元)

税负总额=2.87+0.29+5.46=8.62(元)

筹划操作： 在此项促销中所增加的销售数量，与前述赠送商品非常相似。但如果被认定为"赠送商品"，特别是该项商品如果为外购，就会被要求按照"视同销售"进行会计处理，并导致企业的销售额和应纳税额都有增加。所以，应注意避免被认定为"赠送商品"。

5)　赠送商品、满额返送——"满返"、赠送服务、加量不加价的纳税比较

上述的四种形式，实质上都属于通过"赠送"进行促销。为了便于比较，我们将前文中对这四种促销方式的纳税分析结果进行了汇总。"赠送商品""赠送服务"的促销又可细分为销售商自己提供和销售商外购两种方式，为了便于表述，这里分为六种促销方案进行比较。

方案一：赠送商品，赠品为外购。

方案二：赠送商品，赠品为自制。

方案三：直接满额返送。

方案四：免费送货上门，由本商场承担运输。

方案五：免费送货上门，由商场外包给专业运输公司承担运输。

方案六：加量不加价。

前文中已将各案例的销售价格、优惠力度等设为相同数值，这里直接引用前文的分析结果，进行比较和分析。"赠送"促销方式的税负比较，如表3-10所示。

表3-10   "赠送"促销方式的税负比较

单位：元

| 促销方式 | 增值税 | | | 城市维护建设税及教育费附加 | 企业所得税 | | | 税负总额 | 税负位次 |
	销项税额	进项税额	应纳税额		含税收入	含税成本	应纳税额		
方案一：赠送商品(外购)	13.81	8.63	5.18	0.52	100	75	5.40	11.10	3
方案二：赠送商品(自制)	13.81	8.63	5.18	0.52	120	75	9.83	15.53	1
方案三：满额返送——"满返"	11.50	6.90	4.60	0.46	100	60	8.74	13.80	2
方案四：送服务(自运)	11.50	6.90	4.60	0.46	100	80	3.74	8.80	4
方案五：送服务(外运)	11.50	8.55	2.95	0.295	100	80	4.19	7.44	6
方案六：加量不加价	11.50	8.63	2.87	0.29	100	75	5.46	8.62	5

从表3-10可知，同等条件下，六种"赠送"促销方式的税收负担从高到低依次是：赠送商品(自制)、满额返送——"满返"、赠送商品(外购)、送服务(自运)、加量不加价、送服务(外运)。之所以会产生各种不同的纳税数额，主要有以下几个方面原因。

(1) 赠品是否需要视同销售。在前述六种促销方案中，只有方案二需要将赠品视同销售，因此在方案二中，增值税销项税额和企业所得税都比其他方案高。也正是这一原因，方案二的税收总额在六个方案中位居第一。

(2) 赠品的成本是否产生增值税进项税额。首先是不能产生增值税进项税的情况。在方案三和方案四中，赠品成本不能产生增值税进项税额，因此其进项税只能源于产品成本(60元)，进项税较少，导致其增值税整体负担较重。其次，赠品成本产生增值税进项税时，又有两种不同的情况：方案五中的赠品是外购的运输劳务，而"营改增"之后，运输劳务应按照9%的税率征收增值税；而在方案一、方案二、方案六中，其增值税进项税额大多产生于增值税率为13%的项目。

(3) 赠品成本是否可在当期抵扣。从促销活动中的成本项目来看，方案三的当期成本最低，除了少量的印刷成本，几乎没有其他的成本项目。也正是因为其成本较低，才使方案三需要缴纳较多的企业所得税，并成为税负排位第二的促销方案。同样由于这一原因，方案三的优势是：虽然其税负较其他的四个方案更高一些，但其成本较低，也不可简单加以否定。

(4) 赠品对所得税计税成本的影响。在前述六种促销方案中，赠品对企业所得税计税成本的影响，可以分为三种情况：①赠品无成本，如方案三；②赠品成本为15元，且可以在企业所得税前列支，如方案一、方案二、方案六；③赠品成本为 20 元，如方案四、方案五。但这里的 20 元为含增值税的价格，还应剔除其中包含的增值税进项税，如前述计算过程所列。

3. "以旧换新"的税收筹划

企业采用以旧换新的方式销售商品，应按照新商品的价格，以商品抵扣前的价格计税，确认销售收入，开具普通发票。同时，回购旧货所取得的增值税专用发票来抵扣进项税额。但零售业务中的购买方通常是自然人，不具备开具增值税专用发票的资格，因此销售企业一般很难取得旧物的增值税发票，这时，增值税的进项税额就难以得到抵扣。

根据财政部、国家税务总局 2008 年 12 月颁布的《关于再生资源增值税政策的通知》(财税〔2008〕157 号)，自 2009 年 1 月 1 日起，取消"废旧物资回收经营单位销售其收购的废旧物资免征增值税"和"生产企业增值税一般纳税人购入废旧物资回收经营单位销售的废旧物资，可按废旧物资回收经营单位开具的由税务机关监制的普通发票上注明的金额，按 10%计算抵扣进项税额"的政策。单位和个人销售再生资源，应依照《增值税暂行条例》《增值税暂行条例实施细则》及财政部、国家税务总局的相关规定缴纳增值税。但个人(不含个体工商户)销售自己使用过的废旧物品免征增值税。增值税一般纳税人购进再生资源，应当凭取得的增值税条例及其细则规定的扣税凭证抵扣进项税额，原印有"废旧物资"字样的专用发票停止使用，不再作为增值税扣税凭证抵扣进项税额。

企业可以考虑设立独立核算的废旧物资回收公司，专门回收旧货。在财务处理上，消费者将旧物卖给废旧物资公司，而后再由废旧物资回收公司将旧货按回收价销售给商业企业，以抵扣部分进项税额。

【案例 3-16】某商场促销活动，采取"以旧换新"方式销售空调，已知空调的销售价格为 3 000 元，可抵扣增值税的各项购入价值为 1 000 元。某顾客的旧空调被作价 500 元，从销售额中扣除。但该顾客无法提供相应的增值税专用发票。以上价格均为含税价，增值税税率为 13%。

筹划分析：由于无法取得相应的增值税专用发票，消费者获得的旧货抵偿款，不得从销售额中扣除。

增值税销项税额=3 000÷(1+13%)×13%=345.13(元)

增值税进项税额=1 000÷(1+13%)×13%=115.04(元)

应纳增值税=345.13-115.04=230.09(元)

筹划操作：甲企业将回收部门分立出来，设立独立核算的废旧物资回收公司，专门回收旧货。消费者先将旧货以 500 元的价格卖给废旧物资回收公司，再以 3 000 的价格购买新货。商场以 3 000 元的价格实现销售，同时以 500 元的价格买入旧货。

筹划结果：进行以上操作后，该商场应纳增值税为

增值税销项税额=3 000÷(1+13%)×13%=345.13(元)

增值税进项税额=115.04+500×13%=180.04(元)

应纳增值税=345.13-180.04=165.09(元)

企业可节省增值税65(230.09-165.09)元，相当于旧货折价金额的13%。

4. "还本销售"的税收筹划

还本销售是企业销售货物后,在一定期限内将全部或部分销货款一次或分次无条件退还给购货方的一种销售方式。这种方式实质上是一种筹资,是以货物换取资金的使用价值,到期还本不付息的方法。国家税务总局《关于增值税若干具体问题的规定的通知》(国税发〔1993〕154号)规定,采取还本销售方式销售货物,其销售额为货物的销售价格,不得从销项额中减除还本支出。

【案例3-17】A企业以还本销售的方式销售给购货方货物,价格为300万元(含税),规定5年内每年还本60万元,该货物的市场价格为100万元(含税)。请对其进行税收筹划?

筹划分析:将还本销售分解为两个业务,一是以正常价格销售货物;二是由销货方向购货方借款,则可少交增值税。

方案一:

采用还本销售的方式。还本销售的销售额为货物的销售价格,不得从销售额中减除还本支出。

应交增值税税额=300÷(1+13%)×13%=34.51(万元)。

方案二:

A企业以市场价格销售给购货方货物,价格为100万元(含税),同时向购货方借款200万元,利息率为10%,规定一次还本,分期付息,则五年内每年付息200×10%=20(万元),本息合计共还200+20×5=300(万元)

应交增值税税额=100÷(1+13%)×13%=11.50(万元)。

由此可见,方案二比方案一节税34.51-11.50=23.01(万元)。

(二)销售价格的税收筹划

产品的销售价格对企业来说至关重要。在市场经济条件下,纳税人有自由定价的权利,纳税人可利用定价的自由权,制定"合理"的价格,从而获得更多的收益。与税收筹划有关的定价策略有两种表现形式:一种是与关联企业间合作定价,目的是减轻企业间的整体税负;另一种是主动制定一个稍低的价格,以获得更大的销售量,从而获得更多的收益,主要表现形式有打折、"满减"、第二件半价等促销定价方式。

为了便于在三种促销方式之间进行权衡,假设商品的销售成本率("商品成本"占"销售价格"的比重)为60%,相关价格均为含税价,增值税税率为13%,城市维护建设税税率为7%,教育费附加按照3%征收。

方案一:折扣促销

【案例3-18】某大型商场(增值税一般纳税人)在活动期间推出购物满100元,享受七五折优惠的活动。假设顾客消费原价160元的商品,商品成本为96元,则商场应缴纳税费为

应税销售额=160×0.75=120(元)

应纳增值税=120÷(1+13%)×13%-96÷(1+13%)×13%=2.76(元)

应纳城市维护建设税及教育费附加=2.76×(7%+3%)=0.28(元)

企业应纳税所得额=(120-96)÷(1+13%)-0.28=20.96(元)

应纳企业所得税=20.96×25%=5.24(元)

税负总额=2.76+0.28+5.24=8.28(元)

本项销售的净现金流入=120-8.28=111.72(元)

方案二："满减"促销

【案例3-19】某大型商场(增值税一般纳税人)在活动期间推出购物满100元，返还25元现金的活动。假设顾客消费原价160元的商品，商品成本为96元，则商场应缴纳税费为

应税销售额=160-25=135(元)

应纳增值税=135÷(1+13%)×13%-96÷(1+13%)×13%=4.49(元)

应纳城市维护建设税及教育费附加=4.49×(7%+3%)=0.45(元)

企业应纳税所得额=(135-96)÷(1+13%)-0.45=34.06(元)

应纳企业所得税=34.06×25%=8.52(元)

税负总额=4.49+0.45+8.52=13.46(元)

本项销售的净现金流入=135-13.46=121.54(元)

方案三：第二件半价促销

【案例3-20】某商场开展促销活动，全场"第二件半价"，一台单价80元的豆浆机，共成本为48元。假如顾客买2台豆浆机，共消费120元，成本为96元。商场应缴纳税费为

应税销售额=120(元)

应纳增值税=120÷(1+13%)×13%-96÷(1+13%)×13%=2.76(元)

应纳城市维护建设税及教育费附加=2.76×(7%+3%)=0.28(元)

企业应纳税所得额=(120-96)÷(1+13%)-0.28=20.96(元)

应纳企业所得税=20.96×25%=5.24(元)

税负总额=2.76+0.28+5.24=8.28(元)

本项销售的净现金流入=120-8.28=111.72(元)

以上三种情况的税负和现金流比较如表3-11所示。

表3-11 折扣、"满减"和第二件半价的税负和现金流比较

单位：元

促销方式	原价（无促销时的销售额）	促销活动中的销售额	纳税义务				净现金流入
			增值税	城市维护建设税及教育费附加	企业所得税	税负总额	
折扣	160	120	2.76	0.28	5.24	8.28	111.72
"满减"	160	135	4.49	0.45	8.52	13.46	121.54
第二件半价	160	120	2.76	0.28	5.24	8.28	111.72

对三种促销方案的异同，可以从以下角度分析。

① 三种方案的比较，是基于相同的销售行为。即在三种促销方式下，消费者购买的商品，在无促销活动时，其销售额是相等的。"折扣"和"第二件半价"均实现了"充分

折扣率"，因此其在促销中实现的销售额较低。而"满减"下的优惠是按照"非充分折扣率"进行的，折扣额较少，因此其实现的销售额较高。

② 纳税义务不同。从表 3-11 中可以看出，"折扣"和"第二件半价"均需缴纳 8.28 元的各项税费，而"满减"需要缴纳 13.46 元。

③ 将各种促销方式下的纳税义务与销售额进行比较，"折扣"和"第二件半价"虽然税收负担较轻，但其销售收入额减少也较多；而"满减"虽然税负较重，但销售收入也较多。由于增值税是价外税，我们引入"现金净流入"指标，对三种促销方案的得失进行比较发现，在相同商品销售的情况下，"满减"可以实现更大的现金流入。

(三)代理销售的税收筹划

代理销售(以下简称代销)通常有两种方式。一是收取手续费，即受托方根据所代销的商品数量向委托方收取手续费，受托方按照代理服务计算缴纳增值税。二是视同买断，即委托方不采用支付手续费的方式委托代销商品，而是制定较低的协议价格鼓励受托方买断商品，受托方再以较高的市场价格对外销售。如果委托方为统一市场价格，坚持要受托方按一定的市场价格销售，那么双方可以通过调整协议价格以达到使双方满意的合作结果。这种情况委托方、受托方间的流通环节均视为正常销售行为计算缴纳增值税。两种代销方式下，委托双方的税务处理及总体税负水平是不同的，合理选择代销方式可以达到合法节税的目的。

【案例 3-21】A 公司和 B 公司签订了一项代销协议，由 B 公司代销 A 公司的产品。有两种代销方式可以选择：一是收取手续费，即 B 公司以 1 000 元/件的价格对外销售 A 公司的产品，根据代销数量，向 A 公司收取 20%的代销手续费；二为视同买断，B 公司在市场上以 1 000 元的价格销售 A 公司的产品，且每售出一件产品，A 公司按 800 元/件的协议价收取货款，实际售价与协议价之差为 200 元/件，归 B 公司所有。年末，B 公司共售出该产品 1 万件，假设这 1 万件产品，A 公司可抵扣的进项税额为 70 万元。以上价格均为不含税价格。请对该代理销售行为进行税收筹划(增值税税率为 13%，城市维护建设税税率为 7%，教育费附加税率为 3%)。

筹划分析：

方案一：收取手续费方式

A 公司：

应纳增值税=1 000×13%-70=60(万元)

应纳城市维护建设税及教育费附加=60×(7%+3%)=6(万元)

A 公司应纳增值税、城市维护建设税及教育费附加=60+6=66(万元)

B 公司：

增值税销项税额与进项税额相等，相抵后，该项业务的应缴增值税为零。

收取手续费代销方式，属于增值税范围中商务辅助服务中经纪代理项目，适用增值税税率为 6%，则

应纳增值税=200×6%=12(万元)

应纳城市维护建设税及教育费附加=12×(7%+3%)=1.20(万元)

B 公司应纳增值税、城市维护建设税及教育费附加=12+1.20=13.20(万元)

A 公司与 B 公司合计应纳增值税、城市维护建设税及教育费附加=66+13.20=79.20(万元)

方案二：视同买断方式

A 公司：应纳增值税=800×13%-70=34(万元)

应纳城市维护建设税及教育费附加=34×(7%+3%)=3.40(万元)

A 公司应纳增值税、城市维护建设税及教育费附加=34+3.4=37.40(万元)

B 公司：应纳增值税=销项税额-进项税额=1 000×13%-800×13%=26(万元)

应纳城市维护建设税及教育费附加=26×(7%+3%)=2.60(万元)

B 公司应纳增值税、城市维护建设税及教育费附加=26+2.6=28.60(万元)

A 公司与 B 公司合计应纳增值税、城市维护建设税及教育费附加=37.40+28.60=66(万元)

筹划操作：运用视同买断代销方式，A 公司与 B 公司合计应纳增值税、城市维护建设税及教育费附加减少了 13.20(79.20-66)万元。因此，从双方的共同利益出发，选择方案二，即视同买断的代销方式更有利。在实际运用时，方案二会受到限制，因为 A 公司虽然节省了 28.60(66-37.40)万元，但 B 公司所交的税款增加了 15.40(28.60-13.20)万元。因此，A 公司可以考虑全额弥补 B 公司多交的 15.40 万元，剩余的 13.20 万元也要让利给 B 公司，这样才可以鼓励其接受视同买断的代理销售方式。

筹划提示：在代理销售业务中，委托双方应争取采取视同买断方式。而采用这种方式代销时，受托方需多缴纳一部分增值税，委托方则可少缴纳增值税。因此，受托方可以要求委托方在协议价格上做出一定的让步，以使受托方多缴纳的增值税在协议价格制定时就得到补偿，最终使委托双方的总体税负水平趋于合理。

(四)结算方式的税收筹划

购销双方应税销售行为的结算方式多种多样，但总体上有两种类型：现销方式和赊销方式。不同的销售结算方式，其纳税义务的发生时间是不一样的，这不仅涉及税款的时间价值，还会对企业的现金流产生影响。因此，结算方式的税收筹划是在税法允许的情况下，采取有利于本企业的销售结算方式，尽量推迟纳税义务的发生时间以获得货币的时间价值。

1. 赊销和分期收款结算方式

根据我国现行增值税相关法律、法规的规定，纳税人发生应税销售行为，其纳税义务发生时间为收讫销售款项或取得索取销售款项凭据的当天；先开具发票的，为开具发票的当天。这就意味着如果购销双方已办理了货款结算手续或销售方已开具增值税专用发票的，无论是否提货，均应计算缴纳增值税。这时，如果改为赊销或分期收款方式结算，则以合同约定日期为纳税义务发生时间，纳税人可利用合同约定时间合理筹划纳税义务实现的时间。这样，可在一定程度上取得税款的时间价值或减少纳税风险。同时，对于买方来说，只能在合同约定的收款日期得到增值税专用发票的抵扣，从而督促买方及时付款。

【**案例 3-22**】某机械制造公司 2020 年 5 月销售给某家具制造厂机床一台，不含税销售额为 1 000 万元，成本为 700 万元。某家具制造厂正面临资金周转困难，因此该机械制造公司的货款无法一次性收回。购销双方如何签订付款合同才能节税呢？

筹划操作:

方案一: 直接收款方式结算,则

该机械制造公司 5 月的销项税额=1 000×13%=130(万元)

方案二: 分期收款计算方式

该机械制造公司与该家具制造厂签订分期收款合同,合同中约定货款 10 个月付清,每月 30 日前该家具制造厂支付货款 100 万元,则 2020 年 5 月至 2021 年 2 月每月的销项税额均为 13(100×13%)万元。

筹划分析: 该机械制造公司可以通过签订分期收款合同实现分期纳税,从而减轻企业的税收压力,使增值税税负趋于均衡。

筹划提示: 《增值税暂行条例》第十九条规定,应税销售行为先开具发票的,以开具发票的当天为纳税义务发生时间。因此,需要与购买方约定,开具增值税发票要以收到货款为前提,这样才能达到推迟纳税的目的。

2. 委托代销结算方式

根据我国现行增值税的有关规定,委托其他纳税人代销货物,其纳税义务发生时间为收到代销单位的代销清单或者收到全部或部分货款的当天。未收到代销清单及货款的,为发出代销货物满 180 天的当天。当企业的产品销售对象是商业企业,并且是在商业企业销售后付款并开具代销清单,则应采用委托代销方式结算。这样可根据实际收到的货款分期计算销项税额,有效延缓纳税时间或减少纳税风险。

3. 托收承付及委托银行收款结算方式

根据我国现行增值税的有关规定,销售方采取托收承付和委托银行收款方式销售货物,其纳税义务发生时间为发出货物并办妥托收手续的当天,这会出现销售方在没有收到货款时需要提前垫付税款的情况。因此,在充分考虑销售风险的前提下,应尽可能避免采用这两种结算方式。

三、增值税进项税额的税收筹划

1. 供货方选择的税收筹划

1) 一般纳税人供货方选择的筹划

增值税专用发票是增值税一般纳税人抵扣进项税额的有效凭证,因此,对一般纳税人来说,供货方不同,可抵扣的税额也不同,实际税收负担也存在明显差异。对一般纳税人来说,购货方选择存在以下三种情况:一是从一般纳税人处购进货物并取得增值税专用发票,可凭专用发票抵扣税款;二是从小规模纳税人处购进货物,取得增值税专用发票,可抵扣部分税款;三是从小规模纳税人处购进货物取得普通发票,不能抵扣税款。因此,在供货方价格一致的情况下,要尽量选择可享受充分抵扣税款的单位为供货方以减轻增值税税负。

但是,当一般纳税人从小规模纳税人处采购货物、接受应税劳务或购进应税服务、不动产、无形资产不能取得专用发票或只能取得 3%或 5%征收率的专用发票时,存在要求小规模纳税人在价格上给予一定程度的优惠，以弥补因不能取得专用发票产生损失的情况。那么，作为采购方，究竟多大的折扣幅度才能弥补损失呢？这就存在价格优惠临界点的问题，其计算推导过程如下。

假定从一般纳税人购进采购货物、接受应税劳务或购进应税服务、不动产、无形资产的含税金额为 A，从小规模纳税人处购进的含税金额为 B。销售额为不含税销售额，征收率为税务所代开的增值税专用发票上注明的征收率。则

从一般纳税人购进货物的净利润额

=销售额-购进货物成本-城市维护建设税及教育费附加-所得税

=(销售额-购进货物成本-城市维护建设税及教育费附加)×(1-所得税税率)

$$=销售额-\frac{A}{1+增值税税率}-(销售额×增值税税率-\frac{A}{1+增值税税率}×增值税税率)×(城市维$$

护建设税税率+教育费附加税率)×(1-所得税税率)　　　　　　　　　　　　　　(3-22)

从小规模纳税人购进货物的净利润额

=销售额-购进货物成本-城市维护建设税及教育费附加-所得税

=(销售额-购进货物成本-城市维护建设税及教育费附加)×(1-所得税税率)

$$=销售额-\frac{B}{1+征收率}-(销售额×增值税税率-\frac{B}{1+征收率}×征收率)×(城市维护建设税税率$$

+教育费附加税率)×(1-所得税税率)　　　　　　　　　　　　　　　　　　　(3-23)

当(3-22)=(3-23)时，有

$$销售额-\frac{A}{1+增值税税率}-(销售额×增值税税率-\frac{A}{1+增值税税率}×增值税税率)×(城市维$$

护建设税税率+教育费附加税率)×(1-所得税税率)

$$=销售额-\frac{B}{1+征收率}-(销售额×增值税税率-\frac{B}{1+征收率}×征收率)×(城市维护建设税税$$

率+教育费附加税率)×(1-所得税税率)

当城市维护建设税税率为7%，教育费附加税率为3%时，计算可得

$$\frac{A}{1+增值税税率}×(1-增值税税率×10\%)=\frac{B}{1+征收率}×(1-征收率×10\%)$$

则

$$B=\frac{(1+征收率)×(1-增值税税率×10\%)}{(1+增值税税率)×(1-征收率×10\%)}×A \tag{3-24}$$

如果从小规模纳税人处只能取得普通发票，不能进行任何抵扣，即征收率为零时，则上式变为：

$$B=\frac{1-增值税税率×10\%}{1+增值税税率}×A \tag{3-25}$$

把一般纳税人增值税税率13%、9%、6%，小规模纳税人征收率5%、3%、0代入上述公式，可得价格优惠临界点，如表3-12所示。

表 3-12　价格优惠临界点

单位：%

一般纳税人增值税税率	小规模纳税人征收率	价格优惠临界点 $\frac{B}{A}$ (含税)
13	5	92.17
13	3	90.24
13	0	87.35
9	5	95.94
9	3	93.93
9	0	90.92
6	5	98.96
6	3	96.88
6	0	93.77

　　当小规模纳税人的价格与一般纳税人的价格之比处于价格优惠临界点时，无论是从一般纳税人处还是从小规模纳税人处采购货物，纳税人取得的收益都相等。当小规模纳税人报价的折扣率低于该比率时，向一般纳税人采购获得增值税专用发票可抵扣的税额将大于小规模纳税人的价格折扣；只有当小规模纳税人报价的折扣率高于该比率时，向小规模纳税人采购才可获得比向一般纳税人采购更大的税后利润。因此，企业在采购货物时，可根据价格优惠临界点值正确计算出临界点时的价格，从中选择采购方，从而获得较大的税后收益。

　　【案例 3-23】某商贸有限公司为增值税一般纳税人，2020 年 8 月需要采购一批商品。根据市场部的调研和谈判，有三个采购对象可以选择。

　　(1)环球集团有限公司，为增值税一般纳税人，可以开具增值税专用发票，采购价格为 2 000 万元(含税)；(2)思远公司，为增值税小规模纳税人，可以委托税务局代开增值税专用发票，采购价格为 1 800 万元(含税)；(3)赛达公司，为增值税小规模纳税人，只能开具增值税普通发票，采购价格为 1 750 万元(含税)。假设该批商品不含税销售价格为 2 400 万元，增值税税率为 13%，城市维护建设税税率为 7%，教育费附加税率为 3%，不考虑地方教育费附加，企业所得税税率为 25%。请为该商贸有限公司商品采购做出税收筹划建议。

　　筹划分析：该商贸有限公司从一般纳税人处购进商品可享受增值税专用发票抵扣，从小规模纳税人处购进商品则可享受价格优惠，因此，该业务税收筹划的关键在于小规模纳税人处的价格折扣幅度与增值税专用发票抵扣哪个对公司更有利。

　　筹划操作：根据表 3-12 的价格优惠临界点统计数据结果，当一般纳税人增值税税率为 13%，小规模纳税人征收率为 3%时，价格优惠临界点为 90.24%，即价格优惠临界点的销售价格为 1 804.8(2 000×90.24%)万元。作为小规模纳税人的思远公司报价为 1 800 万元，低于价格优惠临界点 1 804.8 万元。因此，从思远公司采购优于从环球集团有限公司采购。

　　当一般纳税人增值税税率为 13%，小规模纳税人征收率为 0 时，价格优惠临界点为 87.35%，即价格优惠临界点的销售价格为 1 747 万元(2 000×87.35%)。作为小规模纳税人的赛达公司报价为 1 750 万元，高于价格优惠临界点 1 747 万元。因此，从环球集团有限公司采购优于从赛达公司采购。

综上所述，该商贸有限公司应从思远公司采购该批商品。

筹划结果：

从环球集团有限公司采购商品的净利润额

$$[2\,400-\frac{2\,000}{1+13\%}-(2\,400\times13\%-\frac{2\,000}{1+13\%}\times13\%)\times(7\%+3\%)]\times(1-25\%)=466.42(万元)$$

从思远公司采购商品的净利润额

$$[2\,400-\frac{1\,800}{1+3\%}-(2\,400\times13\%-\frac{1\,800}{1+3\%}\times3\%)\times(7\%+3\%)]\times(1-25\%)=470.29(万元)$$

从赛达公司采购商品的净利润额

$$[2\,400-1\,750-2\,400\times13\%\times(7\%+3\%)]\times(1-25\%)=464.1(万元)$$

因此，该商贸有限公司从思远公司采购该批商品能够使企业获得更高的净利润。

2) 小规模纳税供货方选择的筹划

对小规模纳税人来说，从一般纳税人处还是从小规模纳税人处购进货物、接受应税劳务或购进应税服务、固定资产、无形资产，选择是比较容易的。因为小规模纳税人不能获得增值税专用发票，也不能进行进项税额的抵扣。只要比较一下购货对象的含税价格，从中选择价格较低的一方即可。

以上供货方选择的方法是在仅考虑税收的情况下做出的，企业在实际购货业务中，除了税收因素外，还要考虑供货方的信誉、售后服务等条件，这需要在税收筹划时根据具体情况做出全面比较。

2. 购进固定资产、无形资产与不动产进项税额抵扣的税收筹划

对于购进的固定资产、无形资产(不包括其他权益性无形资产)、不动产，专用于简易计税方法计税项目、免征增值税项目、集体福利或个人消费的，其进项税额不允许抵扣，但如果兼用于上述不允许抵扣项目情况的，则该进项税额准予全部抵扣。例如，企业购进一栋楼房用作职工食堂，则其进项税额不允许抵扣；但如果该栋楼房一部分用于存放库存商品或设立会议室，一部分用作食堂，就可以抵扣全部进项税额。这意味着，企业购进固定资产、无形资产和不动产需要合理规划其用途，兼用于生产和非生产项目，就可以实现进项税额抵扣，从而降低增值税税收负担。

同时，纳税人购进其他权益性无形资产，无论是专用于简易计税方法计税项目、免征增值税项目、集体福利或个人消费，还是兼用于上述不允许扣除项目，均可抵扣进项税额。这就要求纳税人能对其他权益性无形资产单独记账核算，以确保其进项税额的抵扣。

3. 采购结算方式的税收筹划

对于采购结算方式的筹划，最为关键的是要尽量推迟付款时间，为企业赢得时间尽可能长的一笔无息贷款。

1) 采购时尽量做到分期付款、分期取得发票

企业在采购过程中通常采用款项付清后取得发票的方式，如果材料已验收入库，但货款尚未全部付清，销货方企业一般不予开具增值税专用发票。按规定，纳税人购进货物或

接受应税劳务、应税服务，未按规定取得并保存增值税扣税凭证，或增值税扣税凭证上未按照规定注明增值税税额及其他有关事项的，其进项税额不得从销项税额中抵扣。这种情况下，企业无法及时抵扣进项税额，将造成增值税税负增加。如果在原材料购买环节中，采用分期付款取得增值税专用发票的方式，就能及时抵扣进项税额，缓解税负压力，提高企业的资金利润率。

2) 采购结算方式可分为赊购和现金采购

一般来说，销售结算方式由销售方自主决定，采购结算方式取决于采购方与销售方两者之间的谈判。如果产品供应量充足甚至过剩，且采购方信用度高、实力强，在结算方式谈判中，采购方往往可占据主动地位，采用赊购结算方式可在付款前先取得对方开具的发票，以实现进项税额的提前抵扣。

第四节　增值税税收优惠政策的筹划

一、增值税税收优惠政策

1.《增值税暂行条例》规定的免税项目

(1) 农业生产者销售的自产农产品。

(2) 避孕药品和用具。

(3) 古旧图书，指向社会收购的古书和旧书。

(4) 直接用于科学研究、科学试验和教学的进口仪器、设备。

(5) 外国政府、国际组织无偿援助的进口物资和设备。

(6) 由残疾人组织直接进口供残疾人专用的物品。

(7) 销售自己使用过的物品。自己使用过的物品是指其他个人自己使用过的物品。

2. 销售应税服务、无形资产和不动产的免税项目

(1) 托儿所、幼儿园提供的保育和教育服务。

(2) 养老机构提供的养老服务。

(3) 残疾人福利机构提供的育养服务。

(4) 婚姻介绍服务。

(5) 殡葬服务。

(6) 残疾人员本人为社会提供的服务。

(7) 医疗机构提供的医疗服务。

(8) 从事学历教育的学校提供的教育服务。

(9) 学生勤工俭学提供的服务。

(10) 农业机耕、排灌、病虫害防治、植物保护、农牧保险以及相关技术培训业务，家禽、牲畜、水生动物的配种和疾病防治。

(11) 纪念馆、博物馆、文化馆、文化保护单位管理机构、美术馆、展览馆、书画院、图书馆在自己的场所提供文化体育服务取得的第一道门票收入。

(12) 寺院、宫观、清真寺和教堂举办文化、宗教活动的门票收入。

(13) 行政单位之外的其他单位收取的符合《营业税改征增值税试点实施办法》第十条规定条件的政府性基金和行政事业性收费。

(14) 个人转让著作权。

(15) 个人销售自建自用住房。

(16) 纳税人提供直接或间接国际货物运输代理服务。

(17) 以下利息收入：2016 年 12 月 31 日前，金融机构农户小额贷款；国家助学贷款；国债、地方政府债；人民银行对金融机构的贷款；住房公积金管理中心用住房公积金在指定的委托银行发放的个人住房贷款；外汇管理部门在从事国家外汇储备经营过程中，委托金融机构发放的外汇贷款。统借统还业务中，企业集团或企业集团中的核心企业以及集团所属财务公司按不高于支付给金融机构的借款利率水平或者支付的债券票面利率水平，向企业集团或者集团内下属单位收取的利息。

(18) 被撤销金融机构以货物、不动产、无形资产、有价证券、票据等财产清偿债务。

(19) 保险公司开办的 1 年期以上人身保险产品取得的保费收入。

(20) 再保险服务。

(21) 下列金融商品转让收入：合格境外投资者(QFII)委托境内公司在我国从事证券买卖业务。香港市场投资者(包括单位和个人)通过沪港通和深港通买卖上海证券交易所和深圳证券交易所上市 A 股；内地投资者(包括单位和个人)通过沪港通买卖香港联交所上市股票。对香港市场投资者(包括单位和个人)通过基金互认买卖内地基金份额。证券投资基金(包括封闭式证券投资基金、开放式证券投资基金)管理人运用基金买卖股票、债券。个人从事金融商品转让业务。

(22) 金融同业往来利息收入。

(23) 同时符合规定条件的担保机构从事中小企业信用担保或者再担保业务取得的收入(不含信用评级、咨询、培训等收入)3 年内免征增值税。

(24) 国家商品储备管理单位及其直属企业承担商品储备任务，从中央或者地方财政取得的利息补贴收入和价差补贴收入。

(25) 纳税人提供技术转让、技术开发和与之相关的技术咨询、技术服务。

(26) 符合条件的合同能源管理服务。

(27) 政府举办的从事学历教育的高等、中等和初等学校(不含下属单位)，举办进修班、培训班取得的全部归该学校所有的收入。

(28) 政府举办的职业学校设立的主要为在校学生提供实习场所，并由学校出资自办、由学校负责经营管理、经营收入归学校所有的企业，从事现代服务(不含融资租赁服务、广告服务和其他现代服务)、生活服务(不含文化体育服务、其他生活服务和桑拿、氧吧)业务活动取得的收入。

(29) 家政服务企业由员工制家政服务员提供家政服务取得的收入。

(30) 福利彩票、体育彩票的发行收入。

(31) 军队空余房产租赁收入。

(32) 为了配合国家住房制度改革，企业、行政事业单位按房改成本价、标准价出售住房取得的收入。

(33) 将土地使用权转让给农业生产者用于农业生产。

(34) 涉及家庭财产分割的个人无偿转让不动产、土地使用权。

(35) 土地所有者出让土地使用权和土地使用者将土地使用权归还给土地所有者。

(36) 县级以上地方人民政府或自然资源行政主管部门出让、转让或收回自然资源使用权(不含土地使用权)。

(37) 随军家属就业、军队转业干部就业。

(38) 中国邮政集团公司及其所属邮政企业提供的邮政普通服务和邮政特殊服务。

(39) 全国社保基金理事会、全国社保基金投资管理人运用全国社会保障基金买卖证券投资基金、股票、债券取得的金融商品转让收入。

二、增值税税收优惠政策的筹划方法

1. 农产品免税优惠政策的税收筹划

纳税人购进农产品的,取得一般纳税人开具的增值税专用发票或海关进口增值税专用缴款书的,以增值税专用发票或海关进口增值税专用缴款书上注明的增值税税额为进项税额;按照简易计税方法依照 3%征收率计算缴纳增值税的小规模纳税人取得增值税专用发票的,以增值税专用发票上注明的金额和 9%的扣除率计算进项税额;取得(开具)农产品销售发票或收购发票的,以农产品销售发票或收购发票上注明的农产品买价和 9%的扣除率计算进项税额。纳税人购进用于生产销售或委托加工 13%税率货物的农产品,按照 10%的扣除率计算进项税额。

【案例 3-24】B 市茶叶生产公司主要生产流程如下:种植茶树来生产茶叶,将生产出来的初制茶叶经过风选、拣刷、碎块、干燥和匀堆等工序进一步加工精制而成精制茶,再将精制茶销售给各大商业公司,或直接通过销售网络转销给 B 市及其他地区的居民。按照现行增值税税法的相关规定,精制茶适用的增值税税率为 13%。该公司进项税额主要有两部分:一是购进农业生产资料的进项税额;二是公司水费、电费和修理用配件等按规定可以进行抵扣的进项税额。与销项税额相比,这两部分进项税额的比例很小,经过一段时间的运营,公司的增值税税负高达 9.4%。该公司应如何进行筹划以减轻税负?(暂不考虑地方教育费附加)

筹划分析:从公司的客观情况来看,税负高的原因在于公司可抵扣的进项税额比例太低。因此,公司进行税收筹划的关键在于如何增加进项税额的抵扣。围绕进项税额,公司可采取以下筹划方案:公司将整个生产流程分成茶叶种植园种植茶树生产茶叶和精制茶加工厂对初制茶叶进行精加工后再销售两部分,茶叶种植园和精制茶加工厂均实行独立核算。分开后,茶叶种植园属于农产品生产单位,其生产销售初制茶叶按规定可以免征增值税,精制茶加工厂从茶叶种植园购入的初制茶叶可以抵扣 10%的进项税额。筹划方案实施前,假定每年公司购进农业生产资料允许抵扣的进项税额为 10 万元,其他水费、电费、修理用配件等进项税额为 8 万元,全年精制茶不含税销售收入为 500 万元,则

应纳增值税税额=销项税额-进项税额=500×13%-(10+8)=47(万元)

税负率=47/500×100%=9.4%

方案实施后,独立出来的茶叶种植园销售自产的初制茶叶免征增值税,假定茶叶种植

园销售给精制茶加工厂的初制茶叶售价为 350 万元，其他条件不变，则

应纳增值税=销项税额-进项税额=500×13%-(350×9%+8)=25.50(万元)

税负率=25.50/500×100%=5.1%

筹划结果： 方案实施后比实施前节省增值税税额 21.50(47-25.50)万元，节省城市维护建设税和教育费附加合计 2.55 万元[25.50×(7%+3%)]，税收负担下降了 4.30%(9.40%-5.10%)。需要注意的是，茶叶种植园与精制茶加工厂存在关联关系，农产品生产单位(茶叶种植园)必须按照独立企业之间的正常售价销售给精制茶加工厂，而不能一味地为增加精制茶加工厂的进项税额而擅自抬高售价，否则税务机关将依法调整精制茶加工厂的原材料购进价和进项税额。

2. 增值税起征点的税收筹划

对于小规模纳税人中的个人(个体工商户和其他个人)来说，如果其销售货物、提供应税劳务或者应税服务的销售额未达到增值税起征点的，免征增值税；达到起征点的，按规定全额计算缴纳增值税。增值税起征点的幅度规定如下。

(1) 按期纳税的，为月销售额 5 000～20 000 元(含本数)。

(2) 按次纳税的，为每次(日)销售额 300～500 元(含本数)。

根据《关于增值税小规模纳税人减免增值税等政策有关征管事项》(财税〔2023〕1号)、《关于增值税小规模纳税人减免增值税政策》(财税〔2023〕19 号)规定，自 2023 年1 月 1 日至 2027 年 12 月 31 日，对月销售额 10 万元以下(含本数)的增值税小规模纳税人，免征增值税。增值税小规模纳税人发生增值税应税销售行为，合计月销售额未超过 10 万元(以 1 个季度为 1 个纳税期的，季度销售额未超过 30 万元)的，免征增值税。

【案例 3-25】 某机械维修店从事维修业务，是增值税小规模纳税人，增值税征收率为3%。当地政府规定的增值税起征点为 100 000 元，即月销售额在 100 000 元以下(含100 000 元)的，免征增值税，超过起征点的，应按全额计算征税。增值税起征点所指的销售额为不含税销售额，但小规模纳税人只能使用普通发票，而普通发票上的销售额是含税销售额，因此，在确定销售额临界点时，应将不含税销售额换算成含税销售额：

100 000×(1+3%)=103 000(元)

即月含税销售额不超过 103 000 元的小规模纳税人免征增值税。这就意味着以下几点。

第一，若月含税销售额在 103 000 元(含)以下，由于不超过免征增值税的销售额临界点，不用缴纳增值税，因此收入越多越好。

第二，若月含税销售额超过 103 000 元，则要考虑应负担的税收情况。由于超过103 000 元要全额征税(同时，依增值税征收率征收 7%的城市维护建设税及 3%的教育费附加，不考虑地方教育费附加，则综合税率为 3.3%)，这里就存在节税点问题。

第三，月销售额为多少会使税后收益与取得 103 000 元销售额的免税收益相等。设税后收益相等时的销售额为 X，则

$$X-\frac{X}{1+3\%}\times 3.3\%=103\ 000(元)$$

计算得出

$$X=106\ 409.23(元)$$

筹划结果：当小规模纳税人的月含税销售额为 106 409.23 元时，其税后收益为 103 000 元。当月含税销售额在 103 000 ～ 106 409.23 元时，其税后收益小于 103 000 元，这时纳税人应选择月含税销售额 103 000 元。当月含税销售额大于 106 409.23 元时，其税后收益大于 103 000 元，这时纳税人含税销售额规模越大，其税后收益越大。

3. 放弃免税权的税收筹划

纳税人销售货物或提供应税劳务适用免税规定的，可以选择放弃免税，但放弃免税后，36 个月内不得再申请免税。这一条款为纳税人对免税项目的选择提供了空间。根据增值税的征收原理及其规定，纳税人享受免税时，其销售货物或提供劳务的销售额不再计算缴纳销项税额，相应的进项税额也不得再抵扣，且不能向购货方开具增值税专用发票。购买方不能取得增值税发票，进项税额不得抵扣，因此会增加购买方的税收负担，也会影响销售方将货物顺利售出。因此，纳税人销售免税货物并不一定划算。纳税人是选择免税还是纳税，应根据企业的实际情况判断，测算免税与纳税的税负差。通常当应税项目适应较低的税率，而外购货物适应较高的税率时，可能出现免税产品进项税额转出金额远大于销项税额的情况，此时，选择放弃免税权可能更加有利。

【案例 3-26】某粮油生产加工企业为增值税一般纳税人，主要生产销售菜籽油、色拉油、花生油等产品，同时加工过程中剩余的菜粕、花生粕等可作为免税的饲料类产品。该企业有专门向农民收购农产品的机构，凭税务机关认可的收购凭证，可按收购发票的金额抵扣 9% 的进项税额。2022 年 5 月，该企业油类产品销售收入为 900 万元，免税饲料销售收入为 100 万元，当期进项税为 500 万元，且所有进项税无法准确划分免税与应税项目。请对该企业免税项目进行纳税筹划。

根据上述资料，分析如下。

按照现行税法规定，一般纳税人兼营免税项目而无法准确划分其进项税额的，要按免税项目销售额占全部销售额的比例计算不得抵扣的进项税额，即

当期进项税额转出额 = 500×100/(900+100) = 50(万元)

免交的增值税额 = 100×9% = 9(万元)

筹划结果：如果企业选择行使免税权，虽然可以免除 9 万元的销项税额，但同时会有 50 万元的进项税额不得抵扣，反而增加了企业的税收负担，因此，放弃免税权更合算。

第五节 增值税出口退税的税收筹划

一、增值税出口退税的相关规定

1. 出口退税的基本政策

目前，我国出口退税主要是退消费税和增值税。企业可以通过筹划，充分利用出口退税的政策，达到减轻纳税负担的目的。我国为鼓励货物出口，实行出口货物税率为零的优惠政策，即货物在出口时整体税负为零，出口货物不但出口环节不必纳税，而且还可以退

还以前纳税环节所纳税款。

我国出口货物退(免)税基本政策有：出口免税并退税(以前环节缴过税)；出口免税不退税(以前环节未缴税)；出口不免税也不退税(对国家限制或禁止出口的某些货物，出口环节视同内销)。

2. 出口退税的计算方法

适用增值税退(免)税政策的出口货物、劳务和应税行为，按照以下规定实行增值税免抵退税或免退税办法。

1) 免抵退税办法

适用增值税一般计税方法的生产企业出口自产货物与视同自产货物、对外提供加工修理修配劳务，以及财政部、国家税务总局《关于出口货物劳务增值税和消费税政策的通知》(财税〔2012〕39号)附件与列名的74家生产企业出口非自产货物，免征增值税，相应的进项税额抵减应纳增值税额(不包括适用增值税即征即退、先征后退政策的应纳增值税额)，未抵减完的部分予以退还。

2) 免退税办法

不具有生产能力的出口企业(以下简称外贸企业)或其他单位出口货物、劳务免征增值税，相应的进项税额予以退还。适用增值税一般计税方法的外贸企业外购服务或者无形资产出口实行免退税办法。外贸企业外购研发服务和设计服务免征增值税，对应外购应税服务的进项税额予以退还。

二、增值税出口退税的税收筹划方法

1. 企业经营方式的税收筹划

目前，生产企业出口货物的方式主要有自营出口(含进料加工)和来料加工两种。不同的经营方式，企业的税收负担不同，需要进行税收筹划。

【案例3-27】某企业采用进料加工的方式为国外公司加工产品，进口保税料件价值为1 000万元，加工完成后返销国外公司，售价为1 800万元，加工产品的辅助材料、备件、动能费等的进项税额共计20万元。假设该产品的增值税税率为13%，退税率为9%。

筹划分析：

情况一：基本情况不变。

免抵退税额=1 800×9%-1 000×9%=72(万元)

免抵退税不得免征和抵扣的税额=1 800×(13%-9%)-1 000×(13%-9%)

$$=32(万元)$$

当期期末应纳税额

$$=当期内销货物的销项税额-(进项税额-免抵退税不得免征和抵扣的税额)$$
$$=0-(20-32)=12(万元)$$

应纳税额是正值，因此当期应退税额为零，企业应该缴纳增值税12万元。

若企业采用来料加工方式，由于来料加工不征税也不退税，就可以少缴纳12万元的税。因此，这种情况选择来料加工方式比较合适。

情况二：假定返销国外公司的售价下降为 1 200 万元。

免抵退税额=1 200×9%-1 000×9%=18(万元)

免抵退税不得免征和抵扣的税额=1 200×(13%-9%)-1 000×(13%-9%)

$$=8(万元)$$

当期期末应纳税额=0-(20-8)=-12(万元)

应纳税额是负值，因此当期应退税额为 12 万元。

若企业采用不征税也不退税的来料加工方式，不能退还 12 万元的税。因此，这种情况应选择进料加工方式。

情况三：假定出口退税率提高到 13%。

免抵退税额=1 800×13%-1 000×13%=104(万元)

当期期末应纳税额=0-20=-20(万元)

应纳税额是负值，因此当期应退税额为 20 万元。

若企业采用不征税也不退税的来料加工方式，不能退还 20 万元的税。因此，这种情况应选择进料加工方式。

情况四：假定耗用国产料件的进项税提高到 50 万元。

免抵退税额=1 800×9%-1 000×9%=72(万元)

免抵退税不得免征和抵扣的税额=1 800×(13%-9%)-1 000×(13%-9%)

$$=32(万元)$$

当期期末应纳税额=0-(50-32)=-18(万元)

应纳税额是负值，因此当期应退税额为 18 万元。

若企业采用不征税也不退税的来料加工方式，不能退还 18 万元的税。因此，这种情况应选择进料加工方式。

筹划提示：选择进料加工还是选择来料加工的经营方式，与出口售价、出口退税率、耗用国产料件进项税额有直接关系。一般来说，出口售价越低、出口退税率越高、耗用国产料件进项税额越大，越应采用进料加工方式；反之，则应采用来料加工方式。

2. 产品出口方式的税收筹划

出口企业的产品出口方式有自营出口和委托外贸企业代理出口两种方式。虽然两种方式都可以出口免税并退税，但退税的税额不同，因此税收负担也不一样。

【案例 3-28】某企业生产的产品全部用于出口，2020 年自营出口产品价格为 200 万元(含税)，当年可抵扣的进项税为 20 万元，增值税税率为 13%，无上期留抵税额。

筹划分析：

情况一：假定出口退税率为 13%。

(1) 自营出口。

免抵退税额=200×13%=26(万元)

当期期末应纳税额

=当期内销货物的销项税额-(进项税额-免抵退税不得免征和抵扣的税额)

=0-(20-0)=-20(万元)

应纳税额是负值，因此当期应退税额为 20 万元。

(2) 委托外贸企业代理出口。

该企业应纳增值税额=200÷(1+13%)×13%-20=3.01(万元)

外贸企业应收出口退税额=200÷(1+13%)×13%=23.01(万元)

两家企业合计退税还是 20 万元，因此，在征税率与退税率相等时，企业采用自营出口方式和委托外贸企业代理出口方式时的税负相等。

情况二：假定出口退税率为9%。

(1) 自营出口。

免抵退税额=200×9%=18(万元)

免抵退税不得免征和抵扣的税额=200×(13%-9%)=8(万元)

当期期末应纳税额

=当期内销货物的销项税额-(进项税额-免抵退税不得免征和抵扣的税额)

=0-(20-8)=-12(万元)

应纳税额是负值，因此当期应退税额为 12 万元。

(2) 委托外贸企业代理出口。

该企业应纳增值税额=200÷(1+13%)×13%-20=3.01(万元)

外贸企业应收出口退税额=200÷(1+13%)×9%=15.93(万元)

两家企业合计退税 12.92(15.93-3.01)万元，因此，在征税率大于退税率时，企业采用自营出口方式收到的退税额小于委托外贸企业代理出口方式收到的退税额，企业应选择委托外贸企业代理出口方式，以减轻税负。

3. 退税方式的税收筹划

出口退税的方式主要有"免、抵、退"和"先征后退"两种。影响"免、抵、退"方式应退税额的因素主要有以下几种。

(1) 自产货物的征税税率与退税税率及其差率。征、退税率之差越小，可用来退税的额度就会越大。

(2) 内销、外销的比例。如果企业内销越少，外销越多，且消耗的国内材料越多，则用来抵扣国内购进材料对应进项税额的销项税额就越少，而用来留抵的进项税额会越多，退税的额度也就可能越大。

(3) 免税进口料件及国内购料的比例。一般而言，在收入及其结构不变的情况下，用于生产的免税料件越多、国内料件越少，可用来退税的进项税额也就越少。在实际操作过程中，要综合考虑。

这两种退税方式分别适用于不同的企业，在计算上也有很大差别。这里仅就税收管理的差异进行探讨。"先征后退"方式是先征税、再退税，这样会占用企业的流动资金，增加资金成本；而"免、抵、退"方式则不存在这类问题，且因出口货物应退税额抵减了当期内销货物的应纳增值税税额而减少了企业增值税金额的占用，大大降低了资金成本。

本 章 小 结

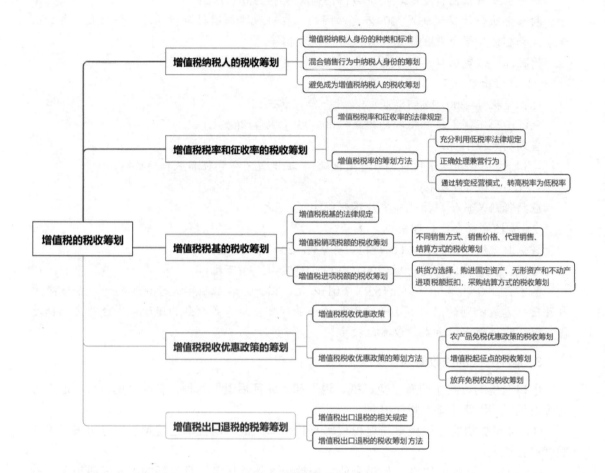

思考与练习

一、单项选择题

1. 判断增值税一般纳税人和小规模纳税人税负高低时，(   )是关键因素。

    A. 无差异平衡点   B. 纳税人身份

    C. 适用税率   D. 可抵扣的进项税额

  2. 甲工业企业年不含税应征增值税销售额为 400 万元，销货适用 13%的增值税税率，现为小规模纳税人。其会计核算制度比较健全，可以登记为一般纳税人，不含税可抵扣购进金额为 200 万元，购货适用 13%的增值税税率，且可以取得增值税专用发票。若从增值税税负因素上考虑，则该企业应当选择的纳税人身份是(   )。

    A. 一般纳税人   B. 小规模纳税人

    C. 都一样   D. 不一定

3. 某商场为增值税一般纳税人，销售利润率为 40%，购进货物均可取得增值税专用发票。如采用购满 100 元商品可获赠 20 元商品的方法促销(所赠商品为购进商品，成本为 15 元)，其每 100 元的税后利润为(   )元。

  A. 15.53   B. 13.63   C. 6.57   D. 10.49

4. 某运动器材厂为增值税一般纳税人，2018 年 7 月销售给甲企业 500 套器材，不含税价格为 400 元/套。由于甲企业购买数量较多，该器材厂给予甲企业 7 折的优惠，并按原价开具了增值税专用发票，折扣额在同一张发票的"备注"栏注明，该运动器材厂当月的销项税额为(   )元。

  A. 18 200   B. 26 000   C. 21 890   D. 37 600

5. 下列表述中，正确的是(   )。

  A. 促销中，企业将外购的商品和自制的商品作为赠品，两者税负一致

  B. "满额返券"与"满额减现"的区别在于，两者的计税基础不同

  C. 使用"加量不加价"促销手段能降低增值税税负，但对企业所得税无影响

  D. "赠送"与"加量不加价"促销方式下的税务处理相同

6. 下列说法中，不正确的是(   )。

  A. 同等条件下，赠送商品(外购)比赠送服务(自制)税收负担高

  B. 销售者将购买的货物用于实物折扣时，该实物款项应按增值税中"视同销售货物"计征增值税

  C. 现金折扣不得从销售额中减除，因此，无法对其实施税收筹划

  D. 通过"以旧换新"方式销售商品的企业，可以考虑设立独立核算的废旧物资回收公司

7. 下列表述中，错误的是(   )。

  A. 税收政策的差异为企业优惠促销中的税收筹划提供了基础

  B. 不同的促销方式下，相应的纳税处理基本不同

  C. 优惠促销中的税收筹划有利于企业价值最大化

  D. 优惠促销中的税收筹划有利于企业规避税收风险

8. 关于"赠送商品"的表述中，不正确的是(   )。

  A. "赠送商品"是指顾客购买指定商品或消费达到指定金额便可免费获得相应商品的促销方式

  B. "赠送商品"的主要形式有买一赠一、买一赠多、多买多赠等

  C. 经营者将外购的商品免费赠送他人的行为，属于无偿捐赠，所赠商品应视同销售货物

  D. 企业发生非货币性资产交换，不具有商业实质，不属于增值税纳税范围

9. 以下说法中，错误的是(   )。

  A. "第二件半价"促销的税收政策处理，与折扣销售相同

  B. "满减"促销方式下，消费者只能就其"满额"部分享受促销优惠，会出现"非充分折扣率"

  C. 将各种促销方式下的纳税义务与销售额进行比较，"打折"和"第二件半价"虽然税收负担较轻，但其销售收入额的损失也比较大

D. 不同促销方式相比较，在实现相同商品销售的情况下，"第二件半价"可以实现更大的现金流入

10. 按现行增值税有关规定，下列关于增值税计税依据的表述中，正确的是(　　)。

　　A. 以旧换新方式销售彩电，以新彩电售价扣除旧彩电作价后的余额作为计税依据

　　B. 折扣销售方式，以在同一张发票金额栏上注明的销售额扣除折扣额后的余额作为计税依据

　　C. 还本销售方式，以售价扣除还本支出后的余额作为计税依据

　　D. 以物易物销售方式，以购销金额的差额作为计税依据

二、多项选择题

1. 下列表述中，正确的是(　　)。

　　A. 采取收取手续费方式代销，委托方需要缴纳增值税

　　B. 纳税人销售自己使用过的游艇，售价未超过原值的，免征增值税

　　C. 折扣销售中，销售额和折扣在同一张发票上分别注明的，可按照折扣后的余额作为销售额计算增值税

　　D. 销售者将购买的货物用于实物折扣时，该实物款应按视同销售处理

2. 关于"以旧换新"的说法中，正确的是(　　)。

　　A. 在经济性质上，这种促销手段属于价格折扣，但其折扣有一定前提条件

　　B. 增值税方面，企业采用以旧换新的手段销售商品的，应按新商品的价格，以商品抵前的价格计税，同时，可用所收取的旧货所取得的增值税专用发票来抵扣进项税额

　　C. 以旧换新的税收筹划，主要体现为企业所得税的筹划

　　D. 以旧换新销售货物和有偿进行旧物回收是两种不同的业务

3. 下列表述中，正确的是(　　)。

　　A. "加量不加价"是指在销售商品时，增加商品数量，而不提高销售总价的促销行为

　　B. "加量不加价"促销方式实质上不属于"赠送商品"形式

　　C. "加量不加价"促销方式，在计征增值税时，销项税额不变而进项税额增加

　　D. "加量不加价"通过捆绑销售的形式避免了被认定为赠送，由此降低了企业所得税负担

4. 下列表述中，正确的是(　　)。

　　A. 企业销售商品的过程中，在向个人销售商品和提供劳务的同时给予免费的赠品时，所赠商品不征收个人所得税

　　B. 企业通过赠送商品的方式进行促销，需要为消费者代扣代缴所得税

　　C. "满额返送"是指商家在消费者消费到一定标准时，向消费者进行一定金额返还的促销方式，具体包括"满返"和"满减"

　　D. 销货方开具发票时，对在同一张发票上注明"返券购买"的货物金额，不能作为折扣额在总销售额中扣减

5. 一般纳税人的税收筹划途径有(　　)。

A. 增值税税率的筹划   B. 销售额的筹划

C. 当期进项税额的筹划   D. 纳税人身份认定的筹划

三、判断题

1. 销售折扣和折扣销售虽然性质不同，但是税务处理相同。   （   ）

2. "赠送服务"促销中，服务为外购和自供时的税务处理不同。   （   ）

3. 企业代销的形式包括视同买断方式和收取手续费方式，受托方的纳税处理方式相同。   （   ）

4. "满额返券"促销中，发放消费券和使用消费券时，进行的税收处理相同。   （   ）

5. 对于一些市场需求具有弹性的消费品，可以通过适当提高销售价格的方法增加企业销售收入。   （   ）

四、案例分析题

1. 某企业是增值税一般纳税人，主要生产销售 A 产品(适用的增值税税率为 13%)。A 产品每件含税价格为 1 000 元，其中，含包装物价值 100 元。2021 年 6 月，该企业共销售 A 产品 1 000 件，当期允许抵扣的进项税额为 0 元。按以下两种方式进行处理。

方式一：包装物随同 A 产品作价销售，并分别核算包装物的销售额(100×1 000=10 万元)和 A 产品的销售额(900×1 000=90 万元)。

方式二：包装物先以押金方式入账，一年后再转入其他业务收入。包装物押金收入=100×1 000=10(万元)；A 产品销售额=900×1 000=90(万元)。

要求：分别计算两种方式下企业 2021 年 6 月应纳增值税税额。

2. 甲企业委托乙企业销售彩电，有以下两种方式。

(1) 甲企业以 3 000 元/台的价格将彩电卖给乙企业，并规定乙企业必须以 3 000 元/台的价格对外销售。乙企业每销售一台彩电，甲企业支付手续费 300 元。

(2) 甲企业以 3 000 元/台的价格将彩电卖给乙企业，乙企业可以自行确定彩电的对外销售价格，甲企业不再另行支付手续费。最终，乙企业以 3 300 元/台的价格将彩电对外销售。以上价格均为含税价格。2021 年 7 月，乙企业从甲企业购进彩电 100 台，并于当月全部对外销售。假设甲企业当月的进项税额为零。

要求：分别计算甲、乙两个企业在以上两种方式下 2021 年 7 月的应纳增值税税额。

3. 甲企业是一家大型国有企业，为增值税一般纳税人，该企业的主营业务是以棉花为原料生产各种印染布。企业内部设有自己的农场和织布厂，企业生产所用原料棉花主要由自己的农场提供，不足部分向当地供销社(一般纳税人)采购。2021 年实现印染布销售额 2 100 万元(不含税)。生产过程中使用农场自产的棉花 1 000 吨，外购棉花 100 吨，全额为 450 万元，取得增值税专用发票，进项税额为 58.5 万元(450×13%)；其他辅助材料可抵扣的进项税额为 45 万元。

要求：计算 2021 年甲企业的应纳增值税税额，并说明甲企业该如何进行增值税筹划。

4. 某汽车贸易公司是增值税一般纳税人，2019 年 8 月发生销售业务三笔，共计应收货款 2 000 万元(含税价)。其中，一笔为 1 000 万元，采取直接收款方式，货款两清；一笔为 300 万元，约定于 2020 年 8 月 8 日一次付清；一笔为 700 万元，约定于 2020 年 10 月对方付款 200 万元，于 2021 年 5 月 10 日对方付清 500 万元货款。

要求：从税收筹划角度分析该企业应采用直接收款方式还是赊销和分期收款方式？

5. 甲企业为增值税一般纳税人，2020 年 10 月欲接受一家企业提供的交通运输服务，现有以下三种方案可供选择：一是接受乙企业(一般纳税人)提供的运输服务，取得增值税专用发票，发票上注明的价款为 31 000 元(含税)；二是接受丙企业(小规模纳税人)提供的运输服务，取得由税务机关代开的增值税专用发票，价税合计为 30 000 元；三是接受丁企业(小规模纳税人)提供的运输服务，取得普通发票，价税合计为 29 000 元。

要求：对甲企业的增值税可抵扣的进项税额进行税收筹划。

6. 某大型商场为增值税一般纳税人，为刺激消费、提高销售额，现拟对某销售单价为 500 元、进货成本为 200 元的换季服装采用两种销售方式：一是直接进行七折销售，即原售价 500 元的商品按 350 元售出；二是销售返券，满 100 元返 30 元的代金券。试对两种不同销售方式下该商场的税后收益进行比较分析。

第四章 消费税的税收筹划

【思政目标】

1. 提高消费税纳税意识，依法纳税。
2. 培养正确的消费观和消费习惯。
3. 通过消费税税目范围的学习，树立勤俭节约的意识。
4. 通过对比消费税纳税成本，增强学生的纳税风险意识。

【知识目标】

1. 熟悉消费税纳税人、征税范围、税率、应纳税额的计算。
2. 掌握消费税税收筹划的基本原理和基本技术。
3. 掌握利用消费税的税率、税基、优惠政策等进行筹划。
4. 熟悉消费税税收筹划的风险防控。

随同应税消费品销售的
包装物消费税的筹划.mp4

消费税应税产品的"成套"
销售时的税收筹划.mp4

消费税之分设独立核算的
销售公司的筹划.mp4

消费税之合并消费税纳税人
的筹划.mp4

消费税之已纳消费税
扣除的筹划.mp4

【案例引入】消费税税收筹划应以"树立正确的消费观，引导消费方向和顺应国家对消费税的改革方向"为指引

消费税是对少数几种消费品征收的一种税，可根据国家产业政策和消费政策的要求，调节消费行为，促进节能环保，正确引导消费需求，间接引导投资流向，补偿部分商品和消费行为为负的外部性，缓解收入分配不公。大学生大多数没有形成完整的、稳定的消费观念，自控能力不强，容易冲动消费，更有部分学生因攀比心理导致"奢侈"消费。因此，引导学生树立正确的消费观尤为重要，在消费时坚持从个人实际情况出发，理性消费。

此外，消费品生产企业作为消费税的直接纳税义务人，在选择投产产品时，可避开消费税消费品的生产；选择投资方向时，要考虑国家对消费税的改革方向及发展趋势。实现降低税负、节约资源、引导理性消费、保护环境的目的。

【案例 4-1】甲公司现有 5 000 万元的空闲资金，自 2022 年以来，国际原油价格猛涨，经过市场调研，拟投产成品油相

关开采销售。目前有两种方案：方案一为投资废矿物油再生油品；方案二为投产成品油(汽油)。两种产品的总投资额均为 5 000 万元，年不含增值税销售额为 200 万元，共 28.25 万升。从节税的角度出发，该公司应当投产哪种产品？(假设该公司为增值税一般纳税人，不考虑增值税)

【知识点链接】为进一步促进资源综合利用和环境保护，经国务院批准，财政部、国家税务总局《关于继续对废矿物油再生油品免征消费税的公告》(财税〔2023〕69 号)实施期限延长 5 年，自 2013 年 11 月 1 日至 2027 年 12 月 31 日止。

案例分析：如果公司选择投产成品油，成为消费税纳税人，则公司要缴纳消费税=28.25×1.52=42.94(万元)；如果公司选择投产废矿物油再生油品，则在 2018 年 11 月 1 日至 2023 年 10 月 31 日期间，废矿物油再生油品免征消费税，不缴纳消费税。

案例启发：从此案可以看出，消费税税收筹划必须要依法进行，同时关注国家关于消费税相关税收优惠政策。纳税人投资生产时，要考虑国家对消费税的改革方向及发展趋势，以及对资源综合利用和环境保护的相关政策。

第一节 消费税纳税人的税收筹划

一、消费税纳税人的相关概念

1. 消费税纳税人的概念

在中华人民共和国境内生产、委托加工和进口《消费税暂行条例》规定的消费品的单位和个人，以及国务院确定的销售《消费税暂行条例》规定的消费品的其他单位和个人，为消费税的纳税人，应当依照《消费税暂行条例》缴纳消费税。

单位是指企业、行政单位、事业单位、军事单位社会团体及其他单位；个人是指个体工商户及其他个人。

在中华人民共和国境内是指生产、委托加工、进口以及销售属于应当缴纳消费税的消费品的起运地或所在地在境内。为了加强消费税的源泉控制，对于委托加工应税消费品的纳税人应当缴纳的消费税，由受托方向委托方交付时代收代缴(受托方为个体经营者除外)。进口的应税消费品，尽管其原产地和制造地不在我国境内，但在我国境内销售或消费，为了平衡进口应税消费品与本国应税消费品的税负，必须由从事进口应税消费品的进口人或其代理人按照规定缴纳消费税。个人携带或者邮寄入境的应税消费品的消费税，连同关税一并计征，由携带入境者或者收件人缴纳消费税。

2. 消费税纳税环节相关规定

消费税属于价内税，实行单一环节纳税，消费税纳税人一般在应税消费品的生产、委托加工或者进口的某一环节缴纳税款，在以后的批发、零售等环节中，其价款中已包含消费税，因此消费税纳税人不再缴纳消费税。但一些特殊消费品，如金银首饰、钻石及钻石饰品、铂金首饰均由生产、销售环节和进口环节征收改为在零售环节征收，不包括镀金(银)、包金(银)首饰，以及镀金(银)、包金(银)的镶嵌首饰。

为了引导合理消费，促进节能减排，经国务院批准，自 2016 年 12 月 1 日起，对超豪华小汽车加征消费税。"小汽车"税目下增设"超豪华小汽车"子税目。征收范围为每辆零售价格 130 万元(不含增值税)及以上的乘用车和中轻型商用客车，即乘用车和中轻型商用客车子税目中的超豪华小汽车。对超豪华小汽车，在生产(进口)环节按现行税率征收消费税的基础上，在零售环节加征消费税，税率为 10%，将超豪华小汽车销售给消费者的单位和个人为超豪华小汽车零售环节纳税人。

自 2009 年 5 月 1 日起，对卷烟在批发环节加征从价消费税，适用税率为 5%。而自 2015 年 5 月 10 日起，卷烟批发环节从价税税率由 5%提高到 11%，并按 0.005 元/支加征从量税。

因此，应税消费品的纳税环节分布在生产(生产、委托加工、进口)、零售、批发等环节(见图 4-1)。

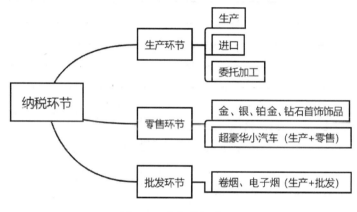

图 4-1　消费税纳税环节

3. 消费税扣缴义务人的概念

委托加工的应税消费品，委托方为消费税纳税人，其应纳消费税由受托方(受托方为个人除外)在向委托方交货时代收代缴税款。

跨境电子商务零售进口商品按照货物征收进口环节消费税，购买跨境电子商务零售进口商品的个人作为纳税义务人，电子商务企业、电子商务交易平台企业或物流企业可作为代收代缴义务人。

二、消费税税目及税率

现行消费税税目包括烟类、酒类、高档化妆品、贵重首饰及珠宝玉石、鞭炮及焰火、成品油、摩托车、小汽车、高尔夫球及球具、高档手表、游艇、木制一次性筷子、实木地板、电池、涂料 15 个税目。同时在一些税目下，又包含多个子目。

消费税的税率有三种形式：比例税率、定额税率和从价从量复合税率。消费税税率形式的选择，主要是根据征税对象的具体情况来确定的，消费税税目税率如表 4-1 所示。对一些供求基本平衡、价格差异不大、计量单位规范的消费品，选择计税简便的定额税率，如黄酒、啤酒、成品油等。对一些供求矛盾突出、价格差异较大、计量单位不规范的消费品，选择税价联动的比例税率。

表 4-1　消费税税目税率

税　目	税　率		
	生产(进口)环节	批发环节	零售环节
一、烟			
1. 卷烟			
(1)甲类卷烟	56%+0.003 元/支		
(2)乙类卷烟	36%+0.003 元/支		
(3)商业批发		11%+0.005 元/支	
2. 雪茄烟	36%		
3. 烟丝	30%		
4. 电子烟			
(1)工业	36%		
(2)商业批发		11%	
二、酒			
1. 白酒	20%+0.5 元/500 克 (或者 500 毫升)		
2. 黄酒	240 元/吨		
3. 啤酒			
(1)甲类啤酒	250 元/吨		
(2)乙类啤酒	220 元/吨		
4. 其他酒	10%		
三、高档化妆品	15%		
四、贵重首饰及珠宝玉石			
1. 金银首饰、铂金首饰和钻石及钻石饰品			5%
2. 其他贵重首饰和珠宝玉石	10%		
五、鞭炮、焰火	15%		
六、成品油			
1. 汽油	1.52 元/升		
2. 柴油	1.2 元/升		
3. 航空煤油	1.2 元/升		
4. 石脑油	1.52 元/升		
5. 溶剂油	1.52 元/升		
6. 润滑油	1.52 元/升		
7. 燃料油	1.2 元/升		
七、摩托车			
1. 气缸容量(排气量,下同)在 250 毫升以下的	3%		
2. 气缸容量在 250 毫升以上的	10%		

续表

税 目	税 率		
	生产(进口)环节	批发环节	零售环节
八、小汽车			
1. 乘用车			
(1)气缸容量在 1.0 升(含 1.0 升)以下的	1%		
(2)气缸容量在 1.0 升以上至 1.5 升(含 1.5 升)的	3%		
(3)气缸容量在 1.5 升以上至 2.0 升(含 2.0 升)的	5%		
(4)气缸容量在 2.0 升以上至 2.5 升(含 2.5 升)的	9%		
(5)气缸容量在 2.5 升以上至 3.0 升(含 3.0 升)的	12%		
(6)气缸容量在 3.0 升以上至 4.0 升(含 4.0 升)的	25%		
(7)气缸容量在 4.0 升以上的	40%		
2. 中轻型商用客车	5%		
3. 超豪华小汽车			10%
九、高尔夫球及球具	10%		
十、高档手表	20%		
十一、游艇	10%		
十二、木制一次性筷子	5%		
十三、实木地板	5%		
十四、电池	4%		
十五、涂料	4%		

注：《财政部 海关总署 国家税务总局关于对电子烟征收消费税的公告》(2022 年第 33 号)规定，自 2022 年 11 月 1 日起对电子烟征收消费税。

三、消费税纳税人的筹划方法

1. 消费税纳税人身份与非消费税纳税人身份的选择

根据消费税征税范围的规定，纳税人在选择投产产品时，可避开消费税消费品的生产；在选择投资方向时，要考虑国家对消费税的改革方向及发展趋势。

【案例 4-2】某公司现有 2 000 万元的空闲资金，经过市场调研，拟投产粮食白酒或者果汁饮料，两种产品的总投资额均为 2 000 万元，年不含增值税销售额为 200 万元。从节税的角度出发，该公司应当投产哪种产品？(假设该公司为增值税一般纳税人，不考虑增值税和从量消费税)

案例分析：如果公司选择投产粮食白酒，成为消费税纳税人，则公司要缴纳消费税=200×20%=40(万元)；如果公司选择投产果汁饮料，则为非消费税纳税人，不缴纳消费税。

2. 合并消费税纳税人

合并会使原来企业间的销售环节转变为企业内部的原材料转让环节，从而递延部分消费税税款的缴纳。如果两个合并企业之间存在原材料供求关系，则在合并前，这笔原材料的转让关系为购销关系，应按正常的购销价格缴纳消费税；而在合并后，企业之间的原材料供应关系转变为企业内部的原材料移送关系，因此这一环节不用缴纳消费税，而是递延到之后的销售环节再缴纳。此外，如果后一个环节的消费税税率较前一个环节低，则可直接减轻企业的消费税税负。因此，当前一个环节应征的消费税税款延迟到之后环节征收时，若后面环节的税率较低，那么合并前企业间的销售额因在合并后适用了较低税率从而减轻了税负，缓解了企业资金占用比例高的情况。

【案例 4-3】有两家大型酒厂 A 和 B，它们都是独立核算的法人企业。A 企业主要经营粮食类白酒，以当地生产的玉米为原料进行酿造，粮食白酒的税率为 20%，定额税率为 0.5 元/斤。B 企业以 A 企业生产的粮食白酒为原料，生产系列药酒，假定生产药酒购进 1 500 万元，以 1 500 吨 A 企业生产的粮食白酒为原料，取得药酒不含增值税销售额为 2 500 万元，适用消费税税率为 10%。请问 A、B 企业合并能否减轻消费税税收负担，可以少缴纳的税款是多少？

案例分析：原方案 A 企业把白酒销售给 B 企业需要缴纳消费税 = 1 500×20%+1 500×0.5×0.2=450 万元。B 企业需要缴纳消费税=2 500×10%=250 万元，粮食白酒移送至 B 企业生产药酒时，粮食白酒在出厂(A 企业)时已缴纳的消费税不得抵扣。如果 A、B 企业合并，将 B 企业生产药酒的流水线并入 A 旗下，整个生产流程就变为 A 企业将其生产的价值 1 500 万元的粮食白酒直接用于连续生产药酒。这批粮食白酒在移送阶段就无须缴纳消费税，只需直接对最终生产出来的药酒出厂销售时缴纳消费税。药酒消费税税率为 10%，而粮食白酒为 20%的比例税率和 0.5 元/斤的定额税率，因此若 A、B 企业合并，销售药酒应缴纳的消费税=2 500×10%=250 万元，少缴纳的税款为(450+250)-250=450 万元。

3. 分设独立核算的销售公司

消费税的征税环节一般是单一环节征税，我国消费税的大部分应税消费品只在生产出厂销售环节缴税，此后的环节不再缴纳消费税。因此，从税收筹划的角度，成立独立核算的经营部或销售公司，生产企业以较低但不违反公平交易的销售价格将应税消费品销售给经营部或销售公司，销售公司再对外进行销售，以降低生产企业消费税的计税依据，达到少缴消费税的目的。

【案例 4-4】某酒厂主要生产白酒，产品主要销售给各地的批发商。2020 年 5 月，批发销售单价为每吨 3.5 万元(不含税价)，零售销售单价为每吨 5 万元(不含税价)。5 月销售白酒 50 吨。白酒的比例税率为 20%，定额税率为 0.5 元/500 克。

方案 1：直接销售给消费者。

方案 2：先将白酒以每吨 3.5 万元的价格出售给独立核算的销售公司，然后销售公司再以每吨 5 万元的价格销售给消费者。

分析以上两个方案该酒厂的消费税税额。

案例分析：

方案 1 该酒厂的消费税=5×50×20%×10 000+50×2 000×0.5=550 000(元)；

方案 2 该酒厂的消费税=3.5×50×20%×10 000+50×2 000×0.5=400 000(元)。

设立独立核算的销售公司后，该酒厂可少缴消费税=55-40=15(万元)。

【注意】成立独立核算的销售公司时，涉及转让定价。转让定价规定，白酒生产企业消费税计税价格低于销售单位对外销售价格 70%以下的，消费税最低计税价格由税务机关根据生产规模、白酒品牌、利润水平等情况在销售单位对外销售价格 50%～70%范围内自行核定。该白酒生产企业消费税计税价格不低于销售单位对外销售价格的 70%，无须核定计税价格。

第二节 消费税税率的税收筹划

根据消费税法律制度，每种应税消费品所适用的税率都有明确的界定。消费税税率的基本形式包括定额税率、比例税率和从价从量复合税率。消费税按不同的消费品划分税目，有的消费品在税目下又划分了若干子目。不同税目和子目的消费税税率基本不同，各种应税消费品的消费税税率之间的差别为消费税税收筹划提供了空间。

一、不同消费税税率应税消费品与非应税消费品"成套"销售的税收筹划

《消费税暂行条例》对于消费税应税产品"成套"销售的相关规定如下。

(1) 纳税人兼营不同税率的应税消费品，应分别核算不同税率应税消费品的销售额、销售数量。未分别核算销售额、销售数量，或将不同税率的应税消费品组成成套消费品销售的，从高适用税率。

(2) 纳税人将自产的应税消费品与外购或自产的非应税消费品组成套装销售的，以套装产品的销售额为计税依据计算消费税。

(3) 金银首饰与其他产品组成成套消费品销售的，应按销售额全额征收消费税。

消费税采取单环节课征制度，除金银首饰、钻石等少数商品在零售环节征收，卷烟在批发环节加征消费税，超豪华小汽车在零售环节加征消费税外，其余均只在生产(生产、委托加工或进口)的某一个环节征税。因此，"成套"销售的税收筹划要点为避免成套消费品中非消费税应税产品缴纳消费税，故应避开纳税环节或提高销售价格。

1. 兼营不同税率应税消费品"成套"销售的税收筹划

纳税人如果根据生产销售的要求，需将不同税率的应税消费品"成套"销售的，则要考虑"成套"销售给其带来的消费税税额的增加。一般而言，套内不同消费品适用税率的差别越大，或套内低税率产品的比例越高，成套销售就会增加越多的税负，企业因此需要提高销售价格来弥补消费税增加带来的成本增加。

【案例4-5】甲企业生产的 A 产品和 B 产品均应缴纳消费税，消费税税率分别为 10% 和 20%。两种产品的成本(不含各种费用)均约占产品销售收入的 40%。如果该企业考虑将价值 50 元的 A 产品与价值 100 元的 B 产品组合成礼盒销售，礼盒定价应为多少？

(1) 分别销售 A 产品和 B 产品时，企业的税后毛利可通过以下步骤计算。

企业销售一件 A 产品和 B 产品的生产成本=(100+50)×40%=60(元)

企业销售一件 A 产品需缴纳的消费税=50×10%=5(元)

企业销售一件 B 产品需缴纳的消费税=100×20%=20(元)

企业的税后毛利=150-60-5-20=65(元)

(2) 成套销售 A 产品和 B 产品时，企业应适当提高总售价。假设提高后的总售价为 X。这时，企业销售一套产品的成本=60 元；需缴纳的消费税=20%X；税后毛利=X-60-20%X。因此，X-60-20%X≥65，即 X≥156.25 元。

2. 应税消费品与非应税消费品"成套"销售的税收筹划

纳税人将应税消费品与非应税消费品"成套"销售的税收筹划要点为避免成套消费品中非消费税应税产品缴纳消费税，故应避开消费税纳税环节，将"成套"环节后移。

【案例 4-6】甲企业生产并销售高档手表。该企业计划推出礼盒装，礼盒中包括一只手表以及一个化妆盒。其中该型号手表原单价为 20 000 元(不含税价)，化妆盒为外购，外购成本为每个 1 000 元(不含税价)。该礼盒售价为 21 000 元，适用增值税税率为 13%，适用消费税税率为 20%。如何对甲企业销售高档手表进行消费税税收筹划？

筹划分析：

甲企业每销售一个该礼盒，应纳消费税=21 000×20%=4 200(元)

增值税销项税额=21 000×13%=2 730(元)

如果只销售手表，不用礼盒，则企业应纳税额为

应纳消费税=20 000×20%=4 000(元)

应纳增值税=20 000×13%=2 600(元)

筹划操作：甲企业可以将"成套"环节安排在甲企业出厂销售之后，分别把高档手表和化妆盒销售后，由批发企业或者零售企业将高档手表与化妆盒组成"成套"产品再销售。

筹划结果：甲企业可以避免按化妆盒的价格缴纳消费税，降低了 2 000(4 200-4 000)元的消费税纳税额。

二、利用税率临界点规定进行消费税税收筹划

税率临界点就是税法中规定的一定比例和数额，当销售额或应纳税所得额超过这一比例或数额时就应依法纳税或按更高的税率纳税，从而使纳税人税负大幅上升。反之，纳税人可以享受优惠，降低税负。

利用税率临界点节税的关键是必须要遵守企业整体收益最大化的原则，即在筹划纳税方案时，不应过分强调某一环节收益的增加，而忽略了因该方案的实施所带来其他费用的增加或收益的减少，使纳税人的绝对收益减少。

1. 消费税中设置有税率差别点的消费税税目或子目的相关规定

消费税中设置有税率差别点的消费税税目和子目主要有以下两种。

1) 啤酒

啤酒的征收范围包括各种包装和散装的啤酒。啤酒分为甲类啤酒和乙类啤酒。财政部、国家税务总局《关于调整酒类产品消费税政策的通知》(财税〔2001〕84 号)规定，每吨出厂价(含包装物及包装物押金)3 000 元(含 3 000 元，不含增值税)以上的啤酒为甲类啤酒，定额税率为 250 元/吨；每吨出厂价(含包装物及包装物押金)3 000 元(不含增值税)以下的啤酒为乙类啤酒，定额税率为 220 元/吨。其中，包装物押金不包括重复使用的塑料周转

箱的押金。娱乐业、餐饮业自制啤酒，定额税率为 250 元/吨。啤酒消费税的税率为从量定额税率，同时根据啤酒的单位价格实行全额累进税率。全额累进税率的一个特点是：在临界点，税收负担变化比较大，会出现税收负担的增加大于计税依据的增加的情况。在这种情况下，巧妙运用临界点的规定，适当降低产品价格反而能够增加税后利润。

2) 卷烟

卷烟分为甲类卷烟和乙类卷烟。甲类卷烟是指调拨价在 70 元(不含增值税)/条以上(含 70 元)的卷烟，比例税率为 56%，从量税率为 0.003 元/支；乙类卷烟是指调拨价在 70 元(不含增值税)/条以下的卷烟，比例税率为 36%，从量税率为 0.003 元/支。这两类卷烟的从价比例税率差别较大，而适用哪一档税率取决于卷烟的调拨价格。卷烟价格的分界点成为税率变化的临界点，如果卷烟的调拨价格在临界点附近，纳税人就可以主动降低价格，使卷烟类别发生变化，从而适用较低的税率。当然，如果企业生产的是高档卷烟，其价格远高于临界点 70 元/条，为减轻消费税税额而将价格调低到 70 元/条以下，结果往往得不偿失。

【案例 4-7】 甲卷烟厂生产的卷烟现调拨价格为 70 元(不含增值税)/条。5 月该厂共销售该种卷烟 50 万条(每条 200 支)，计 3 500 万元。按照以上规定，该厂应缴纳消费税为

定额税=50×200×0.003=30(万元)

比例税=3500×56%=1 960(万元)

应纳消费税=30+1960=1 990(万元)

筹划操作： 如果该厂能够设法将调拨价格降低，降至 70 元以下，那么该厂就可以适用 36%的低税率。比如，该厂设法将以上卷烟的调拨价格降至 69.9 元/条。

筹划分析： 如果以上卷烟的调拨价格降至 69.9 元/条，那么该厂应缴纳消费税为

定额税=50×200×0.003=30(万元)

比例税=50×69.9×36%=1 258.2(万元)

应纳消费税=30+1258.2=1 288.2(万元)

筹划结果： 进行以上的税收筹划安排之后，该企业的消费税税负将大大减少，但卷烟的销售收入也有所降低。

消费税纳税义务降低=1 990-1 288.2=701.8(万元)

卷烟销售收入减少=50×0.1=5(万元)

税收筹划效益=701.8-5=696.8(万元)

在此案例中，卷烟的价格从 70 元/条降至 69.9 元/条后，从表面上看销售收入减少了 5 万元，但由于降价后的价格低于临界点(70 元/条)，计算消费税时的税率也随计税依据的降低而相应降低，使卷烟整体税后利润不仅没有下降，反而上升，带来了税收筹划效益。当然，这个例子有些极端，但可以充分表现出纳税临界点对企业成本效益的重要性。

【案例 4-8】 某啤酒厂 2021 年生产销售某品牌啤酒，每吨出厂价格为 2 990 元(不包括增值税)。2022 年，该厂对该品牌啤酒的生产工艺进行了改进，使这种啤酒的质量得到了较大提高。该厂准备将不含增值税价格提高到 3 010 元。根据以上信息，请对该厂啤酒的消费税设计税收筹划方案。

筹划操作：

依照《中华人民共和国消费税暂行条例》所附的《消费税税目税率表》规定，如果将

啤酒的不含增值税出厂销售价格提高到 3 010 元,每吨啤酒需要缴纳消费税 250 元,每吨啤酒扣除消费税后的利润为 2 760 元(3 010-250)。

该厂经过税收筹划,认为适当降低产品的价格不仅能够获得更大的税后利润,而且可以增加产品在市场上的竞争力,于是该厂将 2022 年啤酒的出厂价格仍定为 2 990 元,每吨啤酒需要缴纳消费税 220 元,每吨啤酒扣除消费税后的利润为 2 770 元(2 990-220)。

由此可见,适当降低销售价格至临界点之下,有时反而能够增加税后利润。

筹划结果:

当每吨啤酒的销售价格稍高于临界点时,将每吨啤酒的销售价格从临界点之上适当降低至临界点之下,不仅可以降低消费税税负,多获取税后利润,还可以增加产品在价格上的竞争力,使销售数量得以提升。

2. 卷烟和啤酒无差异价格临界点的计算

1) 卷烟无差异价格临界点的计算

设卷烟临界点的价格为 X,令卷烟价格高于 70 元/条的税后利润与卷烟价格为 69.99 元/条的税后利润相等,可得

X-成本-56%X-从量税-[56%X+从量税+(13%X-进项税额)]×(7%+3%)=69.99-成本-69.99×36%-从量税-[69.99×36%+从量税+(69.99×13%-进项税额)]×(7%+3%)

X=111.49(元),含增值税价格=125.98(元)

因此,当卷烟调拨价格为 70 元/条～111.49 元/条时,若企业将销售价格降至 69.99 元/条,那么消费税税率降低给企业带来的利润增加将会弥补价格降低造成的损失。

2) 啤酒无差异价格临界点的计算

同理,我们可计算出啤酒的无差异价格临界点(使啤酒价格高于 3 000 元/吨时的利润与啤酒价格等于 2 999.99 元/吨时的利润相等的价格)。

(1) 设啤酒临界点的价格为 X(由于其高于 3 000 元/吨,故适用 250 元的税率),销售数量为 Y,即应纳消费税=250Y。

应纳增值税=13%XY-进项税额

应纳城市维护建设税及教育费附加=[250Y+(13%XY-进项税额)]×(7%+3%)

利润=XY-成本-250Y-[250Y+(13%XY-进项税额)]×(7%+3%)　　　　　　①

(2) 啤酒价格等于 2 999.9 时的利润为

2 999.9Y-成本-220Y-[220Y+(2 999.9×13%Y-进项税额)]×(7%+3%)　　　　②

当啤酒临界点的价格与价格为 2 999.9 元时的利润相等时,即①=②,解出 X=3 033.42(元/吨)。

因此,当啤酒价格在 3000 元/吨～3033.42 元/吨时,纳税人取得的税后利润反而低于每吨价格 2999.9 元时的税后利润。

第三节　消费税计税依据的税收筹划

《消费税暂行条例》规定,消费税应纳税额的计算包括从价计征、从量计征和从价从量复合计征三种方法。实行从价计征消费税的应税消费品,计税依据为不含增值税的销售

额，原则上消费税税基和增值税税基是一致的，即都是以含消费税而不含增值税的销售额作为计税依据。实行从量定额办法计算的消费税应纳税额等于销售数量乘以定额税率，应纳税额的大小取决于销售数量和定额税率。从量定额通常以每单位应税消费品的重量、容积或数量为计税依据，并按每单位应税消费品规定固定税额计征消费税税额。在消费税的征收范围中，卷烟、白酒采用复合计征方法计税，应纳税额等于应税销售数量乘以定额税率再加上应税销售额乘以比例税率。纳税人生产、销售卷烟和白酒，从量定额计税依据为实际销售数量，从价定率计税依据为销售额。

一、自产自用应税消费品的税收筹划

自产自用是指纳税人生产应税消费品后，不是用于直接对外销售，而是用于自己连续生产应税消费品或用于其他方面。纳税人自产自用的消费品，用于连续生产应税消费品的，不再重复缴纳消费税。自产的应税消费品没有用于连续生产应税消费品，而是用于其他方面都视同销售，需要依法缴纳消费税，并于移送使用时纳税。

"连续生产应税消费品"是指作为生产最终应税消费品的直接材料并构成最终产品实体的应税消费品，体现了不重复征税和计税简便的原则。

"用于其他方面"是指纳税人用于生产非应税消费品、在建工程、管理部门、非生产机构，提供劳务，以及用于馈赠、赞助、集资、广告、样品、职工福利、奖励等方面。应税消费品自产自用情况如图 4-2 所示。

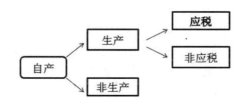

图 4-2　应税消费品自产自用情况

《消费税暂行条例》规定，自产自用应税消费品计税依据按以下顺序确定。

(1) 按纳税人生产的当月同类消费品的销售价格。

(2) 如果当月同类消费品的销售价格高低不同，按加权平均价格，当销售价格明显偏低又无正当理由时不能采用。

(3) 按同类消费品上月或最近月份的销售价格。

(4) 按组成计税价格计算纳税。

组成计税价格的计算公式如下。

① 实行从价定率办法计算纳税的组成计税价格计算公式为

$$组成计税价格=(成本+利润)÷(1-消费税比例税率) \qquad (4\text{-}1)$$

② 实行复合计税方法计算纳税的组成计税价格计算公式为

$$组成计税价格=(成本+利润+自产自用数量×定额税率)÷(1-消费税比例税率) \qquad (4\text{-}2)$$

当企业运用组成计税价格公式时，无论是从价定率还是复合计税，成本都是计算组成计税价格的重要因素，而成本是企业自身财务核算的结果。成本的高低直接影响组成计税价格的高低，进而影响税额的高低。若无同类消费品销售价格，缩小成本有利于节税。

【案例 4-9】某摩托车生产企业按统一的原材料、费用分配标准，计算企业自制自用摩托车的纳税税额。已知该企业自制自用的摩托车为 10 辆，单位产品成本为 3 000 元，该产品的利润率为 20%，消费税税率为 10%，无同类产品生产销售。这里有两种方案：一是不降低成本；二是单位产品成本降低为 2 250 元。

(1) 未降低成本时

组成计税价格=3 000×10×(1+20%)÷(1-10%)=40 000(元)

应纳消费税税额=40 000×10%=4 000(元)

(2) 将单位成本降低为 2 250 元时

组成计税价格=2 250×10×(1+20%)÷(1-10%)=30 000(元)

应纳消费税额=30 000×10%=3 000(元)

少缴纳消费税额=4 000-3 000=1 000(元)。

当按组成计税价格计税时，该企业应采用合理的方法，降低生产成本，缩小计税依据，达到少缴消费税的目的。

二、非货币性资产交换规定的税收筹划

纳税人自产的应交消费税的消费品用于换取生产资料和消费资料，投资入股或抵偿债务等方面，应按纳税人同类应税消费品的最高销售价格作为计税依据。其他视同销售行为则按同类货物的平均价格征收消费税。增值税按平均价格，消费税为什么要规定按最高价格呢？原因在于增值税为普遍征收，以平均价计税比较合理；而消费税为选择征收，为了落实不鼓励政策，采用纳税人同类应税消费品的最高价格计征显然有其明显的目的。

【案例 4-10】某汽车制造厂以 10 辆自产 A 型小汽车换取某钢铁厂生产的钢板 600 吨，钢材的市场售价为 3 000 元/吨。该汽车制造厂生产的 A 型小汽车对外销售单价分为 20 万元、18 万元和 16 万元三类。该小汽车适用 9% 的消费税税率。

根据《消费税暂行条例》，该汽车制造厂用于换取生产资料的产品，即 A 型小汽车，应按其最高销售价格作为计算依据计算缴纳消费税。因此，该汽车制造厂应按 20 万元单价计税，即应纳消费税=10×20×9%=18(万元)

筹划操作：首先与钢铁厂签订一份销售小汽车的合同，然后再与钢铁厂签订一份购买钢板的合同，且使两份合同的金额相等，形成形式上的一购一销，然后按双方约定价格进行双向的资金划拨。比如，经计算，两家企业前述以物易物交易的市场价值为 180 万元，则两家企业可以一方面签订一份价值 180 万元的小汽车购销合同，另一方面签订一份价值 180 万元的钢板购销合同。然后双方各自向对方划转 180 万元资金，使每一份合同都形成事实上的履约。

筹划结果：该方案实施后，汽车制造厂就可以按照 180 万元的销售额缴纳消费税，应纳消费税=180×9%=16.2(万元)，比筹划前降低了 1.8(18-16.2)万元消费税税负。

【特别提示】

(1) 合同金额不可过低。当合同金额没有正当理由而过低时，税务机关就可对计税金额做出纳税调整。这样企业不仅要按照较高的价格重新计算应纳税款，而且可能被认定为偷税，遭受名誉和经济上的双重损失。

(2) 双方签订的一购一销两个合同必须形成事实上的履约，即存在相应的资金周转，否则双方的交易仍可能被认定为"以物易物"交易，按照应税消费品的最高销售价格计算应纳消费税。

(3) 从汽车制造厂的角度来讲，为了使税收筹划方案得以实施，可以在一定程度上让对方分享自己税收筹划的收益，如打折销售自己的产品等，以获得对方的配合。

三、不同加工方式下消费税税额计算

纳税人连续生产自产自用的应税消费品，不用缴纳消费税。委托加工的应税消费品收回后，继续加工再对外销售，原支付给受托方的消费税通常可以抵扣；委托方将收回的应税消费品，以不高于受托方的计税价格出售，为直接出售，不再缴纳消费税；委托方以高于受托方的计税价格出售，不属于直接出售，需按照规定申报缴纳消费税。

现行税法规定，工业企业自制产品的适用税率，依销售收入计税；而工业企业接受其他企业及个人委托代为加工的产品，仅就企业收取的材料款和加工费为基础计税。因此，工业企业制造同样的产品，如属受托加工则比自制产品税负轻。

【案例 4-11】 A 卷烟厂接到 C 客户要求购买甲类卷烟的一笔订单，订单金额为 700 万元(不含增值税)。这批卷烟，A 卷烟厂可自行生产，也可委托 B 卷烟厂进行加工。烟叶成本为 100 万元，将烟叶加工成卷烟，需要经过 2 个步骤，将烟叶加工成烟丝(半成品)需加工费 75 万元，而如果直接将烟叶加工成卷烟(成品)需加工费 170 万元。请分以下三种情况计算消费税和税后利润。已知：烟丝消费税税率为 30%，卷烟消费税税率为 56%(不考虑定额税)。(1)A 卷烟厂自行生产卷烟；(2)委托 B 卷烟厂先加工烟丝(半成品)，收回后再加工卷烟；(3)委托 B 卷烟厂加工成卷烟(成品)。

案例分析：

方案 1：A 卷烟厂自行生产卷烟，需加工费 170 万元。

A 卷烟厂应纳消费税=700×56%=392(万元)

A 卷烟厂税后利润=(700-100-170-392)×(1-25%)=38×75%=28.50(万元)。

方案 2：委托 B 卷烟厂先加工烟丝，在本企业继续加工成卷烟销售，还需成本为 75 万元。

B 卷烟厂代收代缴的消费税=(100+75)÷(1-30%)×30%=250×30%=75(万元)

A 卷烟厂销售卷烟后，应纳消费税=700×56%-75=317(万元)

A 卷烟厂的税后利润=[700-100-75-75-(170-75)-317]×(1-25%)=28.50(万元)

方案 3：委托 B 卷烟厂直接加工成卷烟，A 卷烟厂收回后直接对外销售。

支付代收代缴的消费税=(100+170)÷(1-56%)×56%=613.64×56%=343.64(万元)

销售价格 700 万元 > 委托加工计税价格 613.64 万元，则

补缴消费税=(700-613.64)×56%=48.36(万元)

税后利润=(700-100-170-343.64-48.36)×(1-25%)=28.50(万元)

在各相关因素相同的条件下，无论采用何种方式，计缴消费税相同，税后利润也相同。

四、已纳消费税的扣除

外购应税消费品和委托加工收回的应税消费品继续生产应税消费品销售的，税法允许纳税人按当期生产领用数量，扣除外购的应税消费品已纳的消费税税款。

1. 扣除范围

(1) 外购或委托加工收回的已税烟丝生产的卷烟。
(2) 以外购或委托加工收回的已税高档化妆品为原料生产的高档化妆品。
(3) 以外购或委托加工收回的已税珠宝玉石为原料生产的贵重首饰及珠宝玉石。

【注意】纳税人用外购或者委托加工收回的已税珠宝玉石为原料生产的改在零售环节征收消费税的金银首饰(镶嵌首饰)，在计税时一律不得扣除外购或者委托加工收回的珠宝玉石已纳的消费税税款。例如，某首饰厂外购已纳消费税的 1000 颗珊瑚珠，其不同使用情况的计税处理，如图 4-3 所示。

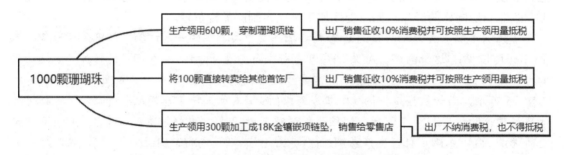

图 4-3　外购已纳消费税的珊瑚珠不同使用情况的计税处理

(4) 以外购或委托加工收回的已税鞭炮、焰火为原料生产的鞭炮、焰火。
(5) 以外购或委托加工收回的已税高尔夫球杆杆头、杆身和握把为原料生产的高尔夫球杆。
(6) 以外购或委托加工收回的已税木制一次性筷子为原料生产的木制一次性筷子。
(7) 以外购或委托加工收回的已税实木地板为原料生产的实木地板。
(8) 以外购或委托加工收回的已税石脑油、润滑油、燃料油为原料生产的成品油。
(9) 以外购或委托加工收回的已税汽油、柴油为原料生产的汽油、柴油。

允许抵扣税额的税目不包括酒(葡萄酒除外)、摩托车、小汽车、高档手表、游艇、电池、涂料。

【提示】批发环节销售的卷烟不得抵扣外购卷烟的已纳税款。自 2015 年 5 月 1 日起，从葡萄酒生产企业购进、进口葡萄酒连续生产应税葡萄酒的，准予从葡萄酒消费税应纳税额中扣除所耗用应税葡萄酒已纳消费税税款。允许扣税的只涉及同一税目中应税消费品的连续加工，不能跨税目抵扣。

2. 贴标视为生产

单位和个人外购润滑油大包装经简单加工改成小包装或外购润滑油不经加工只贴商标的行为，视同应税消费品的生产行为。单位和个人发生的以上行为应当申报缴纳消费税，准予扣除外购润滑油已纳的消费税税款。

3. 已纳消费税税款扣除计算

当期准予扣除外购或委托加工收回的应税消费品的已纳消费税税款，应按当期生产领用数量计算。

当期准予扣除的外购、委托加工收回应税消费品已纳消费税税额=当期准予扣除的外购、委托加工收回应税消费品买价×外购、委托加工收回应税消费品适用税率　(4-3)

当期准予扣除的外购、委托加工收回应税消费品买价=期初库存的外购、委托加工收回应税消费品买价+当期外购、委托加工收回应税消费品买价-期末库存的外购、委托加工收回应税消费品买价　(4-4)

外购已税消费品的买价是指外购应税消费品增值税专用发票上注明的销售额(不包括增值税税额)。

【案例 4-12】某公司为增值税一般纳税人，外购高档香水精生产高档香水。2020 年 11 月，该公司生产销售高档香水取得不含税销售额 100 万元。该公司 11 月初库存高档香水精价值 10 万元，11 月购进高档香水精价值 100 万元，11 月底库存高档香水精价值 20 万元。已知高档化妆品适用的消费税税率为 15%。

当期准予扣除的外购应税消费品买价=10+100-20=90(万元)

当期准予扣除的外购应税消费品已纳消费税税额=90×15%=13.5(万元)

该公司当月应缴纳消费税税额=100×15%-13.5=1.5(万元)

五、销售应税消费品涉及包装物的消费税税收筹划

1. 关于销售应税消费品涉及包装物的消费税征税范围的相关规定

1) 包装物随同应税消费品销售

对于实行从价定率办法计算应纳税额的应税消费品，连同包装物销售的，无论包装物是否单独计价，也无论在会计上如何核算，包装物的销售额均应并入应税消费品的销售额中征收消费税。

2) 包装物不作价随同应税消费品销售，而是以收取押金的方式销售

此项包装物的押金不应并入应税消费品的销售额中征收消费税。但对因逾期未收回的包装物不再退还押金或者已收取押金的时间超过 12 个月的，应将包装物的押金并入应税消费品的销售额，按照应税消费品的适用税率缴纳消费税。

3) 对销售啤酒、黄酒外的其他酒类产品收取的包装物押金

此项包装物的押金无论是否返还以及会计上如何核算，均应在销售当期并入应税消费品销售额征收消费税。

2. 销售应税消费品涉及包装物的消费税税收筹划

将包装物随同应税消费品销售，改为以收取包装物押金方式销售，并可适当提高押金标准。

(1) 可以使消费品的计税销售额剔除包装物的销售额，降低计税依据，从而降低消费税。

(2) 虽然收取的押金要退还，但对于企业来讲，生产和销售是循环进行的，一笔销售的押金被退还时，会有新的押金收取进来。这样，从长期来看，销售方企业将获得数量相对稳定的一笔沉淀资金使用。

(3) 即使预计不能收回包装物，没收包装物押金时，需缴纳消费税，也可以将包装物押金对应的消费税纳税时间递延到没收押金的当期或者收取押金满 12 个月的当期，从而获得押金的货币时间价值。

【案例 4-13】甲企业 2020 年 6 月销售一批高尔夫球及球具，不含增值税销售额为 400 万元，其中包装物被随同产品一起销售，其不含增值税的销售额为 4 万元，未单独计价。高尔夫球及球具适用的消费税税率为 10%。月末，甲企业应缴纳消费税=400×10%=40(万元)。请对甲企业的消费税进行筹划。

筹划操作：将包装物随高尔夫球及球具销售，改为以收取包装物押金方式销售，并适当提高押金标准。

制定筹划方案：高尔夫球及球具不含增值税售价为 396 万元，另收取包装物押金 6 万元。

筹划结果：

应纳消费税=396×10%=39.6(万元)，比原来降低 0.4 万元。

同时，可以免费使用 6 万元的资金。

筹划总结：将随同应税消费品出售的包装物，改为收取押金方式，可以在销售应税消费品的当期减少消费税；虽然押金会退还，但对于企业来讲，从长期来看，将获得数量相对稳定的一笔无息沉淀资金；在未来即使包装物不退还，没收押金时，需交纳消费税，也使这部分押金对应的消费税实现了递延纳税，给企业带来了货币时间价值。

六、利用手表消费税起征点的税收筹划

1. 手表消费税起征点的相关规定

高档手表适用的消费税税率为 20%。消费税新增和调整税目征收范围注释中，高档手表指每只销售价格(不含增值税)在 10 000 元(含)以上的各类手表。

2. 利用手表消费税起征点的筹划

在涉及起征点的情况下，若销售价格(收入)刚刚达到或超过起征点，则应降低价格(收入)，使其在起征点以下，以规避缴纳消费税。

【案例 4-14】甲公司是一家中高档手表生产企业，某年生产并销售某一款中高档手表，每只手表的出厂价格为 10 100 元(不含增值税)，与此相关的成本费用为 5 000 元。假设不考虑增值税，请对其进行税收筹划。

筹划操作：

方案一：将每只手表的出厂价格(不含增值税)定为 10 100 元，税法认定其为高档手表，则

每只高档手表应纳消费税=10 100×20%=2 020(元)

应纳城市维护建设税及教育费附加=2 020×(7%+3%)=202(元)

每只高档手表的税后利润=10 100-5 000-2 020-202=2 878(元)

方案二：将每只高档手表的出厂价格降至 9 900 元，税法不认定其为高档手表，则

每只手表应纳消费税=0(元)

应纳城市维护建设税及教育费附加=0(元)

每只手表的利润=9 900-5 000-0-0=4 900(元)

筹划结果： 方案二比方案一每只手表少缴纳消费税 2 020(2 020-0)元，少缴纳城市维护建设税及教育费附加 202(202-0)元，多获取利润 2 022(4 900-2 878)元，因此，应当选择方案二。

可通过计算来找出手表的定价区间：若每只手表定价为 9 999.99 元，则不缴纳消费税，而企业若定价大于或等于 10 000 元，则要缴纳消费税，设企业将手表定价为 X 元，则

$X-X\times20\%\times(1+7\%+3\%) > 9$ 999.99

$X > 12$ 820.50

因此，若定价低于 10 000 元，则可避免成为税法认定的高档手表，从而避免缴纳消费税；而定价高于 12 820.50 元，增加的收入可弥补多缴的税费。

第四节　消费税出口退税的税收筹划

增值税和消费税属于交叉缴纳的税种，出口应税消费品在出口报关时，往往既涉及增值税的退税，也涉及消费税的退税，因此，通常所说的出口退税，主要是指退增值税和消费税，而消费税和增值税的不同之处在于退税税率的确定和出口应税消费品退税额的计算。

一、消费税出口退税的政策

1. 对有出口经营权的企业的有关规定

有出口经营权的企业，出口和代理出口的应税消费品，除另有规定外，可在消费品报关出口并在财务上作销售处理后，凭有关凭证按月报送税务机关批准退还或免征消费税。

2. 企业出口的应税消费品特准退还或免征消费税的条件

下列企业出口的应税消费品特准退还或免征消费税。

(1) 对外承包工程公司运出境外用于对外承包项目的。

(2) 对外承接修理、修配业务的企业用于对外修理、修配的。

(3) 外轮供应公司、远洋运输供应公司销售给外轮、远洋国轮而收取外汇的。

(4) 企业在国内采购并运往境外作为在国外投资的。

3. 出口某些应税消费品免征消费税，在出口时不再办理退税的条件

出口下列应税消费品免征消费税，在出口时不再办理退税。

(1) 卷烟。

(2) 军品以及军队系统企业出口军需工厂生产或军需部门调拨的消费品。

(3) 有出口经营权的生产企业自营出口的应税消费品，依据其实际出口数量及金额予以免税。

(4) 来料加工复出口的应税消费品。

4. 外商投资企业免税规定

外商投资企业生产的应税消费品直接出口的，免征消费税。外商投资企业以来料加工、进料加工贸易方式进口的应税消费品，免征进口环节的消费税。加工应税消费品出口后，免征加工或委托加工应税消费品的消费税。

外商投资企业用进口料件加工成品后不直接出口，而是转让给另一承接进料加工的外商投资企业进行再加工、装配后出口的，免征生产环节消费税。

外商投资企业生产的应税消费品销售给国内出口企业或委托国内出口企业代理出口的，一律视同内销，照章缴纳消费税。

5. 出口卷烟的退免税政策

(1) 有出口卷烟经营权的企业出口国家出口卷烟计划内的卷烟，免征增值税。其他非计划内出口的卷烟照章缴纳增值税和消费税，出口后一律不退税。

(2) 出口企业向卷烟厂购进卷烟用于出口时，应先向当地主管其出口退税的税务机关申报办理"准予免税购进出口卷烟证明"，然后转交卷烟厂，由卷烟厂据此向其主管征税的税务机关申报办理免税手续。已批准免税的卷烟，卷烟厂必须以不含消费税、增值税的价格销售给出口企业。

(3) 主管出口退税的税务机关必须严格按照国家出口卷烟免税计划的数量核签"准予免税购进出口卷烟证明"。国家出口卷烟免税计划以国家税务总局下达的计划为准。年初在出口卷烟免税计划下达之前，各地主管出口退税的税务机关可以按照出口企业上年初完成的国家出口卷烟免税计划的进度核签"准予免税购进出口卷烟证明"。

(4) 主管卷烟厂征税的税务机关必须严格按照"准予免税购进出口卷烟证明"所列品种、规格、数量核准免税。核准免税后，主管征税的税务机关应填写"出口卷烟已免税证明"，并直接寄送主管购货方出口退税的税务机关。

(5) 出口企业将免税购进的出口卷烟出口后，凭出口货物报关单(出口退税联)、收汇单、出口发票按月向主管其出口退税的税务机关办理免税核销手续。

二、消费税出口退税的税率

生产企业出口自产的属于应征消费税的产品，实行免征消费税办法。免征消费税是指对生产企业按其实际出口额(量)免缴生产环节的消费税，该应税消费品出口时，已不含消费税，因此也不再办理退还消费税。

外贸企业自营出口或委托代理出口的应税消费品，采取先征后退的办法。消费税的出口退税率或单位税额，依照《消费税暂行条例》所附的"消费税税目税率表"规定的税率或单位税额执行。办理出口退税的企业，应将出口的不同税率的应税消费品分开核算和申报。凡是因未分开核算而划分不清适用税率的，一律从低适用税率计算退免税额。

总之，围绕出口退税开展税收筹划，应建立在充分把握出口税收优惠政策的基础上，其关键是在生产和流通环节进行。出口涉及的增值税、消费税是在生产和流通环节产生的，通过筹划，使产品的生产和流通适用较高的出口退税率和较低的关税，从而达到降低税收成本的目的。

三、出口应税消费品应退消费税税额的计算

1. 外贸企业出口和代理出口应税消费品应退消费税税额的计算

实行从价定率办法计缴消费税的应税消费品，应以外贸企业从工厂购进该应税消费品时缴纳消费税的价格作为退税依据，计算应退消费税税额。其计算公式为

$$应退消费税税额=出口应税消费品的工厂销售额×适用税率$$

$$=出口数量×购进单价×适用税率 \tag{4-5}$$

实行从量定额办法计缴消费税的应税消费品，应以外贸企业报关出口的数量作为退税依据，计算应退消费税税额。其计算公式为

$$应退消费税税额=应税消费品的出口数量×单位税额 \tag{4-6}$$

2. 相关规定

有进出口经营权的生产企业自营出口或委托出口自产应税消费品，免征消费税；其他生产企业即没有进出口经管权的生产企业委托出口应纳消费税的自产货物，实行先征后退的办法，其应退税额等于出口应征消费税税额。其计算公式如下。

实行从价定率缴纳的：

$$出口应退消费税税额=出口货物离岸价格×人民币外汇牌价×消费税税率 \tag{4-7}$$

实行从量定额缴纳的：

$$出口应退消费税税额=出口货物数量×消费税单位税额 \tag{4-8}$$

办理出口退税的企业，应将出口的不同税率的应税消费品分开核算和申报。凡划分不清的，一律从低适用税率计算应退消费税税额。

出口的应税消费品，销售额及税额明显偏高而无正当理由的，税务机关有权拒绝办理退税或免税。

四、消费税出口退税的税收筹划方法

《消费税暂行条例》规定，只要纳税人出口的消费品不是国家禁止或限制出口的货物，在出口环节均可享受退税待遇。这是鼓励纳税人在满足国内市场需求的基础上，尽量扩大出口规模。从税收筹划的角度出发，纳税人也应努力开拓国际市场，为本企业谋求尽可能多的合理利益。

1. 退货的税收筹划

因企业出口商品时已获得国家退税，若发生退货，国家要收回已退税款。出口的应税消费品办理退税后发生退关或者国外退货，进口时予以免税的，由报关出口者在规定期限向其所在地主管税务机关申请办理补缴已退的消费税税款。由纳税人直接出口的应税消费品，办理免税后发生退关或者国外退货，进口时已予以免税的，经所在地主管税务机关批准后，可暂不办理补税，待其转为国内销售时，再向主管税务机关申报补缴消费税。根据税法规定，企业可占有资金的时间价值，充分利用退货款和推迟纳税人的应退税款，为企业创造新的效益。因为在货物出口到退货与退款之间，出口企业可无偿占有该笔退货货款

的时间价值(利息)，同时在退税和补税的间隔中，企业又占有了税款的利息收益。纳税人进行税收筹划的关键在于较好地解决两个问题：一是要获取所在地主管税务机关的批准，可暂不办理退税；二是尽量延长转为国内销售时缴纳税款的时间。

2. 提高消费税征税范围内货物的经营比重

一般来说，作为外贸出口企业，应提高属于消费税征税范围的货物出口比重，因其收益比非消费税缴纳范围内货物的收益要大得多。收购属于消费税范围内的货物出口，不仅能得到增值税退税，而且能获得消费税退税，从而大幅降低出口成本。当然，每一个外贸出口企业都不可随意提高这一比重，因此这种方法也受到一定限制。

本 章 小 结

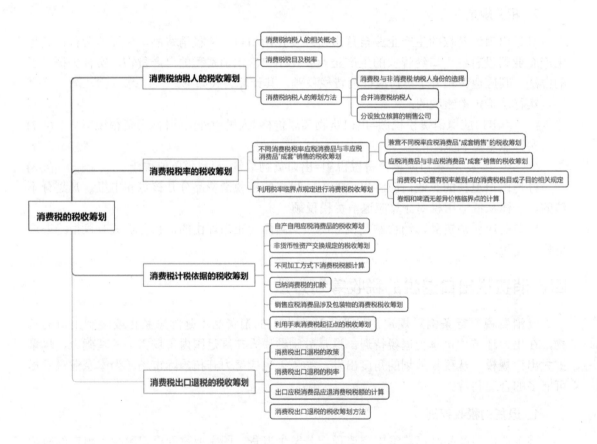

思考与练习

一、单项选择题

1. 根据消费税的有关规定，下列纳税人自产自用应税消费品不缴纳消费税的是（ ）。

A. 高尔夫球具厂用于本企业职工福利的自产球具

B. 汽车厂用于管理部门的自产汽车

C. 日化厂用于赠送客户样品的自产化妆品

D. 卷烟厂用于生产卷烟的自制烟丝

2. 某化妆品厂下设一个非独立核算的门市部,每年该厂向门市部移送高档化妆品 1 万套,每套单价为 500 元,门市部销售单价为 550 元(以上均为含消费税价)。如化妆品厂将该门市部分立,使其具备独立纳税人身份,则每年可节省消费税( )。(高档化妆品的消费税税率为 15%)

    A. 21.42 万元　　　　B. 7.50 万元　　　　C. 11.54 万元　　　　D. 12.72 万元

3. 下列各项中,属于消费税纳税人的是( )。

    A. 生产金银首饰的工业企业　　　　B. 零售卷烟的商业企业

    C. 生产汽车轮胎的工业企业　　　　D. 零售超豪华小汽车的 4S 店

4. 甲汽车生产企业 2021 年 3 月将自产的小汽车以每辆 145 万元(不含增值税)的价格直接销售给消费者,当月共销售 5 辆。已知小汽车的生产环节消费税税率为 25%,则当月甲汽车生产企业销售这 5 辆汽车应纳消费税( )万元。

    A. 181.25　　　　B. 253.75　　　　C. 36.25　　　　D. 50.75

5. 消费税属于( )。

    A. 价内税　　　　　　　　　　　　B. 价外税转价内税

    C. 价外税　　　　　　　　　　　　D. 价内税转价外税

6. 下列消费品中,实行从价定率与从量定额相结合征税办法的是( )。

    A. 啤酒　　　　B. 白酒　　　　C. 葡萄酒　　　　D. 药酒

7. 纳税人进口的属于从价定率征收消费税的消费品,按照组成计税价格和规定的税率计算应纳消费税税额,其组成计税价格的计算公式是( )。

    A. 关税完税价格+关税+增值税

    B. (关税完税价格+关税)÷(1-消费税税率)

    C. 关税完税价格+关税

    D. (关税完税价格+关税)÷(1+消费税税率)

二、多项选择题

1. 下列单位中属于消费税纳税人的有( )。

    A. 生产销售应税消费品(金银首饰除外)的单位

    B. 委托加工应税消费品的单位

    C. 进口应税消费品的单位

    D. 受托加工应税消费品的单位

2. 下列物品中属于消费税征收范围的有( )。

    A. 汽油和柴油　　B. 烟酒　　　　C. 小汽车　　　　D. 鞭炮、焰火

3. 消费税法规定,对销售除( )以外的其他酒类产品收取的包装押金,无论是否返还、会计上如何核算,均应并入当期销售额计征消费税。

    A. 啤酒　　　　　B. 黄酒　　　　C. 白酒　　　　D. 药酒

4. 下列各项中，符合应税消费品销售数量规定的有(　　)。

    A. 生产销售应税消费品的，为应税消费品的销售数量

    B. 自产自用应税消费品的，为应税消费品的生产数量

    C. 委托加工应税消费品的，为委托方收回的应税消费品数量

    D. 进口应税消费品的，为海关核定的应税消费品进口征税数量

5. 下列关于啤酒计征消费税的有关规定，说法正确的有(　　)。

    A. 在确定啤酒适用的消费税定额税率时，计算的啤酒每吨出厂价格含包装物及包装物押金

    B. 纳税人生产、销售啤酒收取的包装物押金，应在包装物逾期未退、没收押金时，将押金并入当期销售额计征消费税

    C. 啤酒适用从量定额办法计征消费税

    D. 对饮食业、商业、娱乐业举办的啤酒屋(啤酒坊)利用啤酒生产设备生产的啤酒，应当征收消费税

6. 下列各项中，符合委托加工应税消费品应纳消费税规定的有(　　)。

    A. 受托方(除个人外)应在向委托方交货时代收代缴消费税税款

    B. 受托方未代收代缴消费税的，委托方收回的应税消费品未销售时不缴纳消费税

    C. 受托方代委托方购进材料加工应税消费品，不属于税法上的委托加工业务

    D. 委托加工业务的消费税的计税依据是委托方销售同类应税消费品的平均价格

7. 下列关于应税消费品计征消费税的计税依据，表述正确的有(　　)。

    A. 纳税人通过自设非独立核算门市部销售的自产应税消费品，应当按照门市部对外销售额或者销售数量计算消费税

    B. 纳税人通过自设非独立核算门市部销售的自产应税消费品，应当按照移送消费品的销售额或者销售数量计算消费税

    C. 纳税人用于换取生产资料、消费资料、投资入股和抵偿债务等方面的应税消费品，应当以纳税人同类应税消费品的最高销售价格作为计税依据计算消费税

    D. 纳税人用于换取生产资料、消费资料、投资入股和抵偿债务等方面的应税消费品，应当以纳税人同类应税消费品的平均销售价格作为计税依据计算消费税

8. 下列项目中，可以扣除外购应税消费品已纳消费税税款的有(　　)。

    A. 外购已税烟丝生产的卷烟

    B. 外购已税鞭炮、焰火生产的鞭炮、焰火

    C. 外购已税珠宝玉石生产的金银镶嵌首饰

    D. 外购已税实木地板生产的实木地板

9. 根据消费税法律制度的规定，下列关于白酒最低计税价格核定的有关说法中，正确的有(　　)。

    A. 白酒生产企业销售给销售单位的白酒，生产企业消费税计税价格高于销售单位对外销售价格70%(含70%)以上的，税务机关暂不核定消费税最低计税价格

    B. 生产规模较大、利润水平较高的企业生产的需要核定消费税最低计税价格的白酒，税务机关核价幅度原则上应选择销售单位对外销售价格的50%～70%

    C. 已核定最低计税价格的白酒，生产企业实际销售价格高于消费税最低计税价格的，

按实际销售价格申报纳税

　　D. 消费税最低计税价格由各省、自治区、直辖市和计划单列市国家税务局核定

三、判断题

　　1. 纳税人用于换取生产资料和消费资料、投资入股和抵偿债务的应税消费品，应以纳税人同类消费品的平均销售价格为依据计算消费税。　　　　　　　　　　（　　）

　　2. 影视演员化妆用的上妆油不属于应税消费品。　　　　　　　　　　　　（　　）

　　3. 纳税人销售应税消费品采取赊销和分期收款结算方式的，其纳税义务发生时间为书面合同约定的收款日期的当天；书面合同没有约定收款日期或者无书面合同的，其纳税义务发生时间为发出应税消费品的当天。　　　　　　　　　　　　　　　　（　　）

　　4. 纳税人销售应税消费品采取预收货款结算方式的，其纳税义务发生时间为收到货款的当天。　　　　　　　　　　　　　　　　　　　　　　　　　　　　　（　　）

　　5. 纳税人销售应税消费品采取托收承付和委托银行收款方式的，其纳税义务发生时间为发出应税消费品并办妥托收手续的当天。　　　　　　　　　　　　　　（　　）

四、案例分析题

　　1. 某小汽车生产企业，当月对外销售同型号的小汽车共有三种价格，以 20 万元的单价销售 150 辆，以 22 万元的单价销售 200 辆，以 24 万元的单价销售 50 辆。该汽车生产企业当月以 5 辆同型号的小汽车与一家汽车配件企业换取其生产的汽车玻璃，双方约定按当月的加权平均销售价格确定小汽车的价格。小汽车的消费税税率为 8%。上述单价均不含增值税。该汽车生产企业的这一业务应纳多少消费税？你有何税收筹划的建议，根据你的方案可以减少多少税收负担？

　　2. 某企业生产的 A 产品和 B 产品均应缴纳消费税，消费税税率分别为 10%和 20%。两种产品的成本(不含各种费用)均约占产品销售收入的 40%。如果该企业考虑将价值 200 元的 A 产品与价值 500 元的 B 产品组合成礼盒销售，礼盒定价至少应为多少？

　　3. 某企业生产并销售高档手表。该企业计划推出礼盒装，礼盒中包括一只手表，以及一只化妆盒。其中该型号手表原来的单价为 100 000 元(不含税价)，化妆盒为外购，外购成本为每只 2 000 元(不含税价)。该礼盒不含税售价为 102 000 元。高档手表的消费税税率为 20%。计算该礼盒的消费税，如何进行税收筹划？

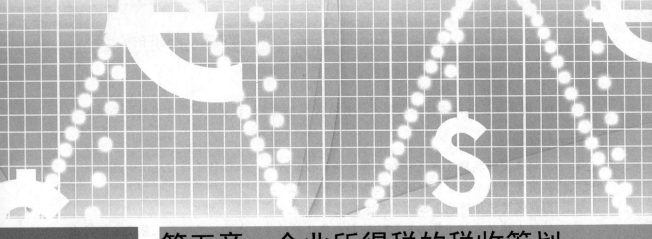

第五章　企业所得税的税收筹划

【思政目标】

1. 提高企业所得税纳税意识，依法纳税。

2. 培养学生的社会责任感，开拓创新，精益求精。

3. 通过税收优惠政策的运用，体会社会主义制度的优越性，增强"四个自信"。

【知识目标】

1. 熟悉企业所得税纳税人、征税范围、税率、应纳税额的计算。

2. 熟悉企业所得税的最新政策，掌握企业所得税税收筹划的基本原理和基本技术。

3. 掌握企业所得税纳税人的筹划、计税依据的筹划、税率的筹划、优惠政策的筹划，提升筹划的实务操作能力和职业胜任力。

广告费用和业务宣传费的
税收筹划.mp4

小型微利企业的税收筹划.mp4

研发费用加计扣除税收筹划.mp4

【案例引入】"创条件，成高新，享优惠"

某公司职工总数为 100 人，2021 年具备国家会重点扶持的高新技术企业认定的八个条件中的七个条件，只有第四个条件没有满足，当年从事研发和相关技术创新活动的科技人员 9 人，占企业当年职工总数不足 10%。预计当年的应纳税所得额为 600 万元，如何对其进行税收筹划。

案例启发： 国家会重点扶持的高新技术企业需同时满足八个条件。企业可通过招聘增加 1 名从事研发和相关技术创新活动的科技人员，从而使自身满足全部条件，成为国家会重点扶持的高新技术企业，进而获得享受低税率的优惠，可少缴纳企业所得税 60(600×25%−600×15%)万元。

国家鼓励企业创新，在企业所得税的优惠政策里有充分体现。例如，企业技术转让所得不超过 500 万元部分免征企业所得税，超过 500 万元的部分减半征收企业所得税。制造业企业发生的研发费用，未形成无形资产计入当期损益的，在按规定据实扣除的基础上，自 2021 年 1 月 1 日起，再按照实际发生额的 100%在税前加计扣除；形成无形资产的，自

2021 年 1 月 1 日起，按照无形资产成本的 200% 在税前摊销。符合条件且经国家认定的高新技术企业可以减按15%的低税率计算缴纳企业所得税等。

通过利用这些鼓励创新政策进行所得税筹划，我们能认识到国家对创新的重视，以创新为己任，在学习中或今后工作中积极发掘创新因素，争取成为创新驱动战略的生力军。

企业所得税是对我国境内的企业和其他取得收入的组织的生产经营所得和其他所得征收的一种所得税。企业所得税涉及范围较广，其应缴税额与收入、成本、费用等密切相关，所以，税收筹划空间较大。

第一节 企业所得税纳税人的税收筹划

一、企业所得税纳税人

(一)居民企业与居民纳税人

1. 居民企业的概念

《企业所得税法》规定，企业分为居民企业和非居民企业。居民企业，是指依法在中国境内成立，或者依照外国(地区)法律成立但实际管理机构在中国境内的企业。

居民企业包括两大类：一类是依照中国法律、行政法规在中国境内成立的企业、事业单位、社会团体以及其他取得收入的组织；另一类是依照外国 (地区)法律成立的企业和其他取得收入的组织。

需要注意的是，"依法在中国境内成立"中的"法"是指中国的法律、行政法规。居民企业如果是依照外国法律成立的，必须满足其实际管理机构在中国境内这一条件。

实际管理机构，是指对企业的生产经营、人员、账务、财产等实施实质性全面管理和控制的机构。通常要求其符合以下三个条件。

(1) 对企业有实质性管理和控制的机构。实际管理机构是企业真实的管理中心。税法将实质性管理和控制作为认定实际管理机构的标准之一，有利于防止外国企业逃避税收征管，从而保障我国的税收主权。

(2) 对企业实行全面的管理和控制的机构。如果该机构只是对该企业的部分或非关键的生产经营活动进行管理和控制，则不被认定为实际管理机构。只有对企业的整体或者主要的生产经营活动进行实际管理和控制，对本企业的生产经营活动负总体责任的管理控制机构，才符合实际管理机构的标准。

(3) 管理和控制的内容是企业的生产经营、人员、账务、财产等。这是界定实际管理机构的最关键标准，在控制时特别强调对人事权和财务权的控制，即对企业具有实质性管理和控制的权利。例如，在我国注册成立的公司，是我国的居民企业；在英国、美国、百慕大群岛等国家和地区注册，但实际管理机构在我国境内的企业，也是我国的居民企业。

2. 居民企业的税收政策

居民企业承担全面的纳税义务，对其一切所得纳税，即居民企业应就其在中国境内、境外的所得缴纳企业所得税。

其中所说的"所得"，包括销售货物所得、提供劳务所得、转让财产所得、股息红利等权益性投资所得、利息所得、租金所得、特许权使用费所得、接受捐赠所得和其他所得。

(二)非居民企业与非居民纳税人

1. 非居民企业的概念

非居民企业是指依照外国(地区)法律成立且实际管理机构不在中国境内，但在中国境内设立机构、场所的，或者在中国境内未设立机构、场所，但有来源于中国境内所得的企业。

其中所说的"机构、场所"，是指在中国境内从事生产经营活动的机构、场所，包括以下情形。

第一，管理机构、营业机构、办事机构。管理机构是指对企业生产经营活动进行管理决策的机构。营业机构是指企业开展日常生产经营活动的固定场所，如商场等。办事机构是指企业在当地设立的从事联络和宣传等活动的机构，如外国企业在中国设立的代表处，往往为开拓中国市场进行调查和宣传等工作，为企业到中国开展经营活动打下基础。

第二，工厂、农场、开采自然资源的场所。这三类场所属于企业开展生产经营活动的场所。工厂是工业企业，如制造业的生产厂房、车间所在地。农场是农业、牧业等生产经营的场所。开采自然资源的场所主要是采掘业的生产经营活动场所，如矿山、油田等。

第三，提供劳务的场所。提供劳务的场所包括从事交通运输、仓储租赁、咨询经纪、科学研究、技术服务、教育培训、餐饮住宿、中介代理、旅游、娱乐、加工以及其他劳务活动的场所。

第四，从事建筑、安装、装配、修理、勘探等工程作业的场所，包括建筑工地、港口码头、地质勘探场地等工程作业场所。

第五，其他从事生产经营活动的机构、场所。

第六，非居民企业委托营业代理人在中国境内从事生产经营活动的，包括委托单位和个人经常代其签订合同或者储存、交付货物等，该营业代理人视为非居民企业在中国境内设立的机构、场所。

2. 非居民企业的税收政策

(1) 非居民企业在中国境内设立机构、场所的，应当就其所设机构、场所取得的来源于中国境内的所得，以及发生在中国境外但与其所设机构、场所有实际联系的所得缴纳企业所得税。

其中所说的"实际联系"，是指非居民企业在中国境内设立的机构、场所拥有据以取得所得的股权、债权，以及拥有、管理、控制据以取得所得的财产等。例如，俄罗斯一家企业在中国设立的营业机构(非实际管理机构)属于中国的非居民企业。如果该营业机构对中国境内的一家中国企业进行股权投资，其所获得的股息、红利等权益性收益就应被认定为与该营业机构有实际联系的所得，应就其股息、红利所得缴纳企业所得税。

(2) 非居民企业在中国境内未设立机构、场所的，或者虽设立机构、场所，但取得的所得与其所设机构、场所没有实际联系的，应当就其来源于中国境内的所得缴纳企业所得税。非居民企业适用的税率如图 5-1 所示。

居民企业和非居民企业都属于企业所得税的纳税人，之所以对两者进行区分，是为了区分两者之间不同的纳税义务。当然，这对纳税主体的税收实践将产生深远的影响。

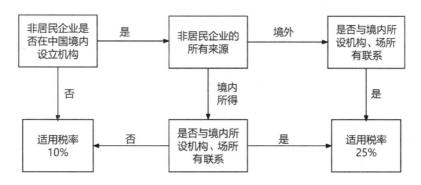

图 5-1　非居民企业适用的税率

(三)子公司与分公司

《公司法》规定，子公司具有法人资格，依法独立承担民事责任；分公司不具有法人资格，其民事责任由总公司承担。因此，两者存在较大差别。

1. 子公司是企业所得税的独立纳税人

子公司是相对于母公司而言的，是指被另一家公司(母公司)有效控制的下属公司，或者是母公司直接或间接控制的一系列公司中的一家公司。子公司是一家独立企业，具有独立的法人资格。通常要履行与该国其他居民企业一样的全面纳税义务，同时能享受所在国为新设公司提供的免税期或其他税收优惠政策。但是，建立子公司一般需要复杂的手续，并且财务制度较为严格，必须独立开设账簿，并需要复杂的审计和证明，其经营亏损不能冲抵母公司的利润，因而子公司与母公司的交易往往是税务机关反避税审查的重点。

2. 分公司不是企业所得税的独立纳税人

分公司是指独立核算的、进行全部或部分经营业务的分支机构，如分厂、分店等。分公司是企业的组成部分，不具有独立的法人资格。

《企业所得税法》第五十条规定，居民企业在中国境内设立不具有法人资格的营业机构的，应当汇总计算并缴纳企业所得税。汇总纳税是指一个企业总机构和其分支机构的经营所得，通过汇总纳税申报的办法实现所得税的汇总计算和缴纳。我国实行法人所得税制度，要求总公司、分公司汇总计算缴纳企业所得税，因此设立分支机构，使其不具有法人资格，就可由总公司汇总缴纳所得税。这样可实现总公司、分公司之间的盈亏互抵，从而合理减轻税收负担。

二、企业所得税纳税主体身份的选择

企业在投资设立时，要考虑纳税主体的身份，纳税主体的身份不同，面对的税收政策也会不同。

1. 个人独资企业、合伙企业(个体工商户)与公司制企业的选择

企业可划分为三类：个人独资企业、合伙企业(个体工商户)和公司制企业。我国对个人独资企业、合伙企业从 2000 年 1 月 1 日起，比照个体工商户的生产、经营所得，适用五级超额累进税率征收个人所得税；而公司制企业需要缴纳企业所得税。公司制企业向个人投资者分配股息、红利的，还要代扣代缴其个人所得税(适用 20%的比例税率)。

企业设立时应合理选择纳税主体的身份，一般应考虑以下几个方面。

(1) 从总体税负角度考虑。个人独资企业、合伙企业(个体工商户)的税负一般要低于公司制企业。因为前者不存在重复征税问题，而后者一般涉及重复征税问题。

(2) 在选择过程中，要充分考虑税基、税率和税收优惠政策等多种因素的影响，不能只考虑一种因素。

(3) 在设立个人独资企业、合伙企业(个体工商户)与公司制企业的决策中，要充分考虑可能出现的各种风险。

【案例 5-1】2021 年王某自办企业，预计年应纳税所得额为 300 000 元，请帮他选择是成立个人独资企业、个体工商户还是公司制企业？

【知识点链接】《财政部、国家税务总局关于进一步支持小微企业和个体工商户发展有关税费政策的公告》(2023 年第 12 号)第二条规定，自 2023 年 1 月 1 日至 2027 年 12 月 31 日，对个体工商户年应纳税所得额不超过 200 万元的部分，减半征收个人所得税。个体工商户在享受现行其他个人所得税优惠政策的基础上，可叠加享受本条优惠政策。

筹划分析：

方案一：成立个人独资企业或合伙企业，依据现行税制缴纳个人所得税，则实际缴纳的税额为

300 000×20%-10 500=49 500(元)

方案二：如果所办企业为个体工商户，则其实际缴纳的个人所得税为

(300 000×20%-10 500)×50%=24 750(元)

方案三：如果所办企业为从事国家非限制和禁止行业的公司制企业，且同时满足从业人数不超过 300 人、资产总额不超过 5 000 万元、年度应纳税所得额不超过 300 万元三个条件，则符合小型微利企业最新优惠条件的规定，根据财税(2022)13 号、财税(2023)6 号公告的政策，自 2023 年 1 月 1 日至 2027 年 12 月 31 日，符合条件的小型微利企业，年度应纳税所得额不超过 300 万元的，不再分段计算，统一"减按 25%计算应纳税所得额，按 20%的税率缴纳企业所得税"。

因为该企业当年应纳税所得额为 300 000 元，所以其实际适用税率为 5%(25%×20%)，实际缴纳的企业所得税为

300 000×5%=15 000(元)

若该企业将税后利润全部分配给投资者王某，则王某还应按"利息、股息、红利所得"缴纳个人所得税 57 000(285 000×20%)元。因此，该企业实际总税负为 72 000(15 000+57 000)元。

方案四：若该企业为不满足享受上述税收优惠条件的公司制企业，其适用的企业所得税税率为 25%，企业实现的税后利润全部作为股利分配给投资者，则该投资者的税收负担为

300 000×25%+300 000×(1-25%)×20%=120 000(元)

通过对比，投资于个人独资企业或合伙企业比投资于小型微利公司至少要少承担所得

税 22 500(72 000-49 500)元；如果选择成立个体工商户，比设立小型微利公司制企业每年少承担税款 47 250(72 000-24 750)元。个人独资企业、个体工商户所得只考虑个人所得税，不存在重复征税问题，税负一般要低于公司制企业。所以在进行企业组织形式的选择时，应在综合权衡企业的经营风险、经营规模、管理模式及筹资额等因素的基础上，选择税负较轻的组织形式。

2. 子公司与分公司的选择

企业投资设立分支机构时，不同的组织形式都有各自的优劣，某一种组织形式的优势，实际上就体现出另一种组织形式的劣势。

子公司具有独立的法人身份，可以享受子公司所在地提供的包括减免税在内的税收优惠。但设立子公司手续复杂，需要具备一定的条件：子公司必须独立开展经营，自负盈亏，独立纳税；在经营过程中还要接受当地政府部门的监督管理；等等。

分公司不具有独立的法人身份，不能享受当地的税收优惠。但设立分公司手续简单，有关财务资料也不必公开，不需要独立缴纳企业所得税，并且便于总公司管理和控制。

受到一国税收制度、经营状况及企业内部利润分配政策等多种因素的影响，设立子公司与设立分公司的税收利益孰优孰劣并不是绝对的。通常而言，在投资初期分支机构宜采用分公司的组织形式，因为发生亏损的可能性比较大，其亏损额可以和总公司的损益合并纳税。当公司经营成熟后，宜采用子公司的组织形式，以便充分享受所在地的各项税收优惠政策。

【案例 5-2】深圳某新营养技术生产公司拟在境内兴建一个种植和加工公司，在选择分支公司的组织形式时，进行了以下有关税收方面的分析。

在新的种植区域种植，达到初次收获期需要 4～5 年，企业在开办初期将面临很大亏损，但亏损会逐年减少。经估计，种植和加工公司第一年的亏损额为 200 万元，第二年的亏损额为 150 万元，第三年的亏损额为 100 万元，第四年的亏损额为 50 万元，自第五年开始盈利，盈利额为 300 万元。

该公司总部设在深圳，属于国家重点扶持的高新技术公司，适用的企业所得税税率为 15%。该公司除在深圳设有总部外，在内地还有一 M 子公司(全资)，适用的税率为 25%。经预测，未来五年内，公司总部的应税所得额均为 1000 万元，M 子公司的应税所得额分别为：300 万元、200 万元、100 万元、0 万元、-150 万元。

假设新设立的种植和加工公司与 M 子公司都不满足小型微利企业的优惠条件。

经分析，有三种组织形式方案可供选择：

方案一：将种植和加工公司建成具有独立法人资格的 A 子公司(全资)；

方案二：将种植和加工公司建成非独立核算的分公司；

方案三：将种植和加工公司建成内地 M 子公司的分公司。

请对其进行税收筹划。

筹划分析：

方案一：因子公司具有独立的法人资格，按其应纳税所得额独立计算缴纳企业所得税。在这种情况下，该公司包括三个独立的纳税主体，公司总部、A 子公司和 M 子公司。种植和加工公司——A 子公司是独立的法人实体，不能和总公司或 M 子公司合并纳税，其所形成的亏损不能抵销公司总部的利润，只能在其以后年度实现的利润中抵扣。

在前四年，公司总部及其子公司的纳税总额分别为 225(1 000×15%+300×25%)万元、200(1 000×15%+200×25%)万元、175(1 000×15%+100×25%)万元、150(1 000×15%)万元。4 年缴纳的企业所得税合计为 750 万元。

方案二：分公司不具备独立的法人资格，按税法规定，分支机构的利润与其总部实现的利润合并纳税。在这种情况下，该公司仅有两个独立的纳税主体：公司总部和 M 子公司。种植和加工公司作为非独立核算的分公司，其亏损可由公司总部用其利润弥补，不仅使公司的应纳税所得额减少，而且降低了该公司第一年至第四年的应纳所得税。

在前四年，公司总部、子公司及分公司的纳税总额分别为 195(1 000×15%-200×15%+300×25%)万元、177.5(1 000×15%-150×15%+200×25%)万元、160(1 000×15%-100×15%+100×25%)万元、142.5(1 000×15%-50×15%)万元，4 年缴纳的企业所得税合计为 675 万元。

方案三：在这种情况下，种植和加工公司与 M 子公司合并纳税。此时有两个独立的纳税主体：公司总部和 M 子公司。种植和加工公司作为 M 子公司的分公司，与 M 子公司合并纳税，其前四年的亏损可由 M 子公司当年利润弥补，从而降低了子公司第一年至第四年的应纳税所得额，并使整体税负下降。

在前四年，公司总部、子公司及分公司的纳税总额分别为 175(1 000×15%+300×25%-200×25%)万元、162.5(1 000×15%+200×25%-150×25%)万元、150(1 000×15%+100×25%-100×25%)万元、150(1 000×15%)万元。4 年缴纳的企业所得税合计为 637.5 万元。

筹划结果：对比上述三个方案，选择方案三的组织形式，将种植和加工公司建成内地 M 子公司的分公司，可以使整体税负最低。

3. 私营企业与个体工商户的选择

私营企业是由私人投资经营的企业，其生产资料和产品由私人所有，经营活动由自己或雇用管理人员管理，资金来源有私人独自集资、债券集资、贷款投资、发行股票等。

个体工商户是个体经济单位，它以劳动者个人及其家庭成员为主体，用自有的劳动工具及生产资料、资金，经向国家有关部门登记，独立地从事生产、经营活动。它主要存在于各种小型手工业、零售商业、饮食业、服务业、运输业等生产、劳务部门。

按照现行税法的规定，我国的私营企业适用《企业所得税法》，税率是 25%。而个体工商户却适用《个人所得税法》5%～35%的五级超额累进税率，如表 5-1 所示。

表 5-1　个体工商户适用的所得税税率

级　次	含税级距	税率(%)	速算扣除数
1	不超过 30 000 元	5	0
2	超过 30 000 元至 90 000 元的部分	10	1500
3	超过 90 000 元至 300 000 元的部分	20	10 500
4	超过 300 000 元至 500 000 元的部分	30	40 500
5	超过 500 000 元的部分	35	65 500

从表 5-1 可以看出，当个体工商户的应纳税所得额为 40 万元时，适用的边际税率为 30%，因为个体工商户适用的是累进税率，其实际税率应是 9.9375%[(400 000×30%- 40 500)×50%÷400 000×100%]。

当个体工商户的应纳税所得额为 60 万元时，适用的边际税率为 35%，其实际税率约为 12.04%[(600 000×35%-65 500)×50%÷600 000×100%]。

当个体工商户的应纳税所得额为 70 万元时，适用的边际税率仍为 35%，但其实际税率上升为 12.82%[(700 000×35%-65 500)×50%÷700 000×100%]。

由于政策对于"大众创业、万众创新"的扶持，从事国家非限制和禁止行业，且同时符合年度应纳税所得额不超过 300 万元、从业人数不超过 300 人，资产总额不超过 5 000 万元三个条件的小微企业也实际适用超额累进税率，对年应纳税所得额不超过 300 万元的部分实际执行税率为 5%，而不满足上述条件的企业则适用 25% 的企业所得税税率。由此可见，在同等盈利水平且均不考虑费用扣除因素的情况下，小微企业应纳税所得额不超过 300 万元的企业所得税税负低，但它还需要多承担一项个人所得税。除税收因素外，两者还各有其利弊。例如，个体工商户生产经营规模小，难以扩展业务；私营企业组织严密，可以多方聚集资源，在扩大规模的同时，具有降低费用、提高盈利水平等优点。所以，私人投资者在投资前应对自身投资的盈利状况及发展前景做出仔细预测，综合考虑各种因素，选择最优的投资决策。

第二节　企业所得税计税依据的税收筹划

一、计税依据的法律界定

企业所得税的计税依据是应纳税所得额。应纳税所得额是指纳税人在一个纳税年度内的收入总额减除成本、费用和损失等后的余额。

(一)应纳税所得额的计算

《企业所得税法实施条例》第九条规定："企业应纳税所得额的计算，以权责发生制为原则，属于当期的收入和费用，不论款项是否收付，均作为当期的收入和费用；不属于当期的收入和费用，即使款项已经在当期收付，均不作为当期的收入和费用。"

权责发生制以企业经济权利和经济义务是否发生作为计算应纳税所得额的依据，注重强调企业收入与费用的时间配比，要求企业收入与费用的确认时间不得提前或滞后。企业在不同纳税期间享受不同的税收优惠政策时，坚持按权责发生制原则计算应纳税所得额，可以有效防止企业利用收入和支出确认时间的不同规避税收。另外，《企业会计准则》规定，企业要以权责发生制为原则确认当期收入与费用，计算企业生产经营成果。《企业所得税法》与《企业会计准则》采用同一原则确认当期的收入或费用。

《企业所得税法》第五条规定："企业每一纳税年度的收入总额，减除不征税收入、免税收入、各项扣除以及允许弥补的以前年度亏损后的余额，为应纳税所得额。"其计算公式为

应纳税所得额=收入总额-不征税收入-免税收入-各项扣除-允许弥补的以前年度亏损

$$(5\text{-}1)$$

在计算应纳税所得额时，与税收法律、行政法规的规定不一致的，应当依照税收法律、行政法规的规定计算纳税。

(二)收入项目

1. 收入的类型

《企业所得税法》规定，收入总额包括以货币形式和非货币形式取得的各种来源的收入。

(1) 货币形式收入包括现金、银行存款、应收账款、应收票据、准备持有至到期的债券投资以及债务的豁免等。收入的非货币形式界定为固定资产、生物资产、无形资产、股权投资、存货、不准备持有至到期的债券投资、劳务以及有关权益等。由于取得收入的货币形式的金额是确定的，而取得收入的非货币形式的金额不确定，因此企业在计算非货币形式的收入时，必须按一定标准折算为确定的金额，即企业以非货币形式取得的收入应按照公允价值确定收入额。

(2) 收入总额中的下列收入为不征税收入：财政拨款；依法收取并纳入财政管理的行政事业性收费、政府性基金；国务院规定的其他不征税收入。财政部、国家税务总局《关于专项用途财政性资金企业所得税处理问题的通知》(财税〔2011〕70号)规定，根据《企业所得税法实施条例》第二十八条的规定，不征税收入用于支出所形成的费用，不得在计算企业应纳税所得额时扣除；不征税收入用于支出所形成的资产，其计算的折旧和摊销也不得在计算企业应纳税所得额时扣除。

【案例 5-3】某企业 2021 年取得政府补贴收入 2 000 万元，当年未支出。当年应纳税所得额(包括政府补贴收入)为 2 000 万元，但企业 2016 年曾发生亏损，截至 2020 年年底尚有 2 000 万元未能弥补。应如何进行税收筹划？

筹划分析：

方案一：将该笔政府补贴确认为不征税收入，企业 2021 年不需纳税，2016 年的亏损得不到弥补。当年度该企业的应纳税所得额为 0 元，但该笔政府补贴未来形成的支出均不可在税前扣除。

方案二：将该笔政府补贴确认为征税收入，企业 2021 年应纳税所得额为 2 000 万元，弥补 2016 年亏损后当年应纳税所得额仍为 0 元，但今后可以扣除该项补贴收入 2 000 万元支出时所形成的资产计算的折旧和摊销。

筹划结论：通过对比，方案二对企业更有利，以后补贴收入所形成的支出可以在税前扣除，对企业更有利。

筹划点评：企业需要进行综合衡量，选择最有利于节约税款或能实现递延纳税的方式。但如果取得的是不征税收入，应对其进行单独核算，以免因核算不清被划入征税的范围。

(3) 企业的下列收入为免税收入：国债利息收入；符合条件的居民企业之间的股息、红利等权益性投资收益；在中国境内设立机构、场所的非居民企业从居民企业取得的与该机构、场所有实际联系的股息、红利等权益性投资收益；符合条件的非营利公益组织的收入。免税收入即属于企业的应税所得但依照税法规定予以免征的收入，实质上是一种税收优惠。与不征税收入不同的是，取得免税收入所对应的成本与费用，一般均可以享受税前扣除。因此，在税前收益率一致的情况下，企业应尽量使取得的收入符合免税收入的相关规定，从而通过享受税收优惠来获得更高的真实报酬率。

2. 收入的确认时间

(1) 股息、红利等权益性投资收益，是指企业因权益性投资从被投资方取得的收入。股息、红利等权益性投资收益，除国务院财政、税务主管部门另有规定外，按照被投资方作出利润分配决定的日期确认收入的实现。

(2) 利息收入，是指企业将资金提供给他人使用但不构成权益性投资，或因他人占用本企业资金取得的收入，包括存款利息、贷款利息、债券利息、欠款利息等收入。按照合同约定的债务人应付利息的日期确认收入的实现。

(3) 租金收入，是指企业提供固定资产、包装物或者其他有形资产的使用权取得的收入。按照合同约定的承租人应付租金的日期确认收入的实现。

(4) 特许权使用费收入，是指企业提供专利权、非专利技术、商标权、著作权以及其他特许权的使用权取得的收入。按照合同约定的特许权使用人应付特许权使用费的日期确认收入的实现。

(5) 接受捐赠收入，是指企业接受的由其他企业、组织或个人无偿给予的货币性资产、非货币性资产。按照实际收到捐赠资产的日期确认收入的实现。

(6) 其他收入，是指企业取得的除《企业所得税法》第六条第(一)项至第(八)项规定的收入外的其他收入，包括企业资产溢余收入、逾期未退包装物押金收入、确实无法偿付的应付款项、已做坏账损失处理后又收回的应收款项、债务重组收入、补贴收入、违约金收入、汇兑收益等。

3. 分期确认收入的项目

(1) 以分期收款方式销售货物的，按照合同约定的收款日期确认收入的实现。

(2) 企业受托加工、制造大型机械设备、船舶、飞机等，以及从事建筑、安装、装配工程业务或提供其他劳务，持续时间超过 12 个月的，按照纳税年度内完工进度或完成的工作量确认收入的实现。这有利于保证跨纳税年度的收入在不同纳税年度得到及时的确认，保证税收收入的均衡入库。

(3) 除受托加工、制造大型机械设备、船舶、飞机等，以及从事建筑、安装、装配工程业务或者提供其他劳务之外，其他跨纳税年度的经营活动，通常情况下持续时间短、金额小，按照纳税年度内完工进度或完成的工作量确认应税收入没有实际意义。另外，这些经营活动在纳税年度末的收入和相关的成本费用不易确定，相关的经济利益能否流入企业也不易判断，因此，一般不采用按照纳税年度内完工进度或完成的工作量确认收入的办法。

(三)税前扣除项目

1. 税前允许扣除的项目

(1) 企业实际发生的与取得收入有关的、合理的支出，包括成本、费用、税金、损失和其他支出，准予在计算应纳税所得额时扣除。

(2) 企业发生的公益性捐赠支出。在年度利润总额 12%以内的部分，准予在计算应纳税所得额时扣除。自 2017 年 2 月 24 日起，企业发生的公益性捐赠支出超过年度利润总额 12%的部分，准予结转以后 3 年内在计算应纳税所得额时扣除。

(3) 企业按照规定计算的固定资产折旧，准予扣除。但下列固定资产不得计算折旧扣除：房屋、建筑物以外未投入使用的固定资产；以经营租赁方式租入的固定资产；以融资租赁方式租出的固定资产；已足额提取折旧但仍继续使用的固定资产；与经营活动无关的固定资产；单独估价作为固定资产入账的土地；其他不得计算折旧扣除的固定资产。

(4) 企业按照规定计算的无形资产摊销费用，准予扣除。但下列无形资产不得计算摊销费用扣除：自行开发的、支出已在计算应纳税所得额时扣除的无形资产；自创商誉；与经营活动无关的无形资产；其他不得计算摊销费用扣除的无形资产。

(5) 企业发生的下列支出，作为长期待摊费用，按照规定摊销的，准予扣除：已足额提取折旧的固定资产的改建支出；租入固定资产的改建支出；固定资产的大修理支出；其他应当作为长期待摊费用的支出。

(6) 企业对外投资期间，投资资产的成本在计算应纳税所得额时不得扣除。

(7) 企业使用或销售存货，按照规定计算的存货成本，准予在计算应纳税所得额时扣除。

(8) 企业转让资产，该项资产的净值，准予在计算应纳税所得额时扣除。

(9) 企业纳税年度发生的亏损，准予向以后年度结转，用以后年度的所得弥补，但结转年限最长不得超过 5 年(高新技术企业和科技型中小企业亏损结转年限由 5 年延长至 10 年)。

(10) 企业发生的职工教育经费支出，不超过工资、薪金总额 8%的部分，准予在计算企业所得税应纳税所得额时扣除；超过部分，准予在以后纳税年度结转扣除。

(11) 对化妆品制造或销售、医药制造和饮料制造(不含酒类制造)企业发生的广告费及业务宣传费支出，不超过当年销售(营业)收入 30%的部分，准予扣除；超过部分，准予在以后纳税年度结转扣除。

2. 不得扣除的项目

(1) 向投资者支付的股息、红利等权益性投资收益款项。

(2) 企业所得税税款。

(3) 税收滞纳金。

(4) 罚金、罚款和被没收财物的损失。

(5) 《企业所得税法》第九条规定以外的捐赠支出。

(6) 赞助支出。

(7) 未经核定的准备金支出。

(8) 与取得收入无关的其他支出。

二、计税依据的筹划方法

(一)收入的筹划

1. 减少收入额，以降低计税依据

按照《企业所得税法》，企业的免税收入包括国债利息收入、符合条件的居民企业之

间的股息、红利等权益性投资收益、在中国境内设立机构或场所的非居民企业从居民企业取得与该机构或场所有实际联系的股息及红利等权益性投资收益、符合条件的非营利组织的收入。企业应充分利用这些免税收入的规定，在经营活动一开始就进行筹划，争取符合免税收入规定。

【案例 5-4】某企业计划用 100 万元资金进行债券投资，有两种方案可供选择：一是购买票面年利率 4.6%的企业债券；二是购买年利率 3.8%的国债。该企业适用的所得税税率为 25%，不考虑其他因素，仅从企业税后收益角度，企业应如何选择。

筹划分析：

方案一：购买企业债券，则

利息收入=100×4.6%=4.6(万元)

税后收益=4.6×(1−25%)=3.45(万元)

方案二：购买国债，则

利息收入=100×3.8%=3.8(万元)

国债利息属于免税收入，因此税后收益仍为 3.8 万元。

企业债券利率虽高于国债利率，但国债利息免税，最终国债的税后收益高于企业债券的税后收益。因此，纳税人在进行筹划时应充分考虑税收征免因素。

【案例 5-5】某企业对外转让一项专有技术，并在转让过程中提供有关的技术咨询、培训等服务，企业与买方签订了 2 年的协议，共收取技术转让费 1 000 万元。该企业适用所得税税率为 25%，企业对技术转让费应采用什么方法收取？

按照《中华人民共和国企业所得税法实施条例》第九十条规定，在一个纳税年度内，居民企业技术转让所得不超过 500 万元的部分，免征企业所得税；超过 500 万元的部分，减半征收企业所得税。在这一案例中，如果该企业采用一次性收取转让费的形式，则应税收入增加 500 万元，应纳企业所得税 62.5(500×25%×50%)万元；若企业采用分年度收取的方法，第 1 年收取 500 万元，第 2 年年初再收取 500 万元，则可以免征企业所得税。

2. 收入确认时间的税收筹划

依据税法规定，计缴所得税的收入包括：销售货物收入，提供劳务收入，转让财产收入，股息、红利等权益性投资收益，利息收入，租金收入，特许权使用费收入，接受捐赠收入，其他收入。对业务收入的税收筹划主要是通过选择合理的销售结算方式，控制收入确认的时间，合理归属所得年度，以达到减税或延缓纳税的目的。我国现行税法对不同结算方式下的企业收入确认时间做出了明确规定，例如，采用分期收款方式进行结算的收入实现时间为合同中约定的收款日期；企业采用支付手续费的方式委托其他企业代销产品的收入实现时间为取得代销清单的日期；企业采用收取预收款结算方式的收入实现时间为发出销售货物的日期等等。在企业对销售方式具有选择性的现实情况下，通过对销售方式选择的筹划在一定程度上可以给企业带来节税收益。销售方式在选择上除需要考虑其对收入实现时间的影响外，还应考虑以下两个方面的问题。

1) 尽量避免采用托收承付、委托收款的方式进行销售

因为在该销售方式下企业在办妥相关手续及发出货物时就必须确认收入实现。即实际经营活动中在纳税义务发生时企业还未收到货款，相当于企业提前垫付了税款。

2) 在会计年度末，企业可考虑以赊销或者分期收款的方式递延确认收入

在自身经营和财务条件允许的情况下，在年末，企业可考虑与客户签订赊销合同或者分期收款合同，将收入推迟到下一年实现确认，以获得递延纳税。当然，企业还应权衡赊销和分期收款方式货款不能回收的风险。若如期不能收回货款的风险较大，则企业应考虑放弃通过赊销或者分期收款方式递延确认收入的方案。

【案例 5-6】某居民企业对外转让其拥有的一项专利技术，同时还为对方提供咨询、培训、维护等后续服务，双方签订了 2 年协议，共收取款项 1 000 万元。该企业适用的所得税税率为 25%。对此项收入该如何进行税收筹划？

根据上述资料，分析如下。

《中华人民共和国企业所得税法》第九十条规定，在一个纳税年度内，居民企业技术转让所得不超过 500 万元的部分，免征企业所得税；超过 500 万元的部分，减半征收企业所得税。

如果采用直接收款方式，则当年需确认收入 1 000 万元。

应纳所得税税额=(1 000-500)×25%÷2=62.5(万元)

如果采用分期收款方式，分两年收取款项，每年 500 万元，则每年可充分享受免征企业所得税的税收优惠。因此，该企业可通过合理选择销售结算方式进行税收筹划，控制收入的实现时间，以充分利用国家的税收优惠政策，取得最好的节税效果。

3. 投资收益的税收筹划

1) 债权性投资收益的税收筹划

购买债券是企业最常用的投资方式之一。《企业所得税法》规定，企业因购买国债所取得的利息收入可以免征企业所得税。因此，企业如有闲置资金准备投资于债券时，可以对选择的债券种类进行合理筹划，在收益大致相当的情况下，应尽可能选择购买国债，且与其他债券相比，国债的风险较小。

【案例 5-7】某企业目前有 1 000 万元的闲置资金，打算近期进行投资。其面临两种选择：一种选择是国债投资，已知国债年利率 4%，另一种选择是投资金融债券，金融债券年利率 5%，企业所得税率 25%。请问从税务角度看哪个方式更合适？

筹划分析：

方案一：该公司若投资国债，则投资收益=1 000×4%=40(万元)，根据《企业所得税法》第二十六条规定，国债利息收入免交企业所得税，所以税后收益为 40 万元。

方案二：该公司若投资金融债券，则投资收益=1 000×5%=50(万元)，税后收益=50×(1-5%)=37.50(万元)。

筹划结论：可见方案一比方案二税后收益多 2.5(40-37.5)万元，所以，从税务角度选择国债投资更有利。从以上分析可以看出，购买国债的利息收入免交企业所得税，使较高利率的金融债券最终收益低于较低利率的国债，该公司应选择方案一。需要注意的是，如果应税债券与免税债券的利息差超过了应税债券利息应缴纳的企业所得税税额，则可以不选择购买国债。

2) 权益性投资收益的税收筹划

企业进行股权投资所获得的收益一般包括两类：股息、红利收益和股权转让收益。《企业所得税法》规定，符合条件的居民企业之间的股息、红利等权益性投资收益，在中

国境内设立机构、场所的非居民企业从居民企业取得与该机构、场所有实际联系的股息、红利等权益性投资收益，免征企业所得税。而投资企业的股权转让收益，则需缴纳企业所得税。如果投资企业在转让被投资企业股权之前要求发放股息、红利，则该部分投资收益不需要缴纳企业所得税，投资企业只需要对股权转让收益承担企业所得税纳税义务；而如果投资企业直接以转让股权方式取得投资收益，则会导致原本可免征企业所得税的股息、红利投资收益转化成股权转让收益缴纳企业所得税。因此，企业可通过合理安排股权投资收益的获得方式和时间，来达到减轻税负的目的。

【案例 5-8】 2021 年年初，A 公司以银行存款 3 000 万元投资甲公司，取得甲公司 60%的股权。当年甲公司获得税后利润 1 000 万元。由于公司未来发展需要大量资金，甲公司董事会考虑当年不进行利润分配。2022 年 3 月，受甲公司良好发展前景的吸引，B 公司向 A 公司提出购买甲公司 20%的股权。经双方协商，确定股权转让价格为 1 500 万元，转让过程中发生的相关税费为 2 万元。请问 A 公司该如何筹划来减轻所得税税负？

筹划分析： 根据上述资料，分析如下。

由于股权转让收益要缴纳企业所得税，而符合条件的股息、红利收益可免征企业所得税的，A 公司可凭借其第一大股东的身份，改变甲公司利润分配政策，先分配股利，然后再将其所持有的 20%股权转让给 B 公司，这样可以取得节税效益。

筹划前：

应纳所得税税额=(1 500-3 000÷60%×20%-2)×25%=124.5(万元)

筹划后：

假定甲公司改变利润分配政策，当年分配利润 300 万元。利润分配使甲公司股东权益减少 300 万元，B 公司应支付的股权转让价格也相应减少到 1440(1500-300×20%)万元。

应纳所得税税额=(1440-3000÷60%×20%-2)×25%=109.5(万元)

筹划结论： A 公司筹划前取得的投资收益为 498(1 500-3 000÷60%×20%-2)万元；经过筹划后取得的投资收益为 618(300×60%+1 440-3 000÷60%×20%-2)万元。投资收益增加了，但由于红利收入免税，反而使企业所得税减少了 15(124.5-109.5)万元。虽然改变利润分配方案可以节约 A 公司的税负，但很可能导致甲公司资金紧张，给生产经营带来不利影响。因此 A 公司可采取措施，如将获得的红利以借款方式重新投入甲公司来实现双赢。

(二)扣除项目的筹划

1. 期间费用的筹划

为了防止纳税人任意加大费用，减少应纳税所得额，《企业所得税法实施条例》对允许扣除项目做了规定，结合会计核算的需要，将费用项目分为三类：有扣除标准的费用项目、没有扣除标准的费用项目、给予优惠的费用项目。

税法有扣除标准的费用项目包括职工福利费、职工教育经费、工会经费、业务招待费、广告费和业务宣传费、公益性捐赠支出等。此类费用筹划时应注意以下两点。

一是遵照税法的规定进行抵扣，区分不同费用项目的核算范围，充分抵扣税法允许扣除的费用标准，避免因纳税调整而增加企业税负。

二是费用的合理转化，将有扣除标准的费用转化为没有扣除标准的费用，加大扣除项目总额，降低应纳税所得额。

税法给予优惠的费用项目包括研发费用等,应充分享受税收优惠政策。自 2021 年 1 月 1 日起,为进一步鼓励企业加大研发投入,支持科技创新,对制造业企业开展研发活动中实际发生的研发费用,未形成无形资产计入当期损益的,在按规定据实扣除的基础上,再按照实际发生额的 100%在税前加计扣除;形成无形资产的,按照无形资产成本的 200%在税前摊销。

1) 业务招待费、广告费和业务宣传费的税收筹划

业务招待费、广告费和业务宣传费是企业宣传和推销产品所必须发生的费用。税法对这些费用的税前扣除限额做了较为严格的规定,使这两项费用成为最易超支导致纳税调整的项目。

《企业所得税法实施条例》第四十三条规定,企业发生的与生产经营活动有关的业务招待费支出,按照发生额的 60%扣除,但最高不得超过当年销售(营业)收入的 5‰,即企业只要发生业务招待费支出,就必须对其支出的 40%进行纳税调整。因此,对业务招待费正确核算、控制是企业必不可少的筹划内容。业务招待费的筹划思路是加强业务招待费的总量控制,将业务招待费和其他费用进行严格区分,能替代、转换的费用尽可能避免计入招待费用,尽量避免或减少纳税调整。

企业发生的符合条件的广告费和业务宣传费支出,除国务院财政、税务主管部门另有规定外,不超过当年销售(营业)收入 15%的部分,准予扣除;超过部分,准予结转以后纳税年度扣除。虽然超出标准的部分可以递延到以后纳税年度扣除,最终可在税前全额扣除,但过度的广告费支出,不仅会抵减年度利润,而且会因超越比例而进行纳税调整,从而加重当期税收负担。因此,企业应准确选择广告宣传时机,精减广告费和业务宣传费,最好不要超过限额,因为超过限额的支出需调增应纳税所得额,其意味着提前纳税。

【案例 5-9】某公司预计 2023 年销售收入为 8 000 万元,计划该年的业务招待费支出为 150 万元,业务宣传费支出为 120 万元,广告费支出为 480 万元,其他可税前扣除的支出为 3 000 万元。请对其进行税收筹划。

筹划思路:企业发生的符合条件的广告费和业务宣传费支出,除国务院财政、税务主管部门另有规定外,不超过当年销售(营业)收入 15%的部分,准予扣除;超过部分,准予结转以后纳税年度扣除。企业发生的与生产经营活动有关的业务招待费支出,按照发生额的 60%扣除,且扣除总额全年最高不得超过当年销售收入的 5‰。因此公司应尽量将业务招待费的 60%控制在当年销售收入的 5‰之内,以充分使用业务招待费的限额,同时在不影响经营的前提下,一般可将部分招待费转化为广告费或业务宣传费,从而实现更多的税前费用扣除。

筹划过程:

方案一: 保持原状。

广告费和业务宣传费支出的扣除限额=8 000×15%=1 200(万元)

广告费和业务宣传费支出的实际发生额=120+480=600(万元)

由于 600 万元<1 200 万元,因此可据实扣除。

业务招待费的扣除限额=8 000×5‰=40(万元)

业务招待费的 60%=150×60%=90(万元),业务招待费发生额为 150 万元,由于 40 万元<90 万元<150 万元,因此需调增应纳税所得额 110(150-40)万元。

应纳企业所得税=(8 000-150-120-480+110-3 000)×25%=1 090(万元)

税后净利润=8 000-150-120-480-3 000-1 090=3 160(万元)

方案二：在不影响经营的前提下，调减业务招待费至 66.67(8 000×5‰÷60%)万元，同时调增业务宣传费至203.33[120+(150-66.67)]万元，广告费仍为 480 万元。

广告费和业务宣传费支出的扣除限额=8 000×15%=1 200(万元)

广告费和业务宣传费支出的实际发生额=203.33+480=683.33(万元)，由于 683.33 万元＜1 200 万元，因此可据实扣除。

业务招待费的扣除限额=8 000×5‰=40(万元)，业务招待费的 60%=66.67×60%=40(万元)，业务招待费发生额为 66.67 万元，由于 40 万元＜66.67 万元，因此需调增应纳税所得26.67(66.67-40)万元。

应纳企业所得税=(8 000-66.67-203.33-480-3 000+26.67)×25%≈1 069(万元)

税后净利润=8 000-66.67-203.33-480-3 000-1069=3 181(万元)

筹划结论：方案二比方案一少缴纳企业所得税 21(1 090-1 069)万元，净利润多21(3 181-3 160)万元。

筹划点评：在不影响经营业绩的情况下，可以将业务招待费转化为广告费、业务宣传费或税法没有扣除标准的费用，加大税前扣除金额。同时业务招待费至少有 40%是不允许抵扣的，因此要严格业务招待费的列支范围，避免将咨询费、公司经费、诉讼费等相似费用计入业务招待费，使企业徒增应纳税所得额。

2) 利息费用的税收筹划

企业生产经营过程中会经常发生向金融机构或其他企业借款的情况。对借款利息支出，《企业所得税法实施条例》第三十八条规定，非金融机构向金融企业借款的利息支出、金融企业的各项存款利息支出和同业拆借利息支出、企业经批准发行债券的利息支出可据实扣除；非金融企业向非金融企业借款的利息支出，不超过按照金融企业同期同类贷款利率计算的数额的部分可据实扣除，超过部分不允许扣除。这些规定为纳税人进行税收筹划提供了可能性，在进行借款之前，应将借款付出的利息和对企业所得税的影响进行统筹考虑。一般情况下，企业可向银行等金融企业借款，以保证利息费用在税前列支，而向非金融企业借款应尽可能使利息率在规定的浮动幅度范围内。

【案例 5-10】某企业职工人数为 300 人，人均月工资为 4 300 元。该企业 2022 年度向职工集资人均 10 000 元，年利率为 10%，承诺每年付息一次，5 年后归还本金，同期同类银行贷款利率为 8%。已知当年企业税前会计利润为 300 万元(利息支出已全部扣除)，适用 25%的企业所得税税率，且无其他纳税调整事项。请对该项利息费用进行税收筹划。

筹划分析：根据上述资料，分析如下。

企业向职工集资的利率 10%超过了同期同类银行贷款利率 8%，利息中的 2%的部分不得在税前扣除，因此，需调增税前利润 60 000(300×10 000×2%)元。

应纳企业所得税=(3 000 000+60 000)×25%=765 000(元)

企业职工收到的集资利息需按利息、股息、红利所得由企业代扣代缴个人所得税。

应代扣代缴的个人所得税=3 000 000×10%×20%=60 000(元)

企业可以考虑将筹资利率降低到同期同类银行贷款利率，即 8%，这样每位职工的利息损失为：10 000×(10%-8%)=200(元)。企业可通过提高工资待遇的方式来弥补职工在利息上受到的损失，即将职工的平均工资提高到 4500 元。

筹划后：应纳企业所得税=300 000×25%=750 000(元)

筹划结论：利率调整后使企业所支付的集资利息可在税前全额扣除，节税 15 000 (765 000−750 000)元。

对于职工来说，原先的一部分利息所得变为工资薪金所得，且未达到 5 000 元的扣除标准，个人所得税减少至零。

2. 成本核算方法的筹划

《企业所得税法实施条例》第七十三条规定，企业使用或者销售的存货的成本计算方法，可在先进先出法、加权平均法、个别计价法中选用一种。计价方法一经选用，不得随意变更。采用不同的存货计价方法，当期结转的销售成本会有所不同，进而影响当期应纳税所得额的计算。期末存货账面价值与销货成本呈负相关关系，即如果期末存货账面价值变大，则销货成本就变小，销货毛利变大，应纳税所得额也会随之增加；反之，如果期末存货账面价值变小，销货成本变大，销货毛利变小，应纳税所得额也会随之减少。因此，从税收筹划的角度来看，纳税人可通过采用不同的存货计价方法对发出存货成本进行筹划，选择对自身有利的方法。一般来说，存货计价方法的选择应考虑以下两个因素。

1) 价格变动因素

在预测购进货物价格下降的情况下，应当采用先进先出法；在预测价格较稳定或者难以预测的情况下，应当采用加权平均法；在价格变化不定且单位价格较大的情况下，应当采用个别计价法。

2) 税率变动因素

如果物价上涨，在预测未来适用税率上升的情况下，应当采用先进先出法。这里所说的税率变动，既包括国家调整所得税税率，也包括企业适用的实际所得税税率的变化。例如，企业适用的所得税税率为 25%，但是现在处于免税期间，则其适用的实际所得税税率为 0，免税期后适用的实际所得税税率为 25%，在免税期内选择存货计价方法时要考虑免税期后所得税税率上升的因素。

【案例 5-11】某企业 2022 年 1 月某存货的购销情况如表 5-2 所示。

表 5-2　某企业 2022 年 1 月某存货的购销情况

购　货			销　货		
日　　期	数量/件	单价/元	日　　期	数量/件	单价/元
1 月 1 日	100	20	1 月 2 日	80	40
1 月 3 日	40	25	1 月 23 日	100	60
1 月 9 日	50	30			
1 月 20 日	40	35			

试从税收筹划的角度，对该企业发出存货计价方法做出选择。

筹划分析：根据上述资料，分析如下。

该企业 2022 年 1 月的销售收入为

销售收入=80×40+100×60=9 200(元)

在不同的存货计价方法下，该企业的销售成本会有所差异。

假设在 1 月 2 日售出的 80 件商品全部为期初存货；1 月 23 日售出的 100 件商品，有 40 件为 1 月 3 日购入的，有 50 件为 1 月 9 日购入的，有 10 件为 1 月 20 日购入的。那么销售成本计算如下。

(1) 个别计价法：销售成本=80×20+40×25+50×30+10×35=4 450(元)

(2) 先进先出法：销售成本=80×20+20×20+40×25+40×30=4 200(元)

(3) 月末一次加权平均法：

加权平均单价=(100×20+40×25+50×30+40×35)÷(100+40+50+40)=25.65(元/件)

销售成本=(100+80)×25.65=4 617(元)

(4) 移动加权平均法：

1 月 2 日加权平均单价=20(元/件)

1 月 23 日加权平均单价=(20×20+40×25+50×30+40×35)÷(20+40+50+40)=28.67(元/件)

销售成本=80×20+100×28.67=4 467(元)

筹划结论：各存货计价方法计算的应纳税所得额比较如表 5-3 所示。

表 5-3　各存货计价方法计算的应纳税所得额比较

单位：元

存货计价方法	销售收入	销售成本	销售毛利 (应纳税所得额)	税负比较
个别计价法	9 200	4 450	4 750	2
先进先出法	9 200	4 200	5 000	1
月末一次加权平均法	9 200	4 617	4 583	4
移动加权平均法	9 200	4 467	4 733	3

对于以上几种发出存货计价方法，当物价呈上升趋势时，采用先进先出法税负最重，其次为个别计价法，移动加权平均法第三，月末一次加权平均法税负最轻。因此，建议采用月末一次加权平均法。

3. 固定资产的筹划

(1) 企业股东资产能够费用化或计入存货的成本费用不要资本化计入固定资产。

(2) 折旧是影响企业所得税的重要因素，提取固定资产折旧金额的大小主要取决于四种因素：应计提折旧额、折旧年限、折旧方法以及净残值，计提折旧时应充分考虑这四种因素的影响。

(3) 对于不能计提折旧又不需要的固定资产应加快处理，尽量实现财产损失的税前扣除。

【案例 5-12】某企业 2021 年 12 月购入价值为 8 000 万元的电子设备，预计残值为 500 万元，估计使用年限为 5 年，《企业所得税法实施条例》第六十条规定，最低可以采用 3 年折旧。假设该公司处于非减免税期间，从 2022 年起，5 年内每年末扣除折旧前的利润为 30 000 万元，且没有企业所得税纳税调整项目。折现率为 10%，请对其进行税收筹划。

筹划思路： 折旧作为非付现成本，具有税收挡板的作用，折旧年限越短，则每年的折旧额越大，从而使税前利润越低，应纳税所得额也就越小。

筹划过程：

方案一：按 5 年计提折旧

5 年每年折旧额=(8 000-500)÷5=1 500(万元)

5 年每年应纳企业所得税=(30 000-1 500)×25%=7 125(万元)

5 年每年企业所得税支出折合到 2022 年年初的现值

=7 125×(P/A，10%，5)

=7 125×3.7908

=27 009.45(万元)

方案二：按 3 年计提折旧

前 3 年每年折旧额=(8 000-500)÷3=2 500(万元)

前 3 年每年应纳企业所得税=(30 000-2 500)×25%=6 875(万元)

后 2 年每年应纳企业所得税=30 000×25%=7 500(万元)

后 5 年每年企业所得税支出折合到 2022 年年初的现值

=6 875×(P/A，10%，3)+7 500×[(P/A，10%，5)-(P/A，10%，3)]

=6 875×2.4869+7 500×(3.7908-2.4869)=26 876.99(万元)

筹划结论： 方案二比方案一企业所得税支出现值少 132.46(27 009.45-26 876.99)万元，因此，应当选择方案二。

筹划点评： 缩短固定资产折旧年限能为企业带来货币时间价值，但当企业在此期间享受优惠政策时，应慎用加速折旧或缩短折旧期限等筹划方法，综合考虑税收优惠政策与固定资产折旧的时间价值，合理选择筹划方案。

(4) 固定资产维修费用的筹划。固定资产的维修与改良在税收处理上有较大的差异。相较而言，维修费用能尽快实现税前扣除，而改良支出需要计入固定资产，通过折旧实现税前扣除。

《企业所得税税前扣除办法》(国税发〔2000〕84 号)规定，符合下列条件之一的固定资产修理，应视为固定资产改良支出：(一)发生的修理支出达到固定资产原值 20%以上；(二)经过修理后有关资产的经济使用寿命延长两年以上；(三)经过修理后的固定资产被用于新的或不同的用途。

需要注意的是，固定资产的大修理支出必须作为长期待摊费用按规定摊销，不得直接在当期税前扣除。《企业所得税法实施条例》第六十九条规定，固定资产的大修理支出，是指同时符合以下条件的支出：(一)修理支出达到取得固定资产时的计税基础 50%以上；(二)修理后固定资产的使用年限延长两年以上。

【案例 5-13】 甲企业对旧生产设备进行大修，大修过程中所耗材料费、配件费为 80 万元，支付工人工资 20 万元，总花费为 100 万元，而整台设备原值为 198 万元。

总的修理支出大于设备原值(计税基础)的 50%。《企业所得税法实施条例》第六十九条规定，凡修理支出达到取得固定资产时的计税基础的 50%以上的，一律作为大修理支出，按照固定资产尚可使用年限分期摊销。因此应将 100 万元费用计入该设备原值，在以后的使用期限内逐年摊销。

固定资产原值(计税基础)的 50%为 99 万元，与现有花费相当，若进行税收筹划，则能节约税金。具体安排如下：节省修理支出至 99 万元以下，就可以视为日常维修处理，即发生修理支出 98 万元(假设压缩人工成本而非材料支出)，这样修理支出可以计入当期损益并在企业所得税税前扣除，从而减少纳税额。

4. 无形资产摊销的筹划

无形资产摊销额的决定性因素有三个，即无形资产的价值、摊销年限以及摊销方法。《企业所得税法实施条例》，对无形资产的摊销期限赋予纳税人一定的选择空间。对于正常经营的企业，应选择较短的摊销期限，以加速无形资产成本的收回，使企业后期成本、费用提前扣除，前期利润后移，从而延期纳税。

【案例 5-14】A 公司于 2021 年年初接受 B 公司投资一项价值为 1 200 万元的无形资产，投资合同未约定有效期限。预计 A 公司获取该项投资后，每年年末扣除摊销额的利润均将达到 650 万元。假设 A 公司的投资报酬率为 10%，请对其进行税收筹划。

筹划思路：无形资产的摊销年限不得低于 10 年。作为投资或者受让的无形资产，有关法律规定或者合同约定了使用年限的，可以按照规定或约定使用年限分期摊销。

两家公司可以在合同中约定无形资产的使用期限，这样可以按约定的期限进行摊销，通过合同控制摊销年限，调整应纳税所得额，进而调整企业所得税税负。

筹划过程：

方案一：A 公司与 B 公司在合同中未约定使用期限，则《企业所得税法实施条例》第六十七条规定的 10 年期限来摊销无形资产。

10 年内企业所得税支出现值合计

$=(650-1\ 200\div10)\times25\%\times(P/A，10\%，10)$

$=530\times25\%\times6.1446$

$=814.16(万元)$

方案二：在合同中约定无形资产的使用期限为 5 年，则 A 公司按 5 年摊销无形资产。

10 年内企业所得税支出现值合计

$=(650-1\ 200\div5)\times25\%\times(P/A，10\%，5)+650\times25\%\times[(P/A，10\%，10)-(P/A，10\%，5)]$

$=102.5\times3.7908+162.5\times(6.1446-3.7908)$

$=771.05(万元)$

筹划结论：方案二比方案一少缴纳企业所得税的现值为 43.11(814.16-771.05)万元，因此，应当选择方案二。

筹划点评：若企业处于减免税期间，则应尽量延长摊销期限，以充分利用减免税优惠政策。

5. 公益性捐赠的筹划

公益性捐赠是纳税人社会责任感的体现，应予以鼓励。企业发生的公益性捐赠支出，在年利润总额 12%以内的部分准予在计算应纳税所得额时扣除。企业在符合税法规定的情况下，可充分利用捐赠政策，分析不同捐赠方式的税收负担，以选择适当的捐赠方式，达到既实现捐赠又降低税负的目的。

【案例 5-15】甲公司 2023 年计划向灾区捐赠 1 000 万元，预计该年实现会计利润总额为 4 000 万元(扣除捐赠支出 1 000 万元)。除了这笔捐赠外再无其他纳税调整事项。该公司如何进行筹划？

筹划思路： 纳税人直接向受赠人的捐赠不允许在计算应纳税所得额时扣除。但公益性捐赠支出可以限额扣除，超过限额部分准予结转，以后 3 年内在计算应纳税所得额时扣除。因此，企业在选择捐赠方式时，应当选择公益性捐赠。

筹划过程：

方案一：直接向受赠人捐赠。

捐赠支出不允许在计算应纳税所得额时扣除，

则应纳企业所得税=(4 000+1 000)×25%

=1 250(万元)

方案二：通过公益性团体或县级以上人民政府进行捐赠，捐赠支出在利润总额 12%以内的部分，准予在计算应纳税所得额时扣除。则

捐赠支出扣除限额=4 000×12%=480(万元)

应纳企业所得税=(4 000+1 000-480)×25%=1 130(万元)

筹划结论： 方案二比方案一少缴纳企业所得税 120(1 250-1 130)万元，因此，应当选择方案二。

筹划点评： 企业捐赠要进行合理筹划，不能无故增加捐赠成本，挫伤其积极性，同时也要注意公益性捐赠，尤其是通过公益性团体进行捐赠，容易出现捐赠不及时、捐赠资金挪用等不良情况，从而影响捐赠效果。

第三节　企业所得税税率的税收筹划

一、企业所得税的税率

(一)企业所得税的基本税率

《企业所得税法》第四条规定，企业所得税的基本税率为25%。

非居民企业在中国境内未设立机构、场所，或者虽设立机构、场所但取得的所得与其所设机构、场所没有实际联系的，应当就其来源于中国境内的所得缴纳企业所得税，适用20%的企业所得税税率。按《企业所得税法实施条例》，非居民企业的上述所得减按 10%的税率征收企业所得税。

(二)企业所得税的优惠税率

1. 小型微利企业的 20%优惠税率

凡从事国家非限制和禁止行业，且同时符合以下三个条件的企业均可被认定为小微企业，享受税收优惠。

(1) 年度应纳税所得额不超过 300 万元。

(2) 从业人数不超过 300 人。

(3) 资产总额不超过 5 000 万元。

自 2023 年 1 月 1 日至 2027 年 12 月 31 日，符合条件的小型微利企业，年应纳税所得额不超过 300 万元的部分，减按 25%计入应纳税所得额，按 20%的税率缴纳企业所得税。

2. 高新技术企业的 15%优惠税率

《企业所得税法》第二十八条第二款规定："国家需要重点扶持的高新技术企业，减按 15%的税率征收企业所得税。"

3. 技术先进型服务企业的 15%优惠税率

自 2017 年 1 月 1 日起，在全国范围内实行以下企业所得税优惠政策。

(1) 对经认定的技术先进型服务企业，减按 15%的税率征收企业所得税。

(2) 经认定的技术先进型服务企业发生的职工教育经费支出，不超过工资总额 8%的部分，准予在计算应纳税所得额时扣除；超过部分，准予在以后纳税年度结转扣除。

4. 西部地区国家鼓励类产业企业

对设在西部地区国家鼓励类产业企业，在 2021 年 1 月 1 日至 2030 年 12 月 31 日期间，减按 15%的税率征收企业所得税。

上述鼓励类产业企业是指以《西部地区鼓励类产业目录》中规定的产业项目为主营业务，且其主营业务收入占企业收入总额 70%以上的企业。

二、税率的筹划方法

(一)利用纳税人的不同身份进行税收筹划

《企业所得税法》规范了居民企业和非居民企业的概念，居民企业承担全面纳税义务，就其境内外全部所得纳税；非居民企业承担有限纳税义务，一般仅就其来源于我国境内的所得纳税。居民企业与非居民企业的税收待遇如表 5-4 所示。

表 5-4　居民企业与非居民企业的税收待遇

适用范围			税　率
居民企业	(1)依照中国法律、法规在中国境内成立的企业或组织	(1) 来源于中国境内的所得 (2) 来源于中国境外的所得	25%
	(2)依照外国(地区)法律成立但实际管理机构在中国境内的企业		
非居民企业	(1)依照外国(地区)法律、法规成立且实际管理机构不在中国境内，但在中国境内设立机构、场所的外国企业	(1)来源于中国境内的所得； (2)发生在中国境外但与其所设机构、场所有实际联系的所得	
		(3)来源于中国境内但与其所设机构、场所没有实际联系的所得	20% (优惠税率 10%)
	(2)在中国境内未设立机构、场所，但有来源于中国境内所得的外国企业	来源于中国境内的所得	20% (优惠税率 10%)

续表

适用范围	税　率
国家重点扶持的高新技术企业	优惠15%
西部地区鼓励类产业企业(主营业务收入占总收入70%以上的企业)	
符合条件的小微企业	优惠20%

10%的低税率主要针对非居民企业，因此，在纳税人身份的选择上应遵循以下思路：在居民企业与非居民企业之间应尽量选择非居民企业；非居民企业应尽量不在中国境内设立机构、场所；如果非居民企业需要在中国境内设立机构、场所，应尽可能保证取得的所得与其所设机构、场所没有实际联系。

【案例 5-16】某外国企业拟到中国开展业务，预计每年获得 2 000 万元收入(暂不考虑相关的成本、费用支出)。该企业面临以下三种选择。

一是在中国境内设立实际管理机构。

二是在中国境内不设立实际管理机构，但设立营业机构，营业机构适用 25%的所得税税率。劳务收入通过该营业机构取得。

三是在中国境内既不设立实际管理机构，也不设立营业机构。

请对其进行税收筹划。

筹划思路：居民企业和非居民企业适用的企业所得税税率是不同的，应通过选择不同的企业运营方式来适用低税率，从而减轻企业所得税税负。

筹划过程：

方案一：选择在中国境内设立实际管理机构，成为居民纳税人。

应纳企业所得税=2 000×25%=500(万元)

方案二：在中国境内不设立实际管理机构，但设立营业机构，并以此获取收入，则该营业机构获取的所得适用 25%的税率。

应纳企业所得税=2 000×25%=500(万元)

方案三：在中国境内既不设立实际管理机构，也不设立营业机构，则有来源于中国境内的所得适用 10%的优惠所得税税率。

应纳企业所得税=2 000×10%=200(万元)

筹划结论：方案三比方案一、方案二少缴纳企业所得税 300(500-200)万元，因此，应当选择方案三。

筹划点评：在中国境内既不设立实际管理机构，也不设立营业机构，虽能降低企业所得税税率，但也可能降低来源于中国的所得，因此，还应权衡利弊。

(二)利用纳税人的不同规模进行税收筹划

根据我国现行的企业所得税政策，符合条件的小型微利企业，减按 20%的税率征收企业所得税。由于小型微利企业没有终身制，是否享受小型微利企业的税收优惠政策，要根据企业当年的实际情况而定。

自 2023 年 1 月 1 日至 2027 年 12 月 31 日，符合条件的小型微利企业，年应纳税所得额不超过 300 万元的部分，减按 25%计入应纳税所得额，按 20%的税率缴纳企业所得税。

【注意】从业人数，包括与企业建立劳动关系的职工人数和企业接受的劳务派遣用工人数。小型微利企业所称从业人数和资产总额指标，应按企业全年的季度平均值确定。年度中开业或终止经营活动的，以其实际经营期作为一个纳税年度确定上述相关指标。

如果一个企业大大超过小型微利企业的标准，可把该企业进行分立，组成几个小型微利企业，每个小型微利企业经营某一方面的业务，就可减轻企业所得税的纳税负担。但同时要权衡公司分立所花费的各种成本，如注册费、各种管理费用，以及节税效益及公司未来的业务发展规划战略，慎重决策。

【案例 5-17】某建筑安装公司主要经营工程承包建筑、安装和各种建筑装饰劳务，2021 年度共实现应纳税所得额 2 000 万元，其中建筑、安装和装饰劳务的年度应纳税所得额分别为 1 450 万元、300 万元和 250 万元。企业职工人数为 1 000 人，资产总额为 12 000 万元，则 2021 年度，该建筑安装公司的企业所得税为多少？应如何税收筹划？

筹划分析：根据上述资料，分析如下。

筹划前：

根据案例中的情况，该建筑安装公司 2021 年度的企业所得税=2 000×25%=500(万元)。

筹划思路：把建筑安装公司进行分立，设立甲、乙和丙三个独立公司，其中甲对乙和丙实行 100%控股，三者分别经营建筑、安装和装饰业务。其中，甲、乙和丙三个公司的年职工人数分别为 500 人、300 人和 200 人。资产总额都为 4 000 万元。

筹划后：

根据筹划方案，乙和丙符合小型微利企业的标准，可以享受 20%的优惠企业所得税税率。基于此，甲、乙和丙 2021 年度的企业所得税分别为 1 450×25%=362.50(万元)，300×25%×20%=15(万元)，250×25%×20%=12.5(万元)，总的税负为 362.5+15+12.5=390(万元)，比筹划前节省 500-390=110(万元)。

(三)利用纳税人的经营方向进行税收筹划

由于国家重点扶持的高新技术企业可享受 15%的优惠税率，因此，企业应尽量向高新技术企业的方向发展，以享受优惠税率，降低税负。企业在进行税收筹划时要结合自身条件对这些规定加以充分利用。在企业设立之初要优先考虑是否有涉足高新技术产业的可能；在进行投资决策时，创业投资企业要优先考虑有投资价值的未上市的中小高新技术企业。这不仅有利于减少企业的税收负担，还有利于我国科技水平和科技创新发展能力的提高。对于不满足认定条件的企业应通过改善客观环境并创造条件，使之满足国家重点扶持高新技术企业的认定要求，从而享受高新技术企业税收优惠。如果企业自身难以改造成高新技术企业，可考虑重新设立一个属于高新技术企业的子公司或将某一分支机构改造成高新技术企业。

【案例 5-18】A 企业于 2014 年年初成立，是一家生产半导体的制造型企业，企业于 2021 年准备申请高新技术企业，但只具备高新技术企业认定条件中的 4 个，还有 1 个条件未能达到。具体是：企业具有大专以上学历的科技人员 400 人，其中从事科研的科技人员为 90 人，企业当年全体职工人数为 1 000 人，科研人员占当年全体职工总数的 9%，与 10%的认定标准相差 1%。A 企业预计 2021 年企业的应纳税所得额为 6 000 万元。

筹划分析：筹划前：A 企业因不能满足全部条件，不能申请成为国家高新技术企业，因而不能享受高新技术企业所得税税收优惠政策。

2021 年企业应纳所得税税额=6 000×25%=1 500(万元)

筹划思路: 为了满足高新技术企业的认定标准,企业可考虑增加科研投入,新招聘技术人员从事科研活动,使企业达到从事科研的技术人员占企业当年全体职工总数 10%的认定标准。

筹划后: 企业成功申请成为国家高新技术企业后,可享受高新技术企业所得税税收优惠政策。

2021 年企业应纳所得税税额=6 000×15%=900(万元)

从上面的计算结果可以看出,如果 A 企业不能被认定为高新技术企业,则 2021 年须缴纳企业所得税 1500 万元;如果 A 企业被认定为高新技术企业,则 2021 年只需缴纳企业所得税 900 万元。因此,成为高新技术企业可节省企业所得税 600(1 500-900)万元。

第四节　企业所得税优惠政策的税收筹划

一、企业所得税优惠政策的相关规定

(一)农、林、牧、渔减免税优惠政策

1. 企业从事下列项目的所得,免征企业所得税

(1) 蔬菜、谷物、薯类、油料、豆类、棉花、麻类、糖料、水果、坚果的种植。

(2) 农作物新品种的选育。

(3) 中药材的种植。

(4) 林木的培育和种植。

(5) 牲畜、家禽的饲养。

(6) 林产品的采集。

(7) 灌溉、农产品初加工、兽医等农、林、牧、渔服务业项目。

(8) 远洋捕捞。

【案例 5-19】 2022 年,ABC 公司全部土地用来种植蔬菜,2022 年,农场除种植蔬菜以外,还计划投资种植创业工程,经过考察,最终决定在种植水果还是种植茶叶之中选择一个。假设种植水果或种植茶叶均实现利润 300 万元,且无纳税调整工程,请对其进行纳税筹划。

筹划思路: 企业所得税法中的各种优惠反映了国家的政策导向,是国家鼓励和倡导的,企业可以充分利用各种优惠进行税收筹划,不仅有利于企业,而且有利于国家。

筹划过程:

方案一: 选择种植茶叶。

种植茶叶的所得可以减半征收企业所得税。

当年应纳企业所得税=300×25%÷2=37.5(万元)

方案二: 选择种植水果。

免征企业所得税。

筹划结论： 方案二比方案一少缴纳企业所得税 37.50(37.50-0)万元，因此，应当选择方案二。

筹划点评： 具体种植什么项目，要考虑自身的具体情况，不能单纯根据企业所得税税负因素来作出选择。

2. 企业从事下列项目的所得，减半征收企业所得税

(1) 花卉、饮料和香料作物的种植。

(2) 海水养殖、内陆养殖。

国家禁止和限制发展的项目，不得享受本条规定的税收优惠。

企业所得税法中的各种优惠反映了国家的政策导向，是国家鼓励和倡导的，企业可充分利用各种优惠进行税收筹划，不仅有利于企业，而且有利于国家。

(二)其他优惠政策

1. 从事国家重点扶持的公共基础设施项目投资经营的所得

企业从事国家重点扶持的公共基础设施项目的投资经营所得，从项目取得第一笔生产经营收入所属纳税年度起，第一年至第三年免征企业所得税，第四年至第六年减半征收企业所得税。(三免三减半)

2. 从事符合条件的环境保护、节能节水项目所得

企业从事符合条件的环境保护、节能节水项目的所得，从项目取得第一笔生产经营收入所属纳税年度起，第一年至第三年免征企业所得税，第四年至第六年减半征收企业所得税。(三免三减半)

3. 符合条件的技术转让所得

符合条件的技术转让所得免征、减征企业所得税，是指一个纳税年度内居民企业转让技术所有权所得不超过 500 万元的部分免征企业所得税，超过 500 万元的部分减半征收企业所得税。

4. 中国铁路建设债券利息收入

对企业持有的 2014 年和 2015 年发行的中国铁路建设债券取得的利息收入，减半征收企业所得税。

中国铁路建设债券是指经国家发展改革委核准，以中国铁路总公司为发行和偿还主体的债券。

5. 沪港通、深港通股票市场交易互联互通机制试点有关税收政策

(1) 内地企业投资者通过沪港通、深港通投资香港联交所上市股票取得的转让差价所得，计入其收入总额，依法征收企业所得税。

(2) 内地企业投资者通过沪港通、深港通投资香港联交所上市股票取得的股息、红利所得，计入其收入总额，依法计征企业所得税。其中，内地居民企业连续持有 H 股满 12 个月取得的股息、红利所得，依法免征企业所得税。

(3) 香港联交所上市 H 股公司应向中国证券登记结算有限责任公司(以下简称"中国结算")提出申请,由中国结算向 H 股公司提供内地企业投资者名册,H 股公司对内地企业投资者不代扣股息、红利所得税,应纳税款由企业自行申报缴纳。

(4) 内地企业投资者自行申报缴纳企业所得税时,对香港联交所非 H 股上市公司已代扣代缴的股息、红利所得税,可依法申请税收抵免。

(5) 内地企业投资者通过沪港通、深港通买卖香港联交所上市股票取得的差价收入,免征增值税。

(三)加计扣除优惠政策

1. 开发新产品、新技术、新工艺发生的研究开发费用

自 2021 年 1 月 1 日起,为进一步激励企业加大研发投入,支持科技创新,对制造业企业开展研发活动中实际发生的研发费用,未形成无形资产计入当期损益的,在按规定据实扣除的基础上,再按照实际发生额的 100%在税前加计扣除;形成无形资产的,按照无形资产成本的 200%在税前摊销。

2. 安置残疾人员及国家鼓励安置的其他就业人员所支付的工资

企业安置残疾人员的,在按照支付给残疾职工工资据实扣除的基础上,按照支付给上述人员工资的 100%加计扣除。

(四)创业投资额抵扣政策

创业投资企业采取股权投资方式投资于未上市的中小高新技术企业 2 年以上的,可按照其投资额的 70%在股权持有满 2 年的当年抵扣该创业投资企业的应纳税所得额;当年不足抵扣的,可在以后纳税年度结转抵扣。

(五)减计收入优惠政策

企业综合利用资源,生产符合国家产业政策规定的产品所取得的收入,可以在计算应纳税所得额时减计收入。

减计收入是指企业以《资源综合利用企业所得税优惠目录》规定的资源作为主要原材料,生产非国家限制和禁止并符合国家及行业相关标准的产品取得的收入,减按 90%计入收入总额。

(六)税额抵免政策

企业购置并实际使用《环境保护专用设备企业所得税优惠目录》《节能节水专用设备企业所得税优惠目录》《安全生产专用设备企业所得税优惠目录》规定的环境保护、节能节水、安全生产等专用设备,其设备投资额的 10%可以从企业当年的应纳税额中抵免;当年不足抵免的,可以在以后 5 个纳税年度结转抵免。

(七)特殊行业优惠政策

1. 鼓励软件产业和集成电路产业发展的优惠政策

(1) 国家鼓励的集成电路线宽小于 28 纳米(含),且经营期在 15 年以上的集成电路生产

企业或项目，第一年至第十年免征企业所得税；国家鼓励的集成电路线宽小于 65 纳米(含)，且经营期在 15 年以上的集成电路生产企业或项目，第一年至第五年免征企业所得税，第六年至第十年按照 25%的法定税率减半征收企业所得税；国家鼓励的集成电路线宽小于 130 纳米(含)，且经营期在 10 年以上的集成电路生产企业或项目，第一年至第二年免征企业所得税，第三年至第五年按照 25%的法定税率减半征收企业所得税。

对于按照集成电路生产企业享受税收优惠政策的，优惠期自获利年度起计算；对于按照集成电路生产项目享受税收优惠政策的，优惠期自项目取得第一笔生产经营收入所属纳税年度起计算，集成电路生产项目需单独进行会计核算、计算所得，并合理分摊期间费用。

(2) 国家鼓励的线宽小于 130 纳米(含)的集成电路生产企业，属于国家鼓励的集成电路生产企业清单年度之前 5 个纳税年度发生的尚未弥补完的亏损，准予向以后年度结转，总结转年限最长不得超过 10 年。

(3) 国家鼓励的集成电路设计、装备、材料、封装、测试企业和软件企业，自获利年度起，第一年至第二年免征企业所得税，第三年至第五年按照 25%的法定税率减半征收企业所得税。

(4) 国家鼓励的重点集成电路设计企业和软件企业，自获利年度起，第一年至第五年免征企业所得税，接续年度减按 10%的税率征收企业所得税。

综上所述，国家为鼓励集成电路行业和软件行业发展，给予的税收优惠力度大，如果加以充分利用，节税利益相当可观。

2. 鼓励证券投资基金发展的优惠政策

(1) 对证券投资基金从证券市场中取得的收入，包括买卖股票、债券的差价收入，股权的股息、红利收入，债券的利息收入及其他收入，暂不征收企业所得税。

(2) 对投资者从证券投资基金分配中取得的收入，暂不征收企业所得税。

(3) 对证券投资基金管理人运用基金买卖股票、债券的差价收入，暂不征收企业所得税。

3. 节能服务公司的优惠政策

自 2011 年 1 月 1 日起，对符合条件的节能服务公司的所得税按以下规定执行：对符合条件的节能服务公司实施合同能源管理项目，符合企业所得税税法有关规定的，自项目取得第一笔生产经营收入所属纳税年度起，第一年至第三年免征企业所得税，第四年至第六年按照 25%的法定税率减半征收企业所得税。

4. 保险保障基金有关企业所得税优惠规定

根据财政部、国家税务总局《关于保险保障基金有关税收政策问题的通知》(财税〔2018〕41 号)，自 2018 年 1 月 1 日起至 2020 年 12 月 31 日止，中国保险保障基金有限责任公司根据《保险保障基金管理办法》取得的下列收入，免征企业所得税。

(1) 境内保险公司依法缴纳的保险保障基金。

(2) 依法从撤销或破产保险公司清算财产中获得的受偿收入和向有关责任方追偿的所得，以及依法从保险公司风险处置中获得的财产转让所得。

(3) 接受捐赠收入。

(4) 银行存款利息收入。

(5) 购买政府债券以及中央银行、中央企业和中央级金融机构发行的债券的利息收入。

(6) 国务院批准的其他资金运用取得的收入。

(八)加速折旧优惠政策

1. 一般性加速折旧

企业的固定资产由于技术进步等确需加速折旧的,可以缩短折旧年限或者采取加速折旧方法计提折旧,上述固定资产包括以下两种。

(1) 由于技术进步,产品更新换代较快的固定资产。

(2) 常年处于强震动、高腐蚀状态的固定资产。

采取缩短折旧年限方法的,最低折旧年限不得低于《企业所得税法实施条例》第六十条规定折旧年限的 60%;采取加速折旧方法的,可以采取双倍余额递减法或者年数总和法。

2. 特殊性加速折旧

财政部 国家税务总局《关于完善固定资产加速折旧企业所得税政策的通知》(财税〔2014〕75 号)、《关于进一步完善固定资产加速折旧企业所得税政策的通知》(财税〔2015〕106 号)、《关于设备、器具扣除有关企业所得税政策的公告》(财税〔2023〕37 号)规定。一是对生物药品制造业,专用设备制造业,铁路、船舶、航空航天和其他运输设备制造业,计算机、通信和其他电子设备制造业,仪器仪表制造业,信息传输、软件和信息技术服务业等行业的企业新购进的固定资产,可缩短折旧年限或采取加速折旧的方法。

对上述行业的小型微利企业新购进的研发和生产经营共用的仪器、设备,单位价值不超过 500 万元的,允许一次性计入当期成本费用,在计算应纳税所得额时扣除,不再分年度计算折旧;单位价值超过 500 万元的,可缩短折旧年限或采取加速折旧的方法。

二是对所有行业企业新购进的专门用于研发的仪器、设备,单位价值不超过 500 万元的,允许一次性计入当期成本费用在计算应纳税所得额时扣除,不再分年度计算折旧;单位价值超过 500 万元的,可缩短折旧年限或采取加速折旧的方法。

三是对所有行业企业持有的单位价值不超过 5 000 元的固定资产,允许一次性计入当期成本费用在计算应纳税所得额时扣除,不再分年度计算折旧。

四是企业按财税〔2014〕75 号通知第一条、第二条规定缩短折旧年限的,最低折旧年限不得低于《企业所得税法实施条例》第六十条规定折旧年限的 60%;采取加速折旧方法的,可采取双倍余额递减法或者年数总和法。该通知第一条至第三条规定之外的企业固定资产加速折旧所得税处理问题,继续按照《企业所得税法》及《企业所得税法实施条例》和现行税收政策规定执行。

二、企业所得税优惠政策的筹划方法

(一)利用优惠政策选择投资地区

《财政部 海关总署 国家税务总局关于深入实施西部大开发战略有关税收政策问题的通知》(财税〔2011〕58 号)规定的享受减免税优惠政策的地区主要是西部地区。该通知所称西部地区包括：重庆市、四川省、贵州省、云南省、西藏自治区、陕西省、甘肃省、宁夏回族自治区、青海省、新疆维吾尔自治区、新疆生产建设兵团、内蒙古自治区和广西壮族自治区。湖南省湘西土家族苗族自治州、湖北省恩施土家族苗族自治州、吉林省延边朝鲜族自治州，可以比照西部地区的税收政策执行。

投资者可考虑在西部地区设立国家鼓励类产业的企业，以充分享受西部大开发的企业所得税低税率的税收优惠政策，但同时应根据自己的特点、具体情况，合理筹划企业的纳税，实现企业经济利益的最大化。

(二)利用优惠政策选择投资方向

《企业所得税法》是以"产业优惠为主、区域优惠为辅"作为税收优惠的导向。企业应根据税收优惠政策加以选择，充分享受产业税收优惠政策。

1. 选择减免税项目投资

第一，投资于农、林、牧、渔业项目的所得，可以免征、减征企业所得税。

第二，投资于公共基础设施项目、环境保护项目、节能节水项目从项目取得第一笔生产经营收入所属纳税年度起实行"三免三减半"税收优惠。

此外，成立符合条件的小微企业、高新科技企业、技术先进型服务企业、集成电路产业企业和软件企业等均可享受税收优惠。

2. 创业投资企业对外投资的筹划

创业投资企业从事国家需要重点扶持和鼓励的创业投资，可按投资额的一定比例抵扣应纳税所得额。创业投资企业采取股权投资方式投资于未上市的中小高新技术企业 2 年以上的，可按其投资额的 70%在股权持有满 2 年的当年抵扣该创业投资企业的应纳税所得额；当年不足抵扣的，可在以后纳税年度结转抵扣。

3. 设备购置抵免的税收筹划

《企业所得税法》规定，企业购置并实际使用《环境保护专用设备企业所得税优惠目录》《节能节税专用设备企业所得税优惠目录》《安全生产专用设备企业所得税优惠目录》规定的环境保护、节能节水、安全生产等专用设备，该专用设备投资额的10%可从企业当年的应纳税额中抵免；当年不足抵免的，可以在以后 5 个纳税年度内结转抵免。

【案例5-20】某企业集团于2016年8月成立一家全资子公司，为保障生产安全，准备于 2016 年 12 月购置一大型安全生产专用设备，该设备价款为 300 万元。企业按规定可于 2016 年至 2021 年五年期限内抵免所得税=300×10%=30(万元)。因该企业生产产品为新型产品，预计未来 3 年企业将面临亏损，至第四年起企业将逐渐盈利，2016—2022 年预计利润额(假设无任何纳税调整事项)如表 5-5 所示。该企业应如何进行税收筹划才能最大限度地节税？

表5-5　企业2016—2022年预计利润额

单位：万元

2016年	2017年	2018年	2019年	2020年	2021年	2022年
-200	-120	-50	80	130	250	400

案例分析： 如果企业于2016年12月购置该安全生产专用设备，则企业未来各年应缴纳的企业所得税如下。

2016—2018年为亏损年度，不需要缴纳企业所得税。

2019—2020年弥补前三年的亏损后仍未有盈利，即[(-200)+(-120)+(-50)]+(80+130)=-160(万元)，也不需要缴纳企业所得税。

2021年弥补以前年度亏损后利润额为90[(-160)+250]万元，应缴纳企业所得税为90×25%=22.5(万元)，扣除购置安全生产专用设备抵免额30万元后，不需缴纳企业所得税。因超过5年抵免期，剩余的7.5(30-22.5)万元不得再在2022年抵免。

2022年应缴纳企业所得税=400×25%=100(万元)

如果企业经过筹划，将该安全生产专用设备的购置时间推迟一个月，即在2017年1月购买，则企业2016—2021年应缴纳的企业所得税不发生变化；企业2022年应缴纳的企业所得税还可以扣减安全生产专用设备的剩余抵免额7.5万元，应缴纳的企业所得税减少为92.5(100-7.5)万元，企业由此获得7.5万元的节税收益。

【注意】 企业要充分享受税收抵免的权利，就要合理选择设备的购置时间。一般而言，在企业亏损时期，同时预计未来5年内无法弥补亏损，或弥补亏损后应缴纳的企业所得税少于设备购置抵免额的，则应在企业需要的限度内尽量推迟设备的购置时间。对可享受设备购置抵免优惠的企业，必须实际购置并自身实际投入使用前款规定的专用设备。

4. 企业安置残疾人员所支付的工资

就业安置的优惠政策主要包括：企业安置残疾人员所支付的工资加计100%扣除，安置特定人员(下岗、待业、专业人员等)就业支付的工资也给予一定的加计扣除。企业只要录用下岗员工、残疾人等都可享受加计扣除的税收优惠政策。企业可以结合自身经营特点，分析哪些岗位适合安置国家鼓励就业的人员，筹划录用上述人员与录用一般员工在工薪成本、培训成本、劳动生产率等方面的差异，在不影响企业效率的基础上尽可能录用可以享受优惠政策的特定人员。

【案例5-21】 某眼镜制造有限责任公司属于劳动密集型企业，企业现有员工100人，2020年预计实现应纳税所得额100万元。为解决所在社区残疾人工作问题，拟招收5名残疾人员，在车间做眼镜配件装配工作，预计每人每年工资4万元，并依法与安置的每位残疾人签订了3年的劳动合同。除此之外，不考虑其他纳税调整因素，不存在以前年度弥补亏损问题，那么该公司安置5名残疾人员是否对自己有利呢？根据上述资料，分析如下。

(1) 如果不安排残疾人就业，则应交企业所得税=100×25%=25(万元)。

(2) 如果安排5名残疾人就业，则应交企业所得税=(100-20)×25%=20(万元)。

节约企业所得税=25-20=5(万元)。

所以，公司安置残疾人就业不仅能为社会做贡献，而且自己还能节减税负，一举两得。

本 章 小 结

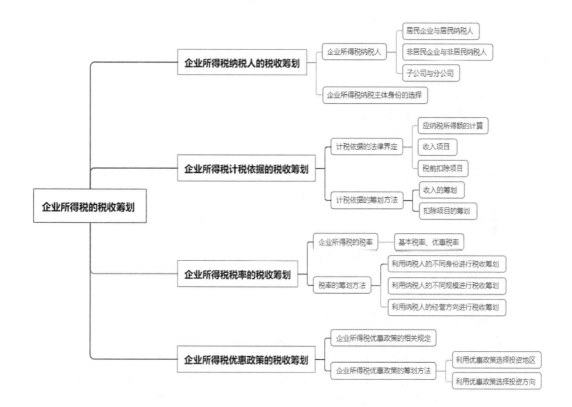

思 考 与 练 习

一、单项选择题

1. 下列各项收入中，须计入应纳税所得额计算缴纳企业所得税的有( )。

A. 国债利息收入

B. 存款利息收入

C. 财政拨款

D. 符合条件的居民企业之间的股息、红利等权益性收益

2. 2019 年 A 集团公司总部实现商品销售收入 6 000 万元，股权转让收入 800 万元，债务重组收益 200 万元，发生的收入相配比的成本费用总额 6 500 万元，其中业务招待费支出 80 万元。假定不存在其他纳税调整事项，2019 年度该企业应缴纳企业所得税( )万元。

　　A. 543　　　　　B. 201.4　　　　　C. 506.5　　　　　D. 136.5

3. A 商场(增值税一般纳税人)位于县城,2019 年 10 月 1—7 日进行优惠活动,将一部分进价 200 元/件(取得了增值税专用发票)、原价 450 元/件(商品折扣价款与销售价款开具在同一张发票上)的服装以 9 折销售,该商场暂不涉及其他业务,那么其销售一件商品应缴纳企业所得税( )元。(以上价格均为不含税价格,企业所得税税率为 25%,增值税税率为 13%)

  A. 34.85   B. 2.788   C. 3.417   D. 50.58

4. 企业取得的( )利息收入免征企业所得税。

  A. 国债   B. 国家重点建设债券

  C. 金融债券   D. 外国政府债券

5. 不能达到节税目的的租金支出的税收筹划是( )。

  A. 使租金支出费用最大化

  B. 合理分配跨期费用

  C. 取得合法凭证

  D. 在支出水平相等的情况下,以融资租赁方式承租

6. 下列不属于企业所得税纳税人的是( )。

  A. 国有企业   B. 外商投资企业

  C. 小微企业   D. 个人独资企业

7. 下列项目收入中,不计入应纳税所得额的有( )。

  A. 企业债券利息收入   B. 居民企业之间股息收益

  C. 非货币性交易收入   D. 接受捐赠的实物资产价值

8. 下列税金在计算企业应纳税所得额时,不得从收入总额中扣除的是( )。

  A. 土地增值税 B. 消费税   C. 增值税   D. 印花税

9. 甲制药厂 2019 年销售收入 3000 万元,转让技术使用权收入 200 万元,广告费支出 600 万元,业务宣传费支出 40 万元,则计算应纳税所得额时应( )。

  A. 调增应纳税所得额 160 万元 B. 调增应纳税所得额 190 万元

  C. 调减应纳税所得额 160 万元 D. 调减应纳税所得额 190 万元

10. 甲企业 2019 年度利润总额为 400 万元,未调整捐赠前的所得额为 500 万元。当年"营业外支出"账户中列支了通过当地教育部门向农村义务教育捐赠的 60 万元。该企业 2019 年度应缴纳的企业所得税为( )。

  A. 125 万元   B. 128 万元   C. 134.5 万元 D. 162.5 万元

二、多项选择题

1. 下列各项中,不得计算折旧或摊销在企业所得税税前扣除的有( )。

  A. 外购商标权

  B. 自创商誉

  C. 单独估价作为固定资产入账的土地

  D. 盘盈的固定资产

2. 下列各项中,在计算企业所得税时,允许在应纳税所得额中据实扣除的有( )。

  A. 企业依照国务院有关主管部门规定为职工缴纳的基本保险

  B. 合理的工资、薪金支出

C. 公益性捐赠支出

  D. 企业的广告费和业务宣传费

3. 根据《企业所得税法》的规定，下列项目中属于不征税收入的有(　　)。

  A. 财政拨款

  B. 国债利息收入

  C. 金融债券利息收入

  D. 依法收取并纳入财政管理的行政事业性收费、政府性基金

4. 企业(　　)项目的所得免征企业所得税。

  A. 坚果的种植   B. 农产品初加工

  C. 林木的培育   D. 花卉的种植

5. 《企业所得税法》所说的关联企业，是指与企业有特殊经济关系的公司、企业和其他经济组织。特殊经济关系包括(　　)。

  A. 在资金方面存在直接或间接的拥有或者控制

  B. 在经营方面存在直接或间接的拥有或者控制

  C. 在购销方面存在直接或间接的拥有或者控制

  D. 直接或间接地同为第三者所拥有或者控制

三、判断题

1. 居民企业和中国境内设有机构、场所且所得与机构、场所有关联的非居民企业适用税率为25%。 (　　)

2. 国家重点扶持的高新技术企业减按15%税率征收企业所得税。 (　　)

3. 小型微利企业减按20%的所得税税率征收企业所得税。 (　　)

4. 企业与其关联方之间的业务往来，不符合独立交易原则而减少企业或者其关联方应纳税收入或者所得额的，税务机关有权按照合理方法调整。 (　　)

5. 在计算企业所得税时，企业以买一赠一等方式组合销售本企业商品的，不属于捐赠，应将总的销售金额按各项商品的公允价值的比例来分摊确认各项的销售收入。 (　　)

四、案例分析题

1. 甲企业2019年的会计利润预计为100万元(扣除捐赠后的利润额)，计划通过公益性组织捐赠8万元，直接向受赠单位捐赠4万元。不考虑其他纳税调整因素，计算该企业年应缴纳的企业所得税。请对其进行税收筹划。

2. 甲企业计划2019年度的业务招待费支出为150万元，业务宣传费支出为120万元，广告费支出为480万元。该企业2019年度的预计销售额为8 000万元。请对其进行税收筹划。

3. 甲商业企业资产总额为900万元，有职工70人。该企业预计2019年全年实现应纳税所得额为300.2万元。请对其进行税收筹划。

4. 某企业有闲置资金500万元。已知：当期银行1年期定期存款利率为1.85%，国家发行的3年期国债利率为3%，国家发行的3年期重点建设债券年利率为4%。该企业应该如何运用这笔闲置资金？

五、简答题

1. 居民企业与非居民企业有何区别？请简述居民企业与非居民企业所适用的税收政策。

2. 子公司和分公司在税收筹划方面有何区别？

3. 简述企业所得税计税依据筹划的方法。

4. 企业所得税纳税人的筹划一般从哪些角度切入？

5. 如何进行收入的筹划？

6. 如何筹划企业所得税的税前扣除项目？

7. 《企业所得税法》第二十八条第二款规定："国家需要重点扶持的高新技术企业，减按15%的税率征收企业所得税。"这里所说的高新技术企业必须满足哪些条件？

第六章 个人所得税的税收筹划

【思政目标】

1. 通过对个人所得税税收减免优惠政策的学习，使学生进一步理解国家利用税收优惠调节收入分配，实现社会公平的愿望，增强学生的责任意识和担当意识。

2. 通过学习利用工薪所得与年终奖分别计税的税收筹划方法，引导学生树立爱岗敬业的精神，激励学生加强自身专业素质的培养。

3. 运用个人所得合理捐赠进行筹划的税收筹划方法，增强学生的公益意识，引导其参与慈善活动、发展慈善事业。

个税——工资薪金筹划.mp4

个税——所有者权益转增资本.mp4

【知识目标】

1. 熟悉个人所得税的纳税人、征税范围、税率、应纳税额的计算。
2. 熟悉个人所得税纳税人身份的选择。
3. 掌握利用个人所得税的税率差异、税基进行筹划的税收筹划方法。
4. 能合理利用税收优惠政策进行税收筹划。
5. 了解个人所得税税收筹划风险的主要防控节点。

【案例引入】利用个人所得税合理捐赠进行筹划

梁某是某包装材料有限公司的管理人员，热衷于公益事业。同时，其所在公司每月都在发放工资薪金前，为职工代扣代缴个人所得税。2021 年，梁某获得税后年薪 143 520 元，通过某公益组织向社会捐赠 30 000 元。依照我国税法的有关规定，梁某的捐赠额，未超过其应纳税所得额 30%的部分，可以从其应纳税所得额中扣除。由于其所在单位已为其代扣了个人所得税，梁某需计算可退还的个人所得税，并向有关税务机关申请退税。

筹划过程：

第一步，应将梁某的 143 520 元税后所得换算为税前所得。

(1) 根据个人工资薪金所得税的计算过程，我们可以得出以下公式

税前应纳税所得额=(税后所得-费用扣除标准-速算扣除数)÷(1-税率)

(2) 为确定梁某所适用的税率和速算扣除数，我们可以根据工资薪金所得的七级超额

累进税率表，换算出有关税前纳税所得与税后所得的关系。

(3) 由于梁某的 143 520 元收入中，有 60 000 元是可以在税前扣除的费用，因此，得出梁某的税后所得额对应的级距为"超过 36 000 元至 144 000 元的部分"，适用税率为 10%，速算扣除数为 2 520 元。

(4) 将以上数据代入前述公式，可以得出梁某的税前应纳税所得额为

税前应纳税所得额=(143 520-60 000-2 520)÷(1-10%)=90 000(元)

如果梁某所在单位向职工提供工资条，也可直接从工资条看出单位为其代扣的个人所得税金额。

第二步，计算梁某 2021 年实际应缴纳的个人所得税。将 30 000 元的税前扣除部分，从梁某的应纳税所得额中扣除，则

应纳税所得额=90 000-30 000=60 000(元)

应纳所得税=60 000×10%-2 520=3 480(元)

第三步，根据以上计算可知梁某所在的单位已为其代扣的个人所得税为

已代扣个人所得税=90 000+60 000-143 520=6 480(元)

第四步，可得出梁某可以获得的退税为

可获退税额=6 480-3 480=3 000(元)

筹划结果： 梁某可获退税 3 000 元。

案例启示： 纳税人通过捐赠税收筹划，获得退税 3 000 元。如果纳税人不了解相关税收减免政策，即捐赠额度未超过其应纳税所得额 30%的部分，可从其应纳税所得额中扣除，纳税人便不会顺利地退税。同时，公益活动是一种具有广泛群众性的道德实践，纳税人应当具有"大爱、大德、大情怀"，并且树立慈善意识，参与慈善活动，发展慈善事业。

第一节　个人所得税纳税人的税收筹划

一、居民个人纳税人和非居民个人纳税人的身份转换

1. 筹划原理

根据纳税人的住所和其在中国境内居住的时间，个人所得税的纳税人分为居民个人纳税人和非居民个人纳税人。由于对这两种纳税人的税收政策不同，因此纳税人可通过住所和居住时间的筹划，改变纳税人的居民或非居民身份，以实现节税目的。

2. 筹划要点

1) 控制居住时间，改变居民身份

《个人所得税法》第一条规定，在中国境内有住所，或者无住所而一个纳税年度内在中国境内居住累计满 183 天的个人，为居民个人。居民个人从中国境内和境外取得的所得，依照本法规定缴纳个人所得税。境内居住累计满 183 天是指在一个纳税年度(自公历 1月 1日起至 12 月 31 日止)中在中国境内居住 183 天。因此，通过控制居住时间，使停留在我国境内的时间不满 183 天，就可以避免成为我国居民个人纳税人，从而规避了居民个人纳税人的无限纳税义务。

【案例 6-1】德国高管大卫受雇于一家位于德国的公司，他受到德国公司指派，需要在 2019—2020 年到中国的包装材料有限公司担任 7 个月的财务总监。大卫应如何选择工作时间以避免成为中国的居民个人纳税人？

筹划分析：如果大卫在 2019 年 1 月 1 日入境，2019 年 7 月 31 日离境，其 2019 年度在中国境内居住的时间超过 183 天，成为中国居民个人纳税人，可向主管税务机关申请备案，则其来源于中国境外且由境外单位或者个人支付的所得免于缴纳个人所得税，只就来源于中国境内的所得在我国缴纳个人所得税。

避免成为中国居民个人纳税人，可采取跨年度停留方式。如 2019 年 10 月 1 日入境，2020 年 4 月 30 日离境，则大卫 2019 年度在中国境内居住 92 天，为非居民个人纳税人；2020 年度在中国境内居住 121 天，亦为非居民个人纳税人。在 2019 年度和 2020 年度，大卫只就来源于中国境内的所得在我国缴纳个人所得税。

2) 控制人员的住所(居住地)

进行税收筹划是指个人通过个人的住所或居住地跨越税境的迁移，也就是具体实施筹划的当事人把自己的居住所迁出某国，但又不在任何地方取得住所，从而躲避所在国对其纳税人身份的确认，进而免除个人所得税的纳税义务。在国际上，许多国家往往把拥有住所并在该国居住一定时间以上的个人确定为纳税义务人。因此，一些从事跨国活动的人员就可以自由地游离于各国之间，而不至于成为任何一个国家的居民个人纳税人，从而达到少缴税或不缴税的目的。

二、公司制企业与个体工商户、个人独资企业、合伙企业的选择

实施新的减税降费政策，强化对中小微企业、个体工商户、制造业、风险化解等的支持力度，适度超前开展基础设施投资。

——2021 年中央经济工作会议

1. 筹划原理

目前，个人可选择的企业组织形式主要有：作为个体工商户从事生产经营和对企事业单位实行承包、承租经营业务；成立个人独资企业；组建合伙企业；设立公司制企业(企业所得税纳税人)。在对这些投资方式进行比较时，如果其他因素相同，投资者应承担的税收尤其是所得税便成为决定投资决策的关键。

在上述几种投资方式中，在收入相同的情况下，个体工商户、个人独资企业、合伙企业、公司制企业的税负通常是不同的。但是，个人独资企业、合伙企业、公司制企业三种形式是企业，在发票的申购、纳税人的资格等方面占有优势，比较容易开展业务，经营范围也比较广，并且可享受税收优惠政策。在这三种企业形式中，公司制企业以公司的形式出现，只承担有限责任，风险相对较小；个人独资企业和合伙企业由于要承担无限责任，风险相对较大。

需要注意的是，自 2023 年 1 月 1 日至 2027 年 12 月 31 日，符合条件的小型微利企业，年应纳税所得额不超过 300 万元的部分，减按 25%计入应纳税所得额，按 20%的税率缴纳企业所得税。因此，企业在选择组织形式时，还应根据业务规模来判断应该选择哪种形式。

2. 筹划要点

1) 承包人身份的选择

个人对企事业单位实行承包、承租经营的形式较多，分配方式也不尽相同。《国家税务总局关于个人对企事业单位实行承包经营、承租经营取得所得征税问题的通知》(国税发〔1994〕179号)对此做了适当分类并规定了相应的税务处理方法。

个人对企事业单位实行承包、承租经营后，工商登记仍为企业的，不论其分配方式如何，均应先按照企业所得税的有关规定缴纳企业所得税，然后将承包、承租人按合同(协议)规定取得的所得，依照《个人所得税法》的有关规定缴纳个人所得税。具体内容如下所述。

承包、承租人对企业经营成果不拥有所有权，仅按合同(协议)规定取得一定所得的，应按工资、薪金所得项目征收个人所得税，适用3%~45%的七级超额累进税率。

承包方、承租人按合同(协议)的规定只向发包方、出租人缴纳一定费用，缴纳承包、承租费后的企业经营成果归承包方、承租人所有，其取得的所得，按经营所得项目征收个人所得税，适用5%~35%的五级超额累进税率。

综上所述，个人对企事业单位实行承包、承租经营，工商登记仍为企业的，需要承担企业所得税与个人所得税两种税负。

【案例 6-2】梁某承包经营了一家公司制企业。合同规定：梁某不领取工资，从企业净利润中上缴承包费 100 000 元，其余经营成果归梁某个人所有。梁某的生产经营所得当年为 400 000 元(已扣除相关费用)。假设梁某没有其他的劳务收入，他应如何利用不同的企业性质进行税收筹划。

筹划分析：在企业性质上，梁某面临两种选择：一是仍使用原企业的营业执照；二是将原企业的工商登记改为个体工商户。

方案一：如果梁某仍使用原企业的营业执照，其经营所得应缴纳企业所得税，且梁某的税后所得要按经营所得缴纳个人所得税。在不考虑其他调整因素的情况下，该企业的纳税情况如下。

企业所得税=400 000×25%×20%=20 000(元)

梁某的承包经营所得=(400 000-20 000)-100 000=280 000(元)

梁某应缴纳的个人所得税=(280 000-60 000)×20%-10 500=33 500(元)

梁某获得的税后利润=280 000-33 500=246 500(元)

方案二：如果梁某将原企业的工商登记改为个体工商户，则其承包经营所得只应缴纳个人所得税。在不考虑其他调整因素的情况下，该企业的纳税情况如下。

梁某应缴纳的个人所得税=(400 000-100 000-60 000)×20%-10 500=37 500(元)

梁某获得的税后利润=400 000-100 000-37 500=262 500(元)

通过比较，梁某采纳方案二可多获利 16 000(262 500-246 500)元。

2) 公司制企业与合伙人企业的选择

如果企业采用公司制形式，则需要先就公司所得缴纳企业所得税，其自然人股东取得股息、红利所得还应缴纳个人所得税；如果采用合伙制经营，则对自然人合伙人只征收个人所得税。

【案例 6-3】假设有 5 个人成立一家公司(未上市)，每个人占公司 20%的股权。在 2019 年年底，公司的年度利润总额为 350 000 元。在无纳税调整事项的情况下，将税后利润全部分配给 5 位股东。每位股东的实际税后收入是多少(不考虑专项扣除)? 有无更为节税的筹划方案?

筹划分析：由于是公司制模式，在小微企业的税收优惠政策下，需要先缴纳企业所得税 17 500(350 000×25%×20%)元，税后利润为 332 500(350 000-17 500)元，平均分配给五位股东，每个人可获得 66 500(332 500÷5)元的股息、红利所得。按照《个人所得税法》的规定，每位股东仍须缴纳 20%的个人所得税 13 300(66 500×20%)元。

最终，每位股东实际的税后净收入为 53 200(66 500-13 300)元。

假设采用了合伙企业形式(其他条件不变)，由于其不具备法人资格，按照税收法规的规定，这个合伙企业不需要缴纳企业所得税，仅需要就每个自然人合伙人的所得缴纳个人所得税。

每位股东实际分得的收入为 70 000(350 000÷5)元(假定不考虑专项扣除及专项附加扣除)，适用税率为 5%，每位股东缴纳的个人所得税为 500[(70 000-60 000)×5%]元，税后净收入为 69 500(70 000-500)元。

经比较可知，在合伙制的情况下，每位股东获得的年税后净收入比公司制情况下多 16 300(69 500-53 200)元。

第二节　个人所得税税率的税收筹划

我国的个人所得税除具有国家筹集财政收入的目的外，还承担着调节个人收入差距的功能，因此根据税收量能负担原则，我国个人所得税制度采取了综合与分类相结合的征收模式，但由于其特定的收入调节功能，又对其中两个应税税目(综合所得与经营所得)采取超额累进税率，其他的应税税目大都采取比例税率的形式。对税率的筹划是基于累进税率的特点，收入高时应税项目适用的税率水平也高。税收筹划的基本原理就是通过收入的合理安排，避免适用高税率。

一、个人所得税税率的基本法律规定

个人所得税实行分类与综合相结合的征税模式。一般税率形式包括综合所得按照 3%~45% 七级超额累进税率征收，经营所得按照 5%~35%五级超额累进税率征收，其余各项所得按照 20%的比例税率征收。另外，在预扣预缴过程中，劳务报酬和稿酬平移了 2018 年修订前的个人所得税征收办法，其中，劳务报酬应税所得根据不超过 20 000 元、20 000~50 000 元和超过 50 000 元三个档次分别实行 20%、30%和40%三个档次的累进预扣率预缴，稿酬所得以应税所得额的 70%预扣基数按照 20%的预扣率预缴。

1. 居民个人综合所得适用税率

居民个人综合所得适用七级超额累进税率，税率为 3%~45%，如表 6-1 所示。

表 6-1　个人所得税预扣税率(一)

(居民个人综合所得适用)

级　数	全年应纳税所得额	税率/%	速算扣除数/元
1	不超过 36 000 元(含)的部分	3	0
2	超过 36 000 元至 144 000 元(含)的部分	10	2 520
3	超过 144 000 元至 300 000 元(含)的部分	20	16 920
4	超过 300 000 元至 420 000 元(含)的部分	25	31 920
5	超过 420 000 元至 660 000 元(含)的部分	30	52 920
6	超过 660 000 元至 960 000 元(含)的部分	35	85 920
7	超过 960 000 元的部分	45	181 920

注：本表所称全年应纳税所得额是指依据《个人所得税法》第六条的规定，居民个人的综合所得。其是以每一纳税年度的收入额减除费用 6 万元以及专项扣除、专项附加扣除和依法确定的其他扣除后的余额。

2. 非居民个人所得适用税率

非居民个人的应纳税所得额，根据表 6-2 所示的七级超额累进税率计算。

表 6-2　个人所得税税率(二)

(非居民个人工资、薪金所得，劳务报酬所得，稿酬所得，特许权使用费所得适用)

级　数	应纳税所得额	税率/%	速算扣除数/元
1	不超过 3 000 元(含)的部分	3	0
2	超过 3 000 元至 12 000 元(含)的部分	10	210
3	超过 12 000 元至 25 000 元(含)的部分	20	1 410
4	超过 25 000 元至 35 000 元(含)的部分	25	2 660
5	超过 35 000 元至 55 000 元(含)的部分	30	4 410
6	超过 55 000 元至 80 000 元(含)的部分	35	7 160
7	超过 80 000 元的部分	45	15 160

3. 经营所得适用税率

《个人所得税法》规定，经营所得按照 5%～35%五级超额累进税率计税，如表 6-3 所示。

4. 其他各项所得适用税率

《个人所得税法》规定，其他各项所得包括财产租赁所得，财产转让所得，利息、股息、红利所得和偶然所得，均适用 20%的比例税率。

表 6-3　个人所得税税率(三)

(经营所得适用)

级　数	全年应纳税所得额	税率/%	速算扣除数/元
1	不超过 30 000 元(含)的部分	5	0
2	超过 30 000 元至 90 000 元(含)的部分	10	1 500
3	超过 90 000 元至 300 000 元(含)的部分	20	10 500
4	超过 300 000 元至 500 000 元(含)的部分	30	40 500
5	超过 500 000 元的部分	35	65 500

5. 个人所得税预扣率

个人所得税实行分项预征、年终汇算清缴方式，在预扣预缴过程中，税法明确了预缴适用的预扣率。

居民个人的工资薪金所得，以表 6-1 所示的税率为预扣率，非居民个人的工资薪金所得、劳务报酬所得、稿酬所得和特许权使用费所得，以表 6-2 所示的税率为预扣率，居民个人的劳务报酬所得按照表 6-4 所示的三级超额累进预扣率计算，居民个人的稿酬所得和特许权使用费所得按照 20% 的预扣率计算。

表 6-4　居民个人劳务报酬所得计税预扣率

(居民个人劳务报酬所得预扣预缴适用)

级　数	预扣预缴应纳税所得额	预扣率/%	速算扣除数/元
1	不超过 20 000 元(含)的部分	20	0
2	超过 20 000 元至 50 000 元(含)的部分	30	2 000
3	超过 50 000 元的部分	40	7 000

二、个人所得税税率的筹划方法

1. 避免边际税率提高

个人所得税通常采用超额累进税率，纳税人的应税所得越多，其适用的最高边际税率越高，使纳税人收入的平均税率和实际有效税率提高。所以，在纳税人一定时期内收入总额既定的情况下，其分摊到各纳税期内的收入应尽量均衡，以免增加纳税人的税收负担。

2. 高边际税率向低边际税率转换

对于适用累进税率制度的综合所得与经营所得，应在税法允许的范围内降低名义应税收入及适用的税率，从而达到节税的目的。例如，在税法允许的范围内把工资、薪金收入福利化,尽可能地降低名义货币工资所得,既能保证原生活福利水平不降低,又能通过降低适用的累进税率,减少应缴纳的个人所得税。

【案例 6-4】某包装材料有限公司的一位副总裁的年薪预计为 108 万元(假设每月平均发放),而他没有自己的汽车,每月需要花费租车支出 1 万元。该副总裁应如何进行个人所得税的税收筹划?(不考虑专项扣除项目等)

筹划分析:该副总裁应缴纳的个人所得税的具体计算如下。

年应纳税额=(1 080 000-60 000)×45%-181 920=277 080(元)

尽管从表面上看,其名义货币收入非常高,但扣除个人所得税后,他的税后净收入为802 920(1 080 000-277 080)元。

税收专家针对该副总裁的年薪设计的税收筹划方案为:只要他在公司担任副总裁的年限不低于 10 年,公司专门为其配备一辆轿车,市场价值为 48 万元,以公司固定资产的形式加以管理,并由公司提取相应的折旧。在其离任时,将该车销售给他本人,并在车管所进行车辆过户。他在这家公司已就任 6 年,在之后的 4 个年度中,其年薪每年将下调 12 万元(共计 48 万元)。经过筹划后,其个人年名义货币收入降至 96 万元。此后,每年的个人所得税总额为 229 080[(960 000-60 000)×35%-85 920]元。

经过上述福利机制的重新设计,该副总裁的年个人所得税的边际税率由 45%降低到35%,年应纳税额降低了 48 000(277 080-229 080)元。与此同时,该副总裁还获得了汽车的使用权,其生活水平并没有降低,从而达到了税收筹划的目的。

3. 个人所得税收入项目的转换

不同应税项目适用的税率不同,导致在相同收入情况下不同应税项目所缴纳的个人所得税存在较大的差异,因此,利用不同应税项目之间税率的差异是进行税收筹划的一个重要思路。综合所得的最高边际税率为 45%,经营所得的最高边际税率为 35%,其他收入的税率一般为 20%。一般来说,个人收入越高,比例税率会带来相对税负下降,而累进税率则不同。如果所得规模较大,可考虑将高税率的工资、薪金所得,以及劳务报酬所得等综合所得,转换为较低税率的股息、红利所得或股权转让所得等。

【案例 6-5】已退休职工梁某与某杂志社签订雇用合同,约定梁某每月在该杂志上发表 10 篇文章,文章主要涉及新闻或者财经评论方面的内容,每篇文章的报酬是 800 元且每月末结算当月收入。梁某应如何进行个人所得税的税收筹划?(不考虑专项扣除等)

筹划分析:在现阶段,梁某取得的文章报酬属于工资、薪金收入,相应的纳税情况如下。

全年个人所得税纳税总额=(800×10×12-60 000)×3%=1080(元)

如果梁某没有与杂志社签订合同,则梁某取得的所得属于稿酬所得,则其纳税情况为

梁某年应纳税所得额=800×(1-20%)×(1-30%)×10×12=53 760(元)

由于该应纳税所得额小于每年 60 000 元的法定扣除额,因此梁某无须纳税。

与原方案相比,梁某一年少缴税1080 元。

在此案例中,梁某属于中低收入阶层,为了减少应纳税额,应尽可能创造条件使其收入适用于稿酬所得项目,则可利用稿酬所得的减计优惠。

【知识点链接】 每次收入的确定

《个人所得税法》对纳税人取得的劳务报酬所得，稿酬所得，特许权使用费所得，利息、股息、红利所得，财产租赁所得和偶然所得，按次计算征税。

(1) 劳务报酬所得，根据不同劳务项目的特点，分别规定如下。

① 只有一次性收入的，以取得该项收入为一次。例如，从事设计、安装、装潢、制图、化验、测试等劳务，往往是接受客户的委托，按照客户的要求，完成一次劳务后取得收入。

② 属于同一事项连续取得收入的，以一个月内取得的收入为一次。例如，某歌手与一家卡拉 OK 厅签约，在一年内每天到卡拉 OK 厅演唱一次，每次演出后付劳务报酬。在计算其劳务报酬所得时，应视为同一事项的连续性收入，以其一个月内取得的收入为一次，计征个人所得税，而不以每天取得的收入为一次。

(2) 稿酬所得，以每次出版、发表取得的收入为一次。具体又可细分如下几种。

① 同一作品再版取得的所得，应视为另一次稿酬所得计征个人所得税。

② 同一作品先在报纸和杂志上连载，然后出版，或先出版，再在报纸和杂志上连载的，应视为两次稿酬所得征税，即连载作为一次，出版作为另一次。

③ 同一作品在报纸和杂志上连载取得收入的，将连载完成后取得的所有收入合并为一次，计征个人所得税。

④ 同一作品在出版和发表时，以预付稿酬或分次支付稿酬等形式取得的稿酬收入，应合并计算为一次。

⑤ 同一作品出版、发表后，因添加印数而追加稿酬的，应与以前出版、发表时取得的稿酬合并为一次，计征个人所得税。

(3) 特许权使用费所得，以某项使用权的一次转让所取得的收入为一次。

一个纳税义务人可能拥有不止一项特许权利，每一项特许权利的使用权也可能不止一次地向他人提供。因此，对特许权使用费所得的"次"的界定，明确为每一项使用权的每次转让所取得的收入为一次。

如果该次转让取得的收入是分笔支付的，则应将各笔收入相加为一次收入，计征个人所得税。

(4) 利息、股息、红利所得，以支付利息、股息、红利时取得的收入为一次。

(5) 财产租赁所得，以一个月内取得的收入为一次。

(6) 偶然所得，以每次收入为一次。

【案例 6-6】 朱某与 4 位朋友投资组建一家包装材料有限公司，每人投资占比均为 20%。该公司共有员工 20 人，实际支付工资 600 000 元。5 位股东均在企业任职，每人每月工资为 8 000 元。假设当年该公司预计实现税前会计利润 500 000 元，企业所得税的适用税率为 25%，税后利润全部按投资比例分配，没有其他纳税调整项目。该公司应如何进行所得税的税收筹划？

筹划分析： 该公司应纳企业所得税=500 000×25%=125 000(元)，5 位股东的月工资为 8 000 元，则缴纳工资、薪金所得的个人所得税=(8 000-5 000)×3%×12×5=5 400(元)

5 位股东的股息所得应缴个人所得税=(500 000-125 000)×20%=75 000(元)

经过专业人士的筹划，他们将预计分配的股利 375 000 元平均增加到 5 位股东各月的工资当中，即每人每月增加 6 250(375 000÷12÷5)元工资。

实际发放工资总额=600 000+375 000=975 000(元)

由此可知，他们可多扣除的工资、薪金支出为 375 000 元，可多扣除的职工福利费为 52 500(375 000×14%)元，可多扣除的工会经费为 7 500(375 000×2%)元，可多扣除的职工教育经费为 30 000(375 000×8%)元，在筹划方案实施后共计可多扣除费用 465 000(375 000+52 500+7 500+30 000)元。

应缴纳企业所得税=(500 000-465 000)×25%=8 750(元)

5 位股东每月实发工资=8 000+6 250=14 250(元)

工资、薪金个人所得税=[(14 250-5 000)×10%-210]×12×5=42 900(元)

股息个人所得税=(500 000-465 000)×(1-25%)×20%=5 250(元)

筹划前的企业所得税和个人所得税=125 000+5 400+75 000=205 400(元)

筹划后的企业所得税和个人所得税=8 750+42 900+5 250=56 900(元)

因此，实现节税 148 500(205 400-56 900)元。

第三节 个人所得税税基的税收筹划

个人所得税的应税税目不同，并且取得某项所得所需的费用也不相同，因此在计算个人应纳税所得额时，需要按不同应税项目分项计算，以某应税项目的收入额减去税法规定的相应费用减除标准后的余额为该项目的应纳税所得额。依据《个人所得税法》关于计税依据的规定，可通过加大费用扣除来降低个人所得税基数，进而降低个人所得税税负。

一、应税收入的筹划

1. 利用综合所得事项转化进行税收筹划

个人所得税的 9 个税目中，工资、薪金所得，劳务报酬所得，稿酬所得，特许权使用费所得，经营所得，财产租赁所得，财产转让所得等 7 个税目，在计算应纳税所得额时，允许扣除一定的费用支出。其中，按照综合所得合并计税的税目包括工资薪金所得、劳务报酬所得、稿酬所得、特许权使用费所得四项。实际上，对于这些税目而言，税法允许扣除的费用与实际发生的费用之间并没有直接联系，这就为税收筹划提供了可能。无论有关的收入是否包括相关费用，税法均允许个人按照有关收入的一定标准扣除费用，即便这些收入实际已扣除了有关费用。因此，进行税收筹划的基本思路是，设法将个人为取得有关收入而支出的费用在取得收入前扣除，如由收入提供方支付有关的费用。

1) 劳务报酬所得中的费用扣除

【案例 6-7】刘教授经常应邀到外地讲学，并获得一定的劳务报酬。某月一家外地机构邀请刘教授讲学，报酬为 6 000 元，交通、食宿等费用由刘教授自理，经估算这些费用约为 2 000 元。按照以上情况，刘教授应就 6 000 元的劳务报酬所得，被对方预扣个人所

得税,预缴税额为

$$预缴税额=6\,000\times(1-20\%)\times20\%=960(元)$$

其中,括号中的 20%是刘教授该项所得预扣个人所得税时的费用扣除标准,后面的20%是刘教授该项所得所适用的预扣税率。

筹划操作: 从税收筹划角度考虑,刘教授应与对方协商,争取由对方支付有关的交通食宿等费用,以降低自己的应纳税所得额。

筹划分析: 如果以上的 2 000 元费用由对方支付,则刘教授的全部收入就只有 4 000 元。预扣的个人所得税为

$$预缴税额=4\,000\times(1-20\%)\times20\%=640(元)$$

筹划结果: 与筹划前相比,刘教授的税收负担降低了 320(960-640)元,占原预缴税额的1/3。

2) 利用稿酬收入合理分配进行税收筹划

《个人所得税扣缴申报管理办法(试行)》(国家税务总局公告 2018 年第 61 号)规定,扣缴义务人向居民个人支付稿酬所得时,应当按次或按月预扣预缴税款,以收入减除费用后的余额为收入额,其中,收入额减按 70%计算。减除费用按照以下规定:每次收入不超过4 000 元的,减除费用按 800 元计算;每次收入 4 000 元以上的,减除费用按收入的 20%计算。

根据上述规定,如果在出版著作等取得稿酬较多,参与人员较多的情况下,应尽量增加参与分配的作者人数;由于还涉及各稿酬获得者年终并入综合收入汇算清缴,因此,分配比例应尽量向工薪较低的作者倾斜,以达到税负最轻的目的。

3) 其他所得中的费用扣除

与以上劳务报酬所得相类似的,还有一些个人收入的项目,可将有关费用转嫁给所得支付方负担。比如,个人将房屋出租给他人所获得的"财产租赁所得"可以协议将房屋的维修费用、水电费用、物业管理费等费用由承租方负担;个人转让建筑物、土地使用权、机器设备、车船等财产,获得"财产转让所得"时,可以协议由对方支付有关的交易费用或税金;个人所获得的稿酬所得,可以要求对方报销一定的资料费用,也可以降低应纳税所得额。

2. 非居民个人合理选择兼职收入形式

我国现行个人所得税实行综合与分类相结合的课征制度,与以往的分类课征制度相比,严格区分了居民纳税人与非居民纳税人身份。《个人所得税法》第一条规定,在中国境内无住所又不居住,或者无住所而一个纳税年度内在中国境内居住累计不满 183 天的纳税人,为非居民纳税人。

对居民纳税人的工资、薪金所得,劳务报酬所得,稿酬所得,特许权使用费采取综合计征的,其余所得分类征收;而对非居民纳税人,基本征收方式仍保留了原有的分类课征制度。以前述四项所得为例,《个人所得税法》规定,非居民个人取得该四项所得,按月或者按次分项计算个人所得税。但对于非居民纳税人而言,同样一笔所得,当它归属于不同收入项目时,其税收负担是不同的,这就给非居民纳税人提供了税收筹划空间。现以工资、薪金与劳务报酬所得为例,具体说明这一问题。

【案例 6-8】林某是一名刚退休的美国流体力学专家(美国公民),准备来中国旅游并停留五个月。他的朋友为其介绍了一份中国某大型企业的兼职。工作内容为到该企业在中国各地的子公司指导输油管线安全作业。月收入人民币 10 000 元。林某考虑到该工作可实现收入与旅游兼得,便欣然接受。林某未与该企业签订劳务合同。每月支付报酬时,该企业均按照劳务报酬所得,为林某代扣代缴个人所得税。

筹划分析:按照《个人所得税法》规定,林某属于个人所得税非居民纳税人,非居民纳税人取得的劳务报酬所得,以每次或每月的收入额为应税所得额;依据国家税务总局公告 2018 年第 61 号,非居民纳税人劳务报酬所得,以收入减除 20%的费用后的余额为收入额,并根据表 6-2 计算个人所得税。因此,林某每月需缴纳的个人所得税为

$$应扣缴个人所得税=(10\ 000-10\ 000×20\%)×10\%-210=590(元)$$

筹划操作:林某在中国境内停留的时间较长,可以与前述企业商议,签订劳务合同,形成雇佣关系,则林某的该项所得从劳务报酬转变为工资、薪金所得。

筹划结果:根据《个人所得税法》,非居民个人的工资、薪金所得,以每月收入额减除费用 5 000 元后的余额为应纳税所得额。据此,林某每月将享受 5 000 元的固定税前扣除,其税收负担将变为

$$应扣缴个人所得税=(10\ 000-5\ 000)×10\%-210=290(元)$$

林某的税收负担降低了 300(590-290)元,占原应纳税款的 50.85%(300÷590)。可见,对于林某来讲,将劳务报酬所得转化为工资、薪金所得是最佳选择。

【特别提示】这一案例并不说明"所有非居民纳税人都应将赚取的劳务报酬所得转化为工资、薪金所得"来进行税收筹划,读者可对比以下情况:如果林某的收入为每月30 000 元人民币,则采取劳务报酬形式纳税,其税负为

$$(30\ 000-30\ 000×20\%)×20\%-1\ 410=3\ 390(元)$$

若转变为工资、薪金所得纳税,其税负为

$$(30\ 000-5\ 000)×20\%-1\ 410=3\ 590(元)$$

显然,后者的税收负担更重。

推广到更为一般化的结论,设 A 为非居民纳税人的税前收入,T 为其适用的最高边际税率,K 为速算扣除数。适于非居民个人采用将劳务报酬转化为工资、薪金进行筹划的条件为,前者的税收负担不低于后者,则根据上述计税方法有

$$(A-A×20\%)×T-K≥(A-5\ 000)×T-K \tag{6-1}$$

整理后有

$$A≤25\ 000$$

因此,根据《个人所得税法》,当非居民纳税人税前所得不高于 25 000 元人民币时,可以采取将劳务报酬所得转化为工资、薪金所得的方式进行税收筹划,以降低其税收负担。

3. 高收入者的税收筹划

1) 通过收入形式的转换实现税收筹划

高收入者可通过注册公司来实现税收筹划。其注册公司后,在条件允许的情况下,可能有一些收入,可从其个人收入转化为公司的法人收入。这时,其收入所缴纳的税收也从个人所得税转化为公司或企业所得税。

我国企业所得税实行 25%的单一比例税率，且对小型企业及特殊行业企业实行税基减免、税率减免等多种税收优惠政策，因此对于工资、薪金收入而言，只要边际税率高于相应的企业所得税税率，就存在进行税收筹划的空间。

首先，如果个人综合所得适用的边际税率高于 25%，则企业所得适用的税率更低。例如，如果年薪超过 48 万元，扣除 6 万元费用后，应纳税所得额仍超过 42 万元，适用 30%或更高边际税率。

其次，如果可以注册企业并达到高新技术企业的认定标准，则边际税率高于 15%的个人，就适用这一方法。例如，如果年薪超过 20.4 万元，扣除 6 万元费用后，应纳税所得额超过 14.4 万元，适用 20%的边际税率。

最后，如果年薪超过 9.6 万元，就可以注册公司。因为，超过 9.6 万元的工资薪金所得，适用边际税率至少为 10%，而按照小微企业所得税优惠政策，小微企业的应纳税所得额小于 300 万元，可以按照 5%缴纳企业所得税。

【知识点链接】当纳税人的年薪超过了一定数额，还可以成立合伙企业、独资企业等，将收入转化为个体工商户生产经营所得，从而实现税收筹划。

2）通过收入的分散实现税收筹划

中国现行的个人所得税对于个人的工资收入采取累进征税的制度，因此高收入者常适用较高的边际税率。如果将单一自然人的工资收入，通过设立公司的形式分散为多个自然人的收入，就可有效降低其边际税率。

【案例 6-9】李先生是 A 企业的高级职员，每月收入 3 万元，并由 A 企业每月为其代扣个人所得税。目前，李先生每月需缴纳的个人所得税为

$$应纳税额=(30\,000-5\,000)\times20\%-1\,410=3\,590(元)$$

因此，虽然他名义上每月有 3 万元的收入，实际上拿到手的收入只有 26 410(30 000-3 590)元。

筹划操作：李先生可通过注册一个新的公司实现税收筹划。具体步骤如下。

(1) 首先，李先生注册一家公司 B，并设法与其工作的 A 公司达成协议，A 公司将李先生每月工资中的 22 000 元以咨询费等名义打入 B 公司的账户，李先生每月只从 A 公司领取 8 000 元薪金，并由 A 公司代扣个人所得税。其次，雇用其父母为公司职员。

(2) 李先生可以自由支配 B 公司账户中的资金。因此，李先生使用这 22 000 元资金，分别给其父母每人每月支付 5 000 元工资，并为其代扣个人所得税，其余 12 000 元用于各种支出的报销。

筹划结果：该筹划方案的结果是，李先生的 2 位家人每月都只取得 5 000 元工资，均不需要纳税。

李先生每月应纳个人所得税=(8 000-5 000)×3%=90(元)

李先生的全部 3 万元收入，就只需要缴纳 90 元的所得税，比筹划之前，每个月降低了 3 500(3 590-90)元的纳税义务，占其原应纳税额的 97.49%(3 500÷3 590)。

【特别提示】该方案在实施中，可能会由于新公司的运转产生一定的费用支出，但一般而言，这些费用可以被控制在一定幅度以内。例如，本例中，只要增加的费用支出不超过 3 500 元，该筹划方案就是可行的。

二、个人所得税费用扣除项目的筹划

个人所得税费用扣除项目的筹划要点是尽量增加可以税前扣除的费用支出。一方面，为他人承担劳务以取得报酬的个人，可以考虑由对方提供一定的福利，将本应由自己承担的费用改为由对方承担，以达到规避个人所得税的目的。比如由对方提供餐饮服务、报销交通费、提供住宿、提供办公用具、安排实验设备等日常开支，如果由个人负担，就不能在应纳税所得额中扣除；如果将这些自己承担的费用开支转由对方承担，则可相应地降低自己的劳务报酬总额，从而使该项劳务报酬所得适用较低的税率。另一方面，可利用优惠性税收政策提高税前可扣除项目金额，比如购买商业健康保险产品等。

【案例 6-10】李教授到某智能科技有限公司举办讲座，双方签订了合同并约定 3 万元报酬。在办讲座期间，李教授发生的交通、住宿、用餐等费用共计 5 000 元。假设李教授每月另有 10 000 元工资、薪金收入，不考虑其他扣除，请问是否存在个人所得税的税收筹划空间？

筹划分析：在一般情况下，李教授应缴纳的个人所得税=[10 000×12+30 000×(1-20%)-60 000]×10%-2 520=5 880(元)

李教授可与某智能科技有限公司协商在合同中约定报酬为 2.5 万元，而交通、住宿、用餐等费用由该公司承担。此时，李教授应缴纳的个人所得税=[10 000×12+25 000×(1-20%)-60 000]×10%-2 520=5 480(元)

三、个人所得税专项附加扣除项目的筹划

1. 利用子女教育支出专项附加扣除进行税收筹划

根据《国务院关于提高个人所得税有关专项附加扣除标准的通知》(国发〔2023〕13号，以下简称《通知》)的规定，自 2023 年 1 月 1 日起，3 岁以下婴幼儿照护、子女教育专项附加扣除标准，由每个婴幼儿(子女)每月 1 000 元提高到 2 000 元。子女教育包括学前教育阶段(子女年满 3 周岁当月至小学入学前一月)和学历教育(子女接受全日制学历教育入学的当月至全日制学历教育结束的当月)。

《个人所得税专项附加扣除办法》第六条规定："父母可以选择由其中一方按扣除标准的 100%扣除，也可以选择由双方分别按扣除标准的 50%扣除，具体扣除方式在一个纳税年度内不能变更。"

【案例 6-11】中国公民朱某某夫妇 2022 年分别取得薪金所得 120 000 元和 72 000元。现有一女正在读高中，每年学费为 30 000 元。如果不享受专项附加扣除税收政策，则：

朱某某本人需预缴个人所得税税额=(120 000-60 000)×10%-2 520=3 480(元)

朱某某妻子需预缴个人所得税税额=(72 000-60 000)×3%=360(元)

夫妻二人合计应纳税额=3 480+360=3 840(元)

筹划操作：

(1) 如果选择夫妻双方分别扣除 1 000 元，则：

朱某某本人需预缴个人所得税税额=(120 000-60 000-12 000)×10%-2 520=2 280(元)

朱某某妻子由于应纳税所得额为 0(72 000-60 000-12 000)，免于缴纳个人所得税。夫

妻二人合计应纳税额为 2 280 元

(2) 如果选择朱某某本人一方扣除 2 000 元，则：

朱某某本人需预缴个人所得税税额＝(120 000-60 000-24 000)×3%＝1 080(元)

朱某某妻子需预缴个人所得税税额＝(72 000-60 000)×3%＝360(元)

夫妻二人合计应纳税额＝1 080+360＝1 440(元)

筹划分析：选择夫妻双方分别扣除，二人的税负合计为 2 280 元，如果选择由朱某某一方扣除，二人合计税负为 1 440 元，分别比扣除前少缴纳个人所得税 1 560 元(3 840 元-2 280 元)和 2 400 元(3 840 元-1 440 元)，显然，选择由朱某某本人一方扣除更为划算。之所以出现这样的结果，是由于朱某某本人的税前应纳税所得额已经超过了 3%的低档税率临界点，如果这样夫妻双方分别扣除，妻子一方只能减少 3 个百分点的税负，而朱某某本人单方扣除，可以降低 10 个百分点的税负，多减少了 7 个百分点的税负，减少应纳税额 840 元(12 000 元×7%)，这与上述两个方案节税的结果减税 840 元(2 280 元-1 440 元)正好吻合。

【筹划提示】纳税人子女在中国境外接受教育的，纳税人应当留存境外学校录取通知书、留学签证等相关教育的证明资料备查。

2. 利用继续教育支出专项附加扣除进行税收筹划

《个人所得税专项附加扣除暂行办法》规定，纳税人在中国境内接受学历(学位)继续教育的支出，在学历(学位)教育期间按照每月 400 元定额扣除。同一学历(学位)继续教育的扣除期限不能超过 48 个月。纳税人接受技能人员职业资格继续教育、专业技术人员职业资格继续教育的支出，在取得相关证书的当年，按照 3 600 元定额扣除。

个人接受本科及以下学历(学位)继续教育，符合该办法规定扣除条件的，可选择由其父母扣除，也可选择由本人扣除。

【案例 6-12】朱某某兼职于境内一家公司，年薪为 80 000 元，本人正在读取全日制研究生，每年学费为 15 000 元。其父亲朱某就职于某高校，年薪 30 万元。试比较分别选择朱某某本人税前扣除还是朱某税前扣除更为划算。

筹划操作：

(1) 选择本人按照"继续教育专项"扣除。

本人应纳税额＝(80 000-60 000-4 800)×3%＝456(元)

朱某应纳税额＝(300 000-60 000)×20%-16 920＝31 080(元)

合计应纳税额＝456+31 080＝31 536(元)

(2) 选择朱某按照"子女教育专项支出"扣除。

本人应纳税额＝(80 000-60 000)×3%＝600(元)

朱某应纳税额＝(300 000-60 000-24 000)×20%-16 920＝26 280(元)

合计应纳税额＝600+26 280＝26 880(元)

筹划分析：

朱某某选择由其父扣除比自己本人扣除减少个人所得税 4 656 元(31 536 元-26 880元)。原因在于以下两点。

(1) 本人扣除只能降低 3 个税点，而其父扣除可以减少 20 个税点，多减少了 17 个税点，较少缴纳税款 816 元(4 800 元×17%)。

(2)朱某扣除还可以多扣除 19 200 元(24 000 元-4 800 元)，此因素有影响个税税负 3 840 元(即 19 200 元×20%)。

以上两个因素共计影响个人所得税税负 4 656 元(816 元+3 840 元)，与筹划结果相吻合。

【筹划提示】纳税人接受技能人员职业资格继续教育、专业技术人员职业资格继续教育的，应当留存相关证书等资料备查。

3. 利用住房贷款利息支出专项附加扣除进行税收筹划

《个人所得税专项附加扣除暂行办法》规定，纳税人本人或者配偶单独或者共同使用商业银行或者住房公积金个人住房贷款为本人或者其配偶购买中国境内住房，发生的首套住房贷款利息支出，在实际发生贷款利息的年度，按照每月 1 000 元的标准定额扣除，扣除期限最长不超过 240 个月。纳税人只能享受一次首套住房贷款的利息扣除。

上述所称"首套住房贷款"，是指购买住房享受首套住房贷款利率的住房贷款。

经夫妻双方约定，可以选择由其中一方扣除，具体扣除方式在一个纳税年度内不能变更。夫妻双方婚前分别购买住房发生的首套住房贷款，其贷款利息支出，婚后可选择其中一套购买的住房，由购买方按扣除标准的 100%扣除，也可由夫妻双方对各自购买的住房分别扣除标准的 50%，具体扣除方式在一个纳税年度内不能变更。

【案例 6-13】朱某某夫妻共同出资购买商品住宅一套，扣除首付之后，贷款 200 万元按揭，按照年复利计算，每年支付利息 14 万元，朱某某就职于某科技公司，年薪为 25 万元，其妻就职于某事业单位，年薪为 9 万元，试比较由朱某某单方扣除和夫妻双方分别扣除贷款利息，哪种情况更能节税。

筹划操作：

(1) 若由朱某某本人单方扣除 1 000 元，则

朱某某本人应纳税额=(25-6-0.1×12)×20%-1.692=1.868(万元)

朱某某妻子应纳税额=(9-6)×3%=0.09(万元)

二人合计应纳税额=1.958(万元)

(2) 若由朱某某夫妻双方每月分别扣除 500 元，则

朱某某本人应纳税额=(25-6-0.05×12)×20%-1.692=1.988(万元)

朱某某妻子应纳税额=(9-6-0.05×12)×3%=0.072(万元)

二人合计应纳税额=2.06(万元)

筹划分析： 从筹划操作可以看出，选择朱某某单方扣除比夫妻双方扣除节税 0.102(2.06-1.958)万元。这是由于将妻子一方的扣除金额 0.6 万元转移到朱某某本人扣除后，减少税负由 3%提高到 20%，多减少了 17 个税点，正好是 0.102(0.5×12×17%)万元。

【筹划提示】纳税人应当留存住房贷款合同、贷款还款支出凭证备查。

4. 利用住房租金支出专项附加扣除进行税收筹划

《个人所得税专项附加扣除暂行办法》规定，纳税人在主要工作城市没有自有住房而发生的住房租金支出，可按以下标准定额扣除。

(1) 直辖市、省会(首府)城市、计划单列市以及国务院确定的其他城市，扣除标准为每

月 1 500 元。

(2) 除第一项所列城市以外，市辖区户籍人口超过 100 万的城市，扣除标准为每月 1 100 元；市辖区户籍人口不超过 100 万的城市，扣除标准为每月 800 元。

【知识点链接】纳税人的配偶在纳税人的主要工作城市有自有住房的，视同纳税人在主要工作城市有自有住房。市辖区户籍人口，以国家统计局公布的数据为准。

上述所称"主要工作城市"，是指纳税人任职受雇的直辖市、计划单列市、副省级城市、地级市(地区、州、盟)全部行政区域范围；纳税人无任职受雇单位的，为受理其综合所得汇算清缴的税务机关所在城市。

夫妻双方主要工作城市相同的，只能由一方扣除住房租金支出。住房租金支出由签订租赁住房合同的承租人扣除。

纳税人及其配偶在一个纳税年度内不能同时分别享受住房贷款利息和住房租金专项附加扣除。

【案例 6-14】假设朱某某夫妇居住于北方某省会城市，不购买商品房，每年支付房租 3 万元。朱某某就职于某科技公司，年薪为 25 万元，其妻就职于某事业单位，年薪为 15 万元，试比较由朱某某扣除和其妻一方扣除租金支出，哪种情形更能节税。

筹划操作：

(1) 若由朱某某单方扣除 1 500 元，则

朱某某应纳税额=(25-6-0.15×12)×20%-1.692=1.748(万元)

朱某某妻子应纳税额=(15-6)×10%-0.252=0.648(万元)

二人合计应纳税额=1.748+0.648=2.396(万元)

(2) 若由朱某某妻子一方扣除 1500 元，则

朱某某应纳税额=(25-6)×20%-1.692=2.108(万元)

朱某某妻子应纳税额=(15-6-0.15×12)×10%-0.252=0.468(万元)

二人合计应纳税额=2.108+0.468=2.576(万元)

筹划分析：从筹划操作可以看出，选择朱某某单方扣除比妻子一方扣除节税 0.18 (2.576-2.396)万元。这是由于将妻子一方的扣除金额 1.8 万元转移到朱某某扣除后，减少税负由 10%提高到 20%，多减少了 10 个税点，即 0.18(1.8×10%)万元。

【筹划提示】纳税人应当留存住房租赁合同、协议等有关资料备查。

5. 利用赡养老人支出专项附加扣除进行税收筹划

根据《国务院关于提高个人所得税有关专项附加扣除标准的通知》(国发〔2023〕13 号)规定，纳税人赡养一位及以上被赡养人的赡养支出，由每月 2 000 元提高到 3 000 元，其中：

(1) 纳税人为独生子女的，按照每月 3 000 元的标准定额扣除；

(2) 纳税人为非独生子女的，由其与兄弟姐妹分摊每月 3 000 元的扣除额度，每人每月分摊的扣除额度不能超过 1 500 元。可以由赡养人均摊或者约定分摊，也可以由被赡养人指定分摊。约定或者指定分摊的须签订书面分摊协议，指定分摊优先于约定分摊。具体分摊方式和额度在一个纳税年度内不能变更。

上述所称被赡养人，是指年满 60 岁的父母，以及子女均已去世的年满 60 岁的祖父母、外祖父母。

在纳税人兄弟姐妹比较多的情况下，根据每个人的收入情况负担抚养费，在自身负担能力许可的范围内，尽量多承担抚养费支出，一方面体现了孝敬老人的优秀品质，另一方面，也在一定程度上减轻了家庭成员的税负。

第四节　个人所得税优惠政策的税收筹划

一、境外所得已纳税额扣除的筹划

1. 筹划原理

《个人所得税法实施条例》第二十一条第三款规定，纳税人在中国境外一个国家或地区实际已缴纳的个人所得税税额，超过该国或该地区抵免限额的，其超过部分不得在本纳税年度的应纳税额中抵免，但可在以后纳税年度的该国或该地区抵免限额的余额中补扣。补扣期限最长不得超过 5 年。

【知识点提醒】为使超过抵免限额的部分在未来 5 年内获得扣除，纳税人应注意以下两点。

第一，纳税人在以后年度必须继续从该国取得应税收入，而且来自该国的所有应税收入的已纳税额之和小于税法规定的抵免限额。

第二，如果纳税人在某个国家只有一项收入来源，而且该项收入来源在该国的已纳税额超过了按照我国税法计算的应纳税额，则会使"超过抵免限额的部分"越来越多，除非该国税制变化(降低税率)，或者我国税制变化(提高税率)，否则不能扣除。

2. 筹划要点

境外所得已纳税额的扣除原理是通过对境外所得地、所得时间以及所得项目等进行税收筹划，使境外所得已纳税额得到充分抵免。

【案例 6-15】假定居民纳税人刘教授从甲国取得两项应税收入。其中，在甲国因任职取得的工资、薪金收入以美元支付，折合人民币 60 000 元/年，平均每月 5 000 元，在甲国已纳个人所得税折合人民币 700 元。因向某公司投资，取得该公司股息所得 3 871 美元，折合人民币 24 000 元，已纳个人所得税折合人民币 5 740 元。刘教授应如何进行税额抵扣？

筹划分析：刘教授的税额抵扣计算如下。

(1) 工资薪金所得：

$$全年应纳税额=60\ 000-60\ 000=0(元)$$

(2) 股息所得：

$$应纳税额=24\ 000×20\%=4\ 800(元)$$

因此，其抵免限额为 4 800 元。

由于刘教授在该国实际已纳税款 6 440(700+5 740)元，超过了抵免限额，因此不再补税，但超过抵免限额的部分 1 640(6 440-4 800)元可以在今后 5 年的期限内，从甲国抵免限额的余额中补扣。

对刘教授境外所得已纳税额扣除的筹划思路为：如果在第二年，刘教授在甲国取得的应税所得按照《个人所得税法》规定计算出来的年个人所得税的税收筹划应纳税额为

9 000 元，在甲国已纳税 7 480 元，在我国应补个人所得税税额 1 520(9 000-7 480)元，此时可用上年度"超过抵免限额的部分 1 640 元"进行补扣，因而第二年无须补缴税款。此时，刘教授还有 120(1 640-1 520)元未抵扣，可以在未来的 4 年内继续扣除。但是，如果第二年刘教授在甲国取得的应税所得按照《个人所得税法》规定计算出来的年应纳税额为 7 000 元，低于甲国的已纳税额 7 480 元，或不再从甲国取得收入，就无法运用这一优惠政策。

由此可以看出，工资、薪金所得和股息所得在甲国的已纳税额都超过了按我国税法计算的应纳税额，在两国税率没有变化的情况下，超过抵免限额的部分只会越来越多。

二、捐赠的税收筹划

要发挥分配的功能和作用，坚持按劳分配为主体，完善按要素分配政策，加大税收、社保、转移支付等的调节力度。支持有意愿有能力的企业和社会群体积极参与公益慈善事业。

——2021 年中央经济工作会议

1. 筹划原理

《关于公益慈善事业捐赠个人所得税政策的公告》(2019 年第 99 号)规定，个人将其所得通过中国境内公益性社会组织、县级以上人民政府及其部门等国家机关向教育和其他社会公益事业以及遭受严重自然灾害地区、贫困地区的捐赠，金额未超过纳税人申报的应纳税所得额 30%的部分，可以从其应纳税所得额中扣除。即个人在捐赠时，必须在捐赠方式、捐赠款投向、捐赠额度上符合税法规定，才能使这部分捐赠款免缴个人所得税。

上述"公益性社会组织"是指获得公益性捐赠税前扣除资格的公益性社会组织，分别由财政部、国家税务总局和民政部以及省、自治区、直辖市、计划单列市的财政、税务和民政部门每年联合公布名单。名单应当包括当年继续获得公益性捐赠税前扣除资格和新获得公益性捐赠税前扣除资格的公益性社会组织。

2. 筹划要点

(1) 选择捐赠对象。个人在进行捐赠时，应注意捐赠对象，除税法规定对其捐赠允许扣除的对象外，其他捐赠支出是不允许税前扣除的。捐赠对象不同，扣除比例也不同，一般情况下的扣除比例为应纳税所得额的 30%，特定情况下允许全额扣除。税法规定个人发生公益慈善事业捐赠进行税前扣除，接受捐赠的机构必须符合特定条件，即接受捐赠的机构为公益性社会组织或县级以上人民政府及其部门，捐赠的用途为教育、扶贫、济困等公益慈善事业。

(2) 安排捐赠途径。个人在进行捐赠时，应通过中国境内县级以上人民政府及其组成部门和直属机构或具有公益性捐赠税前扣除资格的社会组织、国家机关捐赠，直接捐赠支出不允许税前扣除。

(3) 取得合法的凭证。取得合法的凭证是进行税收筹划最基本的条件。个人发生公益捐赠时不能及时取得捐赠票据的，可暂凭公益捐赠银行支付凭证扣除，并向扣缴义务人提供公益捐赠银行支付凭证复印件。个人应在捐赠之日起 90 日内向扣缴义务人提供捐赠票据。

(4) 调整捐赠金额。如果捐赠金额已超过可扣除限额，则可考虑分次或分项捐赠，尽量使捐赠金额不超过扣除限额。

(5) 选择合适的捐赠时间。一是捐赠行为应选择在有所得的年份或月份发生，综合所得按年计算，分类所得按月计算，以实现捐赠的抵税效应。二是捐赠行为应选择在综合所得或经营所得最大的年度进行，以实现捐赠的抵税效应最大化。

(6) 确定扣除的时间。居民个人取得工资、薪金所得的，可选择在预扣预缴时扣除，也可选择在年度汇算清缴时扣除。在经营所得中扣除公益捐赠支出的，可选择在预缴税款时扣除，也可选择在汇算清缴时扣除。纳税人可选择预缴税款时先行扣除。

(7) 选择捐赠的标的资产。个人捐赠的标的资产有货币性资产，股权、房产和其他非货币性资产，税法规定三类资产捐赠支出金额确定口径各不相同。货币性资产捐赠以实际捐赠金额作为捐赠支出；股权、房产捐赠以持有的原值作为捐赠支出金额；其他非货币性资产以非货币性资产的市场价格确定捐赠金额。纳税人应根据应税所得及扣除限额的情况合理选择捐赠的标的资产类型，以实现抵税效应的最大化。

(8) 规划扣除的所得项目顺序。居民个人根据各项所得的收入、公益捐赠支出、适用税率等情况，自行决定在综合所得、分类所得、经营所得中扣除的公益捐赠支出的顺序。居民个人捐赠当月有多项多次分类所得的，应先在其中一项一次分类所得中扣除。已在分类所得中扣除的公益捐赠支出，不再调整到其他所得中扣除。纳税人应优先选择边际税率高的所得项目进行扣除，以实现捐赠扣除抵税效应的最大化。

【案例 6-16】设计师钱某与某智能科技有限公司签订协议，由其提供设计图纸。合同上注明：图纸制作完毕交图时一次性支付劳务报酬 50 万元。钱某在交图后，为了改善家乡的教育条件，将其获得的一次性劳务报酬 50 万元中的 20 万元直接捐赠给家乡的两所高中。钱某应如何进行捐赠的税收筹划？(假设钱某的综合所得为 50 万元，不考虑专项扣除项目等)

筹划分析：由于不符合《个人所得税法》第六条规定的捐赠允许扣除的程序，因而钱某获得的劳务报酬需要全额缴纳个人所得税，则

$$(500\,000-60\,000)\times30\%-52\,920=79\,080(元)$$

对于捐赠的税收筹划，钱某可以做如下考虑。

(1) 若钱某通过中国境内的社会组织、国家机关向这两所高中捐赠，并且捐赠额未超过纳税人申报的应纳税所得额 30%的部分，则可从其应纳税所得额中扣除，可扣除的捐赠额为

$$(500\,000-60\,000)\times30\%=132\,000(元)$$

获得的劳务报酬需缴纳的个人所得税为

$$(500\,000-60\,000-132\,000)\times25\%-31\,920=45\,080(元)$$

因此，共节约个人所得税 34\,000(79\,080-45\,080)元。

(2) 若钱某通过中国境内的社会组织、国家机关向这两所高中捐赠，且当年捐赠 12 万元，其余 8 万元留到次年捐赠(假设次年钱某申报的应纳税所得额为 40 万元)，由于每年的捐赠额都没有超过纳税人申报的应纳税所得额的 30%，可从其应纳税所得额中扣除，因此钱某两年的捐赠款均可以在当年应纳税所得额中全部扣除。

(3) 若钱某不是通过中国境内的社会组织、国家机关捐赠给家乡的两所高中，而是两所初中(属于农村义务教育)，则捐赠额准予在缴纳个人所得税前的应纳税所得额中全额扣

除，钱某当年需要缴纳的个人所得税为

$$(500\,000-60\,000-200\,000)\times20\%-16\,920=31\,080(元)$$

比直接捐赠节约个人所得税 48 000(79 080−31 080)元。

【案例 6-17】梁某将一套原值为 100 万元、市场价为 300 万元的商业房产向某县人民政府民政局捐赠用于扶贫济困，假设当期梁某取得综合所得 500 万元，梁某选择捐赠扣除优先在综合所得中扣除。现有两种捐赠方案。

方案一：直接捐赠房屋。

方案二：先销售后捐赠(除了个人所得税外，暂不考虑增值税等其他税种)。

请从税收筹划的角度进行方案选择。

筹划分析：

方案一的应纳税额的计算为

直接捐赠房产，捐赠支出金额按原值确定为 100 万元。

综合所得项目捐赠扣除限额=500×30%=150(万元)

梁某捐赠支出 100 万元，可以据实扣除。

应纳个人所得税=(500−100)×45%−18.192=161.808(万元)

方案二的应纳税额的计算为

财产转让所得=300−100=200(万元)

综合所得项目的捐赠扣除限额=500×30%=150(万元)

财产转让所得的捐赠扣除限额=200×30%=60(万元)

实际捐赠支出为 300 万元，捐赠限额 210(150+60)万元小于实际捐赠支出 300 万元，应按限额扣除。

综合所得应纳个人所得税=(500−150)×45%−18.192=139.308(万元)

财产转让所得应纳个人所得税=(300−100−60)×20%=28(万元)

合计应纳税额=139.308+28=167.308(万元)

方案一的应纳税额低于方案二的应纳税额 5.5(167.308−161.808)万元，所以应选择方案一。

【案例 6-18】2019 年，梁某的综合所得应纳税所得额为 200 万元。2019 年 10 月，偶然所得应纳税所得额为 100 万元，发生捐赠支出 70 万元。请从税收筹划的角度对梁某的捐赠扣除顺序做出选择。

筹划分析：由于梁某的两项所得适用的边际税率不同，应优先选择边际税率低的所得项目进行扣除，以实现抵税效应的最大化。

(1) 方案一为优先在综合所得中扣除，则应纳税额的计算为

综合所得的扣除限额=200×30%=60(万元)

偶然所得的扣除限额=100×30%=30(万元)

捐赠支出 70 万元可以全额扣除，优先在综合所得中扣除 60 万元，剩余 10 万元在偶然所得中扣除。

综合所得应纳个人所得税=(200−60)×45%−18.192=44.808(万元)

偶然所得应纳个人所得税=(100-10)×20%=18(万元)

共计应纳个人所得税=44.808+18=62.808(万元)

(2) 方案二为优先在偶然所得中扣除，则应纳税额的计算为

综合所得的扣除限额=200×30%=60(万元)

偶然所得的扣除限额=100×30%=30(万元)

捐赠支出 70 万元可以全额扣除，优先在偶然所得中扣除 30 万元，剩余 40 万元在综合所得中扣除。

综合所得应纳个人所得税=(200-40)×45%-18.192=53.808(万元)

偶然所得应纳个人所得税=(100-30)×20%=14(万元)

共计应纳个人所得税=53.808+14=67.808(万元)

方案一比方案二少缴个人所得税 5(67.808-62.808)万元，所以应优先选择在综合所得中扣除。

第五节　个人所得税税收筹划的风险防范

一、关注个人所得税法律中关于反避税的相关规定

《个人所得税法》第八条规定，有下列情形之一的，税务机关有权按照合理方法进行纳税调整。

(1) 个人与其关联方之间的业务往来不符合独立交易原则而减少本人或者其关联方应纳税额，且无正当理由。

(2) 居民个人控制的，或者居民个人和居民企业共同控制的设立在实际税负明显偏低的国家(地区)的企业，无合理经营需要，对应当归属于居民个人的利润不作分配或者减少分配。

(3) 个人实施其他不具有合理商业目的的安排而获取不当税收利益。

税务机关依照前款规定作出纳税调整后，需要补征税款的，应当补征税款，并依法加收利息。

另外，《个人所得税法实施条例》第八条规定，个人所得的形式，包括现金、实物、有价证券和其他形式的经济利益；所得为实物的，应当按照取得的凭证上所注明的价格计算应纳税所得额，无凭证的实物或者凭证上所注明的价格明显偏低的，参照市场价格核定应纳税所得额；所得为有价证券的，根据票面价格和市场价格核定应纳税所得额；所得为其他形式的经济利益的，参照市场价格核定应纳税所得额。

二、纳税人进行纳税申报和汇算清缴应注意的问题

1. 纳税人需要办理纳税申报的情形

《个人所得税法》第十条规定，有下列情形之一的，纳税人应当依法办理纳税申报。

(1) 取得综合所得需要办理汇算清缴。

(2) 取得应税所得没有扣缴义务人。

(3) 取得应税所得，扣缴义务人未扣缴税款。

(4) 取得境外所得。

(5) 因移居境外注销中国户籍。

(6) 非居民个人在中国境内从两处以上取得工资、薪金所得。

(7) 国务院规定的其他情形。

扣缴义务人应当按照国家规定办理全员全额扣缴申报，并向纳税人提供其个人所得和已扣缴税款等信息。

2. 居民个人汇算清缴应注意的问题

居民个人取得综合所得，按年计算个人所得税；有扣缴义务人的，由扣缴义务人按月或按次预扣预缴税款；需要办理汇算清缴的，应当在取得所得的次年 3 月 1 日至 6 月 30 日内办理汇算清缴。预扣预缴办法由国务院税务主管部门制定。

居民个人向扣缴义务人提供专项附加扣除信息的，扣缴义务人按月预扣预缴税款时应当按照规定予以扣除，不得拒绝。

3. 非居民个人汇算清缴时应注意的问题

非居民个人取得工资、薪金所得，劳务报酬所得，稿酬所得和特许权使用费所得，有扣缴义务人的，由扣缴义务人按月或按次代扣代缴税款，不办理汇算清缴。

4. 纳税人取得经营所得汇算清缴应注意的问题

纳税人取得经营所得，按年计算个人所得税，由纳税人在月度或季度终了后 15 日内向税务机关报送纳税申报表，并预缴税款；在取得所得的次年 3 月 31 日前办理汇算清缴。

纳税人取得利息、股息、红利所得，财产租赁所得，财产转让所得和偶然所得，按月或者按次计算个人所得税，有扣缴义务人的，由扣缴义务人按月或按次代扣代缴税款。

5. 纳税人应关注税款缴纳期限的规定

纳税人取得应税所得没有扣缴义务人的，应在取得所得的次月 15 日内向税务机关报送纳税申报表，并缴纳税款。

纳税人取得应税所得，扣缴义务人未扣缴税款的，纳税人应在取得所得的次年 6 月 30 日前，缴纳税款；税务机关通知限期缴纳的，纳税人应按照期限缴纳税款。

居民个人从中国境外取得所得的，应当在取得所得的次年 3 月 1 日至 6 月 30 日内申报纳税。

非居民个人在中国境内从两处以上取得工资、薪金所得的，应在取得所得的次月 15 日内申报纳税。

纳税人因移居境外注销中国户籍的，应在注销中国户籍前办理税款清算。

三、识别年终奖金的税收盲区

1. 年终奖金税收盲区的产生

年终奖金虽采取了累进税率的形式，但依旧会产生税收盲区，其根本原因在于税率的设计偏离了超额累进制度的初衷。

首先，分析年终奖金的税收计算公式。设 I 为全年一次性奖金，适用税率由 $I/12$ 决定，设为 T，D 为速算扣除数，则

$$年终奖金应纳税额=I \times T-D \tag{6-2}$$

其次，分析每月的工资在超额累进税率下的纳税义务。如果纳税人月薪为 $I/12$，则其全年 12 个月的应纳税额为

$$应纳税额=(I/12 \times T-D) \times 12$$

整理后可得

$$应纳税额=I \times T-D \times 12 \tag{6-3}$$

由此可见，虽然全年收入均为 I，但两者的纳税义务不同。现行年终奖金的纳税制度并不是超额累进制度，因此才会存在税负突变点。

当然，现行的年终奖纳税制度也不是全额累进制度，因为全额累进下不扣速算扣除数。

2. 税收盲区的识别

1) 税级临界点易产生税负突变

既然不是规范的超额累进制度，则在税率级次的临界点处，会产生应纳税额突变，呈跳跃式增加的情况。若不进行合理筹划，就会出现奖金多 1 元，多缴几千元税的极端情况，这就是纳税临界点。

2) 税收盲区的推算及识别

税负突变产生于税级临界点，因此，税收盲区就可根据税率级次进行推算。工资、薪金所得适用七级超额累进税率，因此，在 7 个税级之间会产生 6 个税收盲区。

税收盲区以税级临界点为下限推算。年终奖现在有 6 个临界点，6 个临界点均为相邻两级应纳税所得额的交界处，如第一个临界点为第一级和第二级的全月应纳税所得额的交界点 3 000 元，则年终奖金突变点为 36 000(3 000×12)元。同理，我们可得到另外几个临界点，即 144 000 元、300 000 元、420 000 元、660 000 元和 960 000 元。这些临界点是税负突变的起点，从这些临界点开始，以这个临界点为下限，有个无效区间范围，会产生多发的奖金数额不能弥补多缴纳税款的情况。

以第一个临界点 36 000 元为例：当年终奖金为 36 000 元时，适用税率为 3%，速算扣除数为 0，应纳税额为 1 080(36 000×3%)元；当年终奖金为 36 001 元时，适用税率为 10%，而此时按照分月预扣税额计算的速算扣除数为 210 元，则应纳税额为 3 390.10 (36 001×10%-210)元。可见，多发 1 元年终奖金，就要多交 2310.10(3 390.10-1 080)元的个人所得税。因此，发的奖金多，员工拿到手的奖金不一定就多。

这就需要计算出税前收入增加反而使税后奖金减少的无效区间。计算无效区间范围的思路是：奖金增加导致税率突变后的税后收入小于临界点的税后收入的区间范围。以第一个临界点 36 000 元为例，设 I 为全年一次性奖金收入，则

$$年终奖金税后收入=I-(I \times T-D) \tag{6-4}$$

$I-(I \times 10\%-210)<36\ 000-36\ 000 \times 3\%$

整理后可得：$I<38\ 566.67$ 元

而 36 000 元为无效区间的下限。因此"36 000 元$<I<38\ 566.67$ 元"为全年一次性奖金的第一个无效区间，在这个无效区间内，年终奖金增加后，税后收入反而下降。因此，年终奖金要注意避开这个无效区间，使奖金数额小于 36 000 元或者大于 38 566.67 元。

按照以上方法，可以推导出其他全年一次性奖金税收无效区间，如表 6-5 所示。

表 6-5　全年一次性奖金税收无效区间

级　数	含税级距/元	税率/%	速算扣除数/元	无效区间/元
1	<36 000	3	0	
2	(36 000，144 000]	10	210	(36 000，38 566.67]
3	(144 000，300 000]	20	1 410	(144 000，160 500]
4	(30 000，420 000]	25	2 660	(300 000，318 333.33]
5	(420 000，660 000]	30	4 410	(420 000，447 500]
6	(660 000，960 000]	35	7 160	(660 000，706 538.46]
7	>960 000	45	15 160	(960 000，1 120 000]

四、无偿赠与不是避税的借口

随着人们收入的增加，财富积累也越来越多。在我国，房地产作为财富积累的体现占有很大比重，这些不动产达到一定数量，人们就有可能出售变现。在变现过程中，房地产市场出现了很多以偷逃税款为目的，房屋买卖双方假借赠与形式掩盖买卖交易的行为。

财政部、国家税务总局《关于个人取得有关收入适用个人所得税应税所得项目的公告》(2019 年第 74 号)规定，房屋产权所有人将房屋产权无偿赠与他人的，受赠人因无偿受赠房屋取得的受赠收入，按照"偶然所得"项目计算缴纳个人所得税。

其应纳税所得额，为房地产赠与合同上标明的赠与房屋价值，减除赠与过程中受赠支付的相关税费后的余额。赠与合同标明的房屋价值，明显低于市场价格，或房地产赠与合同未标明赠与房屋价值的，税务机关可依据受赠房屋的市场评估价格或采取其他合理方式确定受赠人的应纳税所得额。

受赠人转让受赠房屋的，以其转让受赠房屋的收入，减除原捐赠人取得该房屋的实际购置成本，以及赠与和转让过程中受赠人支付的相关税费后的余额，为受赠人的应纳税所得额，依法计征个人所得税。受赠人转让受赠房屋，价格明显偏低且无正当理由的，税务机关可依据该房屋的市场评估价格或以其他合理方式确定的价格核定其转让收入。

按照财政部、国家税务总局《关于个人无偿受赠房屋有关个人所得税问题的通知》(财税〔2009〕78 号)第一条规定，房屋产权无偿赠与，符合以下情形的，对当事双方不征收个人所得税。

(1) 房屋产权所有人将房屋产权无偿赠与配偶、父母、子女、祖父母、外祖父母、孙子女、外孙子女、兄弟姐妹。

(2) 房屋产权所有人将房屋产权无偿赠与对其承担直接抚养或赡养义务的抚养人或者赡养人。

(3) 房屋产权所有人死亡，房屋产权的法定继承人、遗嘱继承人或者受遗赠人依法取得。

　　根据《个人所得税法》第八条规定，纳税人发生以下情形，税务机关有权按照合理方法进行纳税调整：第一，个人与其关联方之间的业务往来不符合独立交易原则而减少本人或者其关联方应纳税额，且无正当理由；第二，居民个人控制的，或者居民个人和居民企业共同控制的设立在实际税负明显偏低的国家(地区)的企业，无合理经营需要，对应当归属于居民个人的利润不分配或者减少分配；第三，个人实施其他不具有合理商业目的的安排而获取不当税收利益。

　　可见，对于受赠人而言，如果不满足免税条件，无论是接受赠与时，还是日后转让该项房产时，都将承担非常高的个人所得税。

　　除税收因素之外，无偿赠与方式获得房产，还会给受赠方带来另一个麻烦——《民法典》第 662 条规定，赠与的财产有瑕疵的，赠与人不承担责任。因此，如果受赠方入住房屋后发现有质量问题，就很难要求赠与人赔偿。

本 章 小 结

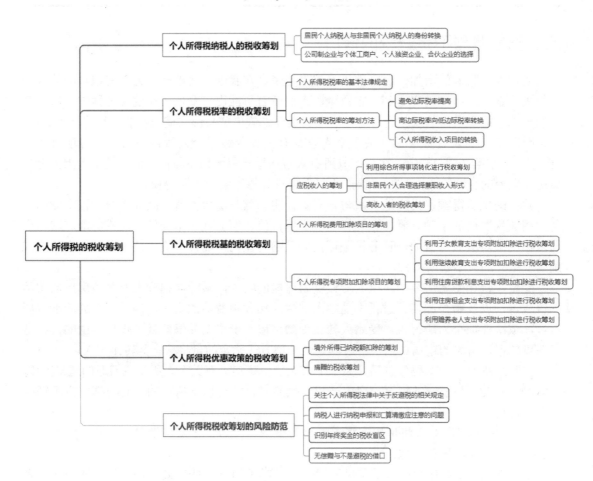

思考与练习

一、单项选择题

1. 李某在一家晚报上连载某小说半年，前三个月每月月末报社支付其稿酬 10 000 元，后三个月每月月末报社支付其稿酬 5 000 元。李某所获稿酬应缴纳的个人所得税为（　　）元。

    A. 3 688　　　　B. 4 500　　　　C. 4 980　　　　D. 5 040

2. 下列不属于个人所得税免税项目的是（　　）。

    A. 国债和国家发行的金融债券利息

    B. 按照国家统一规定发给的补贴、津贴

    C. 依照我国有关法律规定应予免税的各国驻华使馆、领事馆的外交代表、领事官员和其他人员的所得

    D. 个人转让自用达 5 年以上并且是唯一的家庭居住用房取得的所得

3. 李先生取得一次劳务报酬 10 万元，应当缴纳个人所得税（　　）元。

    A. 16 000　　　B. 25 000　　　C. 32 000　　　D. 20 000

4. 对于只有两个子女的家庭关于赡养老人专项附加的扣除（假定按照每月 3 000 元的标准定额扣除），其二者可能分摊的费用组合为（　　）。

    A. 1 200 元，1 800 元　　　　　　B. 3 000 元，0 元

    C. 2 000 元，1 000 元　　　　　　D. 1 500 元，1 500 元

5. 下列应税项目中，不能按次计算征收个人所得税的是（　　）。

    A. 股息、红利所得　　　　　　　B. 稿酬所得

    C. 工资、薪金所得　　　　　　　D. 财产租赁所得

6. 王先生出租自住房屋，2023 年 1 月租金为 4 000 元，需要缴纳税费（不包括个人所得税）226 元，王先生支付修缮费用 200 元，王先生应当缴纳个人所得税（　　）元。

    A. 5 548　　　　B. 640　　　　C. 320　　　　D. 277.4

7. 属于我国个人所得税居民纳税人的是（　　）。

    A. 自 2021 年 1 月 2 日至 2022 年 1 月 2 日，一直在中国境内居住的无住所的外籍个人

    B. 在中国境内居住满 1 年，但不足 5 年的无住所的外籍个人

    C. 在中国境内无住所也不在中国境内居住的侨居海外的华侨

    D. 在中国境内无住所也不在中国境内居住的港澳台同胞

二、多项选择题

1. 个人所得税在征收方式上主要分为（　　）类型。

    A. 预扣预缴方式　　　　　　　　B. 分类所得税

    C. 混合所得税　　　　　　　　　D. 综合所得税

2. 取得综合所得需要办理汇算清缴的情形包括（　　）。

    A. 纳税人申请退税

    B. 从两处以上取得综合所得，且综合所得年收入额减除专项扣除的余额超过 6 万元

    C. 纳税年度内预缴税额低于应纳税额

    D. 取得劳务报酬所得、稿酬所得、特许权使用费所得中一项或者多项所得，且综合所得年收入额减除专项扣除的余额超过 6 万元

3.　个人所得税专项附加扣除遵循的原则是(　　)。

    A. 利于民生　　　B. 个人受益　　　C. 简便易行　　　D. 公平合理

4.　个人所得税的纳税人包括(　　)。

    A. 中国公民

    B. 在中国有所得的外籍人员和港澳台同胞

    C. 个人独资企业、合伙企业投资者

    D. 个体工商户

5.　下列所得中(　　)是来源于中国境内的所得。

    A. 许可各种特许权在中国境内使用而取得的所得

    B. 将财产出租给承租人在中国境内使用而取得的所得

    C. 从中国境内企业事业单位、其他组织以及居民个人取得的利息、股息、红利所得

    D. 因任职、受雇、履约等在中国境内提供劳务取得的所得

三、判断题

1.　在中国境内有住所，是指因户籍、家庭、经济利益关系而在中国境内习惯性居住。

                    (　　)

2.　对于专项附加扣除费用，纳税人在确定完具体的分摊方式和额度后，在一个纳税年度内还可以向税务机关申请变更。　　　　　　　　　　　　　　　(　　)

3.　《个人所得税法》规定，专项扣除、专项附加扣除和依法确定的其他扣除，以居民个人一个纳税年度的应纳税所得额为限额；一个纳税年度扣除不完的，可以结转以后年度扣除。　　　　　　　　　　　　　　　　　　　　　　　(　　)

4.　在《个人所得税法》规定中，专项附加扣除费用包括子女教育、继续教育、住房贷款利息或者住房租金、赡养老人等 5 项专项附加扣除。　　　　　　　(　　)

5.　纳税人发生的医药费用支出只能由其本人扣除。　　　　　　　　　(　　)

四、简答题

1. 个人所得税纳税人是如何规定的？

2. 个人所得税征税对象是如何规定的？

3. 个人所得税税目和税率是如何规定的？

4. 个人所得税缴纳办法是如何规定的？

5. 个人所得税优惠政策是如何规定的？

五、案例分析题

1. 某作家 2021 年出版一部作品，稿费为 100 万元，发行 10 万册。要求：计算该作家

2021 年应纳个人所得税税额，并说明该作家能否通过税收筹划降低税负？(假设不考虑年终自行申报)

2. 某职工 2021 年每月工资收入为 8 000 元，年终一次性奖金为 160 000 元。其中 800 元为个人每月的房费支出，600 元为个人每月的午餐支出，500 元为个人每月的出行费用支出，200 元为个人每月的电信业务支出。要求：计算该职工 2021 年应纳个人所得税税额，并说明能否通过税收筹划降低税负？

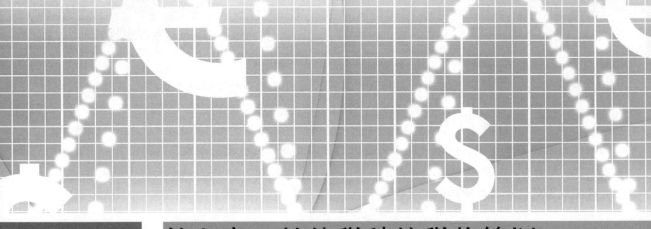

第七章　其他税种的税收筹划

【思政目标】

1. 运用关税合理筹划，引导学生关注国家贸易动态，树立开放合作、互利共赢的思想。

2. 运用资源税合理筹划方法进行税收筹划，树立学生的科学发展观及环保意识。

3. 通过财产税、特定行为税的税收筹划，提高学生对国家宏观调控的认识。

其他税种-房产税筹划.mp4

土地增值税税收筹划.mp4

【知识目标】

1. 熟悉关税、财产税、资源税、特定行为税的纳税人、征税范围、税率、应纳税额的计算。

2. 了解关税、财产税、资源税、特定行为税的税收优惠政策。

3. 掌握关税的基本筹划方法。

4. 掌握财产税相关税种的基本筹划方法。

5. 掌握资源税相关税种的基本筹划方法。

6. 掌握特定行为税相关税种的基本筹划方法。

【案例引入】利用保税制度进行筹划

某实业有限公司是一家利用进口原料生产出口家具的企业，从俄罗斯进口一批木材，并向当地海关申请保税，其报关申报表上填写的单耗计量单位为：100 块/套，即做成一套家具需要耗用 100 块木材。由于某实业有限公司近期引进先进设备，目前做成一套家具只需耗用 80 块木材。但海关对一套家具需要用多少块木材在进口查验时难以测量，通过以前的交往，海关认定该企业信誉良好，给予批准保税。数月后，企业如期复运出口，完成了保税过程。假如企业进口木材 8 000 块，每块价格 200 元，适用海关关税税率为 30%，可以计算出利用保税制度进行税收筹划的结果为

免税进口的木材块数=8 000-8 000÷100×80=1 600(块)

免税的关税税额=1 600×200×30%=96 000(元)

经过筹划，某实业有限公司可节约税款支出 96 000 元。

案例启发：保税制度是海关对进口复出口的货物暂时免征关税(予以保税)的海关监管制度。从宏观上看，保税制度浑然一体，但从微观上看，它又由众多环节组成。因为保税制度的基本条件即进口货物最终将复运出口，其基本环节就是进口和出口，所以该公司应从这两个环节进行税收筹划设计。

纳税人从事进出口贸易行业，应积极推进服务贸易、保税贸易发展，利用保税制度时，也须遵循现行关税法律制度。同时，纳税人应时刻关注国家贸易动态，坚持开放合作、互利共赢，共享服务贸易发展机遇，共促世界经济复苏和增长。

第一节　关税的税收筹划

扩大出口信用保险对中小微外贸企业的覆盖面，加强出口信贷支持，优化外汇服务，加快出口退税进度，帮助外贸企业稳订单稳生产。加快发展外贸新业态新模式，充分发挥跨境电商作用，支持建设一批海外仓。积极扩大优质产品和服务进口。创新发展服务贸易、数字贸易，推进实施跨境服务贸易负面清单。深化通关便利化改革，加快国际物流体系建设，助力外贸降成本、提效率。

积极利用外资。深入实施外资准入负面清单，落实好外资企业国民待遇。扩大鼓励外商投资范围，支持外资加大中高端制造、研发、现代服务等领域和中西部、东北地区投资。优化外资促进服务，推动重大项目加快落地。扎实推进自贸试验区、海南自由贸易港建设，推动开发区改革创新，提高综合保税区发展水平，增设服务业扩大开放综合试点。开放的中国大市场，必将为各国企业在华发展提供更多机遇。

高质量共建"一带一路"。坚持共商共建共享，巩固互联互通合作基础，稳步拓展合作新领域。推进西部陆海新通道建设。有序开展对外投资合作，有效防范海外风险。

深化多双边经贸合作。区域全面经济伙伴关系协定形成了全球最大自由贸易区，要支持企业用好优惠关税、原产地累积等规则，扩大贸易和投资合作。推动与更多国家和地区商签高标准自贸协定。坚定维护多边贸易体制，积极参与世贸组织改革。中国愿与世界各国加强互利合作，实现共赢多赢。

一、关税的概念

关税是由海关代表国家依法对进出国境(关境)的货物或物品征收的一种税，属于流转税范畴。它是根据国家的关税政策和对外贸易政策的要求，为鼓励出口、扩大必需品进口，保护和促进国民经济稳定发展以及保证国家财政收入而开征的税种。

二、关税的主要法律界定

1. 纳税人

《中华人民共和国海关法》(以下简称《海关法》)第五十四条规定："进口货物的收货人、出口货物的发货人、进出境物品的所有人，是关税的纳税义务人。"进出口货物的收(发)货人是依法取得对外贸易经营权，并进口或出口货物的法人或其他社会组织。进出境物品的所有人，包括该物品的所有人和推定为所有人的人。

2. 征税对象

关税的征税对象是准许进出境的货物和物品。货物是指贸易性商品；物品包括入境旅客随身携带的行李和物品，个人邮递物品，各种运输工具上的服务人员携带进口的自用物品、馈赠物品，以及通过其他方式进入我国国境的个人物品。

3. 税率

关税税率分为进口税率和出口税率两部分。《中华人民共和国进出口关税条例》(以下简称《进出口关税条例》)规定，进出口货物应当依照税则规定的归类原则归入合适的税号，并按照适用的税率征税。

4. 应纳税额的计算

关税有从价税、从量税、复合税和滑准税的计税方法。

1) 从价税的计税方法

$$应纳税额=应税进(出)口货物数量×单位完税价格×适用税率 \tag{7-1}$$

2) 从量税的计税方法

$$应纳税额=应税进(出)口货物数量×关税单位税额 \tag{7-2}$$

3) 复合税的计税方法

$$应纳税额=应税进(出)口货物数量×单位完税价格×适用税率+应税进(出)口货物数量×关税单位税额 \tag{7-3}$$

4) 滑准税的计税方法

$$应纳税额=应税进(出)口货物数量×单位完税价格×滑准税税率 \tag{7-4}$$

5. 税收优惠

关税的税收优惠政策包括以下内容。

(1) 关税税额在 50 元人民币以下的一票货物，可免征关税。

(2) 无商业价值的广告品和货样，可免征关税。

(3) 外国政府、国际组织无偿赠送的物资，可免征关税。

(4) 进出境运输工具转载的途中必需的燃料、物料和饮食用品，可予免税。

(5) 法律规定的减征或者免征关税的其他货物。

三、关税的筹划方法

1. 利用税收优惠

《海关法》《进出口关税条例》规定了许多政策性关税减免优惠，包括法定减免和特定减免。企业应充分掌握、利用这些优惠政策，争取最大限度地获得税收优惠，减少关税应纳税额。

2. 递延缴纳时间

纳税人可以利用关税报关及纳税义务发生时间的规定，递延关税纳税时间。

【案例 7-1】某有限责任公司进口一批货物。若海关从接受申报对货物进行查验到填发税款缴纳证共需两天时间，该公司应如何利用关税纳税时间进行税收筹划？

筹划分析：

(1) 选择星期一报关。若该公司选择星期一报关，那么星期三海关填发税款缴纳证，从星期四起的纳税期限为 7 天。这样，该公司最迟应于第二周的星期五缴纳税款，其全部税款的占用时间最多为 9 天(包括星期六、星期日，共 2 天)。

(2) 选择星期二报关。若该公司在报关期限内能够推迟到星期二报关，那么海关就会于星期四填发税款缴纳证，纳税人就应依法从星期五开始的 7 日之内缴纳关税。这样，最晚纳税时间为第三周的星期一，纳税人全部税款的占用时间就为 11 天(包括两个星期六和星期日，共 4 天)。

由此可以看出，若该公司选择星期二报关，就可在合法的范围内延长对应纳税款的占用时间。

3. 利用进口原材料及零部件的筹划

各国的关税税率大多对产成品和零部件区别对待，原材料和零部件的关税税率最低，半成品的税率次之，产成品的税率最高。因此，跨国公司可考虑在投资国加工生产进口原材料及零部件，从而节省税款。

【案例 7-2】某机械有限责任公司是一家跨国公司，主要生产销售某种大型机械设备。该公司为扩大营业规模，经公司高层商讨后决定进入中国市场，向中国输入某种大型机械设备，假定进口该设备的关税税率为 25%，进口该设备零部件的关税税率为 15%。该机械有限责任公司应如何进行税收筹划？

筹划分析：

方案一：设立销售公司。

在中国境内设立一家机械设备销售企业作为该机械有限责任公司的子公司，直接进口这种大型机械设备，适用 25%的进口关税税率。

方案二：设立总装配公司。

在中国境内设立一家总装配公司作为子公司，通过进口组装这种大型机械设备的原材料及零部件，在国内进行组装，适用 15%的进口关税税率。

由此可以看出，设立总装配公司能够节约更多的税款。

4. 通过转让定价的筹划

关税负担的高低与单位完税价格有很大的关系，进(出)口价格越高，应缴纳的关税就越多；价格越低，应缴纳的关税就越低。为达到价格下调、节省关税的目的，企业就应在相应国家设立自己的子公司，进行国际转让定价的筹划。

【案例 7-3】M 国的某集团是中国某有限责任公司的总公司，某集团控制该公司 100%的股权。已知某集团对该公司销售一批零件，由该公司加工后在中国出售。某集团零部件的生产成本为 100 万元，对该公司按正常价格销售产品的收入为 200 万元，但某集团以 150 万元的价格将零件卖给该公司。不考虑其他因素，假设该产品适用的关税税率为 15%，其售价就是关税完税价格。在这种情况下，某集团能节省多少关税？

筹划分析：

(1) 在正常价格下某集团应纳关税的计算为

应纳关税=200×15%=30(万元)

(2) 在转让定价方式下某集团应纳关税的计算为

应纳关税=150×15%=22.5(万元)

由此可知，在转让定价前后，某集团缴纳的关税相差 7.5(30-22.5)万元，即通过转让定价，某集团少缴纳关税 7.5 万元。

第二节　财产税的税收筹划

一、房产税的税收筹划

要坚持房子是用来住的、不是用来炒的定位，加强预期引导，探索新的发展模式，坚持租购并举，加快发展长租房市场，推进保障性住房建设，支持商品房市场更好满足购房者的合理住房需求，因城施策促进房地产业良性循环和健康发展。

——2021 年中央经济工作会议

1. 房产税的概念

房产税是以房屋为征税对象，以房产的计税余值或租金收入为计税依据，向房屋产权所有人征收的一种税。

2. 房产税的主要法律界定

1) 纳税人

房产税纳税人是在征税范围内的房屋产权所有人。其中包括以下几项。

(1) 产权属于国家所有的，由经营管理的单位纳税；产权属于集体和个人所有的，由集体和个人纳税。

(2) 产权出典的，由承典人纳税。

(3) 产权所有人、承典人不在房屋所在地的，或产权未确定及租典纠纷未解决的，由房产代管人或者使用人纳税。

(4) 无租使用其他单位房产的应税单位和个人，依照房产余值缴纳房产税。

(5) 自 2009 年 1 月 1 日起，外商投资企业、外国企业和组织以及外籍个人依照《房产税暂行条例》缴纳房产税。

【即学即用】以下属于房产税纳税人的是(　　　)。

A. 房屋的出典人

B. 拥有农村房产的农民

C. 以经营租赁方式租入办公楼的承租人

D. 产权不明的房屋使用人

答案：D

解析：根据《房产税暂行条例》规定，产权未确定的房产由房产代管人或者使用人缴纳房产税。

2) 征税对象和计税方法

房产税的征税对象是房产，征税范围为城市、县城、建制镇和工矿区。

房产税的计税方法分为从价计征和从租计征。从价计征就是依照房产原值一次减除10%~30%费用后的余值计算缴纳房产税，税率为 1.2%；从租计征就是以房产出租的租金收入为计税依据计算缴纳房产税，税率为12%。

3) 税收优惠

房产税的税收优惠政策包括以下内容。

(1) 国家机关、人民团体、军队自用的房产，免征房产税。

(2) 由国家财政部门拨付事业经费的单位自用的房产，免征房产税。

(3) 宗教寺庙、公园、名胜古迹自用的房产，免征房产税。

(4) 个人所有非营业用的房产，免征房产税。

(5) 经财政部批准免税的其他房产，如房屋大修连续停用半年以上的，在大修期间可免征房产税。

(6) 对行使国家行政管理职能的中国人民银行总行(含国家外汇管理局)所属分支机构自用的房产，免征房产税。

3. 房产税的筹划方法

1) 利用税收优惠筹划

房产税作为地方税种，税法规定了许多政策性减免优惠。比如，对损坏不堪使用的房屋和危险房屋，经有关部门鉴定，在停止使用后，可免征房产税；纳税人因房屋大修导致停用半年以上的，在房屋大修期间免征房产税；等等。纳税人应充分掌握、利用这些优惠政策，争取最大限度地获得税收优惠，减少房产税的支出。

2) 合理划分房产原值筹划

房产原值是指房屋的造价，包括与房屋不可分割的各种附属设备或一般不单独计算价值的配套设施。可见，房产原值直接决定了房产税，合理地减少房产原值是房产税筹划的关键。

房产是指有屋面和围护结构(有墙或两边有柱)，能够遮风避雨，可供人们在其中生产、工作、学习、娱乐、居住或储藏物资的场所。独立于房屋之外的建筑物，如围墙、烟囱、水塔、变电塔、油池油柜、酒窖菜窖、酒精池、糖蜜池、室外游泳池、玻璃暖房、砖瓦石灰窑以及各种油气罐等，不属于房产，不征房产税。但是，与房屋不可分割的各种附属设备或一般不单独计算价值的配套设施需要并入房屋原值计算征收房产税。这要求我们在会计核算时，需将房屋与非房屋建筑物以及各种附属设施、配套设施进行适当划分，单独列示，分别核算。

【知识点链接】对于按照房产原值计税的房产，无论会计上如何核算，房产原值均应包含地价、取得土地使用权支付的价款、开发土地发生的成本与费用等。对于宗地容积率低于 0.5 的房产，按房产建筑面积的 2 倍计算土地面积并据此计入房产原值。对于宗地容积率高于 0.5 的房产，则需按地价全额计入房产原值计征房产税。因此，企业可对现有房产进行适当改建，以使宗地容积率降至 0.5 以下，进而减少应缴房产税。此外，在宗地容积率低于 0.5 的情况下，建筑面积越小，宗地容积率越低，所纳房产税越少，因此在可能的范围内降低宗地容积率，是节约房产税的一个有效方法。

【案例 7-4】 某有限责任公司有一块占地面积为 20 000 平方米的土地，每平方米平均地价为 2 万元，土地上的厂房、仓库和办公楼建筑总面积为 10 200 平方米，房屋价值总计 55 000 万元。该企业应如何进行税收筹划？

筹划分析： 该块土地的宗地容积率为 0.51(10 200÷20 000)，因此该企业应将这块土地的价值全额计入房产原值。当地房产税原值减除比例为 20%，因此该企业每年应缴纳的房产税为

$$(55\,000+20\,000×2)×(1-20\%)×1.2\%=912(万元)$$

假如该企业对仓库进行适当改建，使厂房、仓库和办公楼的建筑总面积减少至 9 500 平方米，那么这块土地的宗地容积率降低为 0.475(9 500÷20 000)，低于 0.5。按照《关于安置残疾人就业单位城镇土地使用税等政策的通知》财税〔2010〕121 号文件规定：该企业须按房产建筑面积的 2 倍计算土地面积并据此计入房产原值。在这种情况下，该企业每年应缴纳的房产税为

$$(55\,000+9500×2×2)×(1-20\%)×1.2\%=892.8(万元)$$

与原来相比，每年可少缴 19.2(912-892.8)万元房产税。

3) 出租房产的筹划

《房产税暂行条例》规定，纳税人出租房屋要按租金收入的 12%缴纳房产税。在现实经济活动中，企业往往在出租房屋的同时将房屋内部或外部的机器设备、生产线、办公用品等附属设施一同出租给承租方。这些附属设施并不属于房产税的征税范围。但是，如果企业与承租方在签订租赁合同时把这些设施与房屋不加区别地写在一份合同中，那么出租附属设施所对应的那一部分租金也要缴纳房产税，这无疑会增加企业的税收负担。因此，当纳税人既出租房屋，也出租房屋中的机器设备等附属设施时，如果能分别签订房屋租赁合同和机器设备租赁合同，那么就可以只对出租房屋取得的租金收入缴纳房产税，对出租机器设备等附属设施取得的租金收入无须缴纳房产税，从而降低企业税负。

【案例 7-5】 某制造有限责任公司是一家大型汽车零部件生产企业，打算将下属的一家工厂出租给 B 公司，双方协商决定该制造有限责任公司将厂房连同机器设备一同出租给 B 公司，B 公司每年支付厂房和机器设备租金 200 万元(不含税)，并据此签订了一份租赁合同。该制造有限责任公司应如何进行税收筹划？

筹划分析： 如果该制造有限责任公司将厂房连同机器设备一起出租给 B 公司并与其签订一份租赁合同，未明确划分厂房和机器设备的租金，那么该制造有限责任公司应缴纳房产税 24(200×12%)万元，即机器设备也缴纳了 12%的房产税。

如果进行税收筹划，明确划分厂房和机器设备的租金，并分别与 B 公司签订厂房租赁合同和机器设备租赁合同，即该制造有限责任公司以每年 100 万元的租金出租厂房并与 B 公司签订厂房租赁合同，同时该制造有限责任公司以每年 100 万元的租金出租机器设备并与 B 公司签订机器设备租赁合同。在这种情况下，虽然两项租金合计仍为 200 万元，但由

于机器设备出租不需按照 12%的税率缴纳房产税，该制造有限责任公司只需就出租厂房收取的租金 100 万元缴纳房产税 12(100×12%)万元，与原来相比，少缴了 12(24-12)万元的房产税。

4) 房产投资联营的筹划

对于投资联营的房产，由于投资方式不同，房产税的计征方式和适用税率也不同，从而为纳税人提供了筹划空间。对于以房产投资联营，投资者参与投资利润分红、共担风险的，被投资方要以房产余值作为计税依据计征房产税，税率为 1.2%；对于以房产投资联营，取得固定收入、不承担联营风险的，实际上是以联营名义取得房产租金，应由投资方按租金收入计算缴纳房产税，税率为 12%。纳税人可结合这两种方式应缴纳的房产税进行成本效益分析，以决定如何选择投资方式以减轻税负。

【案例 7-6】A 有限责任公司和 B 有限责任公司为同一集团公司的子公司，均为一般计税方法纳税人，采用一般计税方法计税。A 有限责任公司将其自有的房产采用投资联营的方式提供给 B 有限责任公司使用，该房产原账面价值是 1000 万元。现有两套对外投资方案可供选择。

方案一为 A 有限责任公司向 B 有限责任公司收取固定收入，不承担风险，当年取得的固定收入共计 100 万元(不含税)。

方案二为 A 有限责任公司参与投资利润分红，与 B 有限责任公司共担风险，当年取得的分红为 100 万元。已知当地房产原值减除比例为 30%。A 有限责任公司应如何进行税收筹划？

筹划分析：

方案一：A 有限责任公司收取固定收入，不承担风险。

在该方案中，A 有限责任公司实际上是以联营名义取得房产租金，应由 A 有限责任公司(投资方)按租金收入计缴房产税，税率为 12%。

应缴纳的房产税=100×12%=12(万元)

方案二：A 有限责任公司参与投资利润分红，与 B 有限责任公司共担风险。

在该方案中，应由 B 有限责任公司(被投资方)以房产余值作为计税依据计征房产税，税率为 1.2%。

应缴纳的房产税=1000×(1-30%)×1.2%=8.4(万元)

由此可见，方案二比方案一少缴房产税 3.6(12-8.4)万元。

二、契税的税收筹划

1. 契税的概念

契税是以在中华人民共和国境内转移土地、房屋权属为征税对象，向产权承受人征收的一种财产税。

2. 契税的主要法律界定

1) 纳税人和征税对象

在中华人民共和国境内转移土地、房屋权属，承受的单位和个人为契税的纳税人，应依照规定缴纳契税。契税的征税对象是在中华人民共和国境内转移的土地、房屋权属，具体包括：土地使用权出让；土地使用权转让(包括出售、赠与和交换)；房屋买卖；房屋赠与；房屋交换。土地使用权转让不包括土地承包经营权和土地经营权的转移。

【即学即用】居民乙拖欠居民甲的债务无力偿还，2015 年以房产抵偿债务，居民甲因此取得该房产的产权并支付给居民乙差价款 10 万元。甲、乙双方应由谁来缴纳契税？

解析：以房抵债视同房屋买卖，应由产权承受人按房屋现值缴纳契税，所以应由居民甲缴纳。

2) 税率和计税依据

契税实行 3%～5%的幅度税率，计税依据是不动产的价格。由于土地、房屋权属转移的方式不同，定价方法也不同，因此具体计税依不同情况而定。

土地使用权出让、出售，房屋买卖，为土地、房屋权属转移合同确定的成交价格，包括应支付的货币、实物、其他经济利益对应的价款。

土地使用权交换、房屋交换，为所交换的土地使用权、房屋价格的差额，即交换价格相等时，免征契税；交换价格不等时，由多交付货币、实物、无形资产或者其他经济利益的一方缴纳契税。

土地使用权赠与、房屋赠与以及其他没有价格的转移土地、房屋权属行为，为税务机关参照土地使用权出售、房屋买卖的市场价格依法核定的价格。

成交价格、交换价格差额明显偏低且无正当理由的，由税务机关参照市场价格依法核定。

计征契税的成交价格不含增值税。

3) 税收优惠

有下列情形之一的，免征契税。

(1) 国家机关、事业单位、社会组织、军事单位承受土地、房屋权属用于办公、教学、医疗、科研、军事设施。

(2) 非营利性的学校、医疗机构、社会福利机构承受土地、房屋权属用于办公、教学、医疗、科研、养老、救助。

(3) 承受荒山、荒地、荒滩土地使用权用于农、林、牧、渔业生产。

(4) 婚姻关系存续期间夫妻之间变更土地、房屋权属。

(5) 法定继承人通过继承承受土地、房屋权属。

(6) 依照法律规定应当予以免税的外国驻华使馆、领事馆和国际组织驻华代表机构承受土地、房屋权属。

根据国民经济和社会发展的需要，国务院可规定免征或减征契税的其他情形，报全国人民代表大会常务委员会备案。省、自治区、直辖市人民政府可提出对下列情形免征或减征契税，报同级人民代表大会常务委员会决定，并报全国人民代表大会常务委员会和国务院备案。

(1) 因土地、房屋被县级以上人民政府征收、征用，重新承受土地、房屋权属。

(2) 因不可抗力灭失住房，重新承受住房权属。

3. 契税的筹划方法

1) 对企业合并、分立、改组等情形的契税筹划

现阶段，企业改组改制的情况有很多，《公司法》对此做了特殊的规定，了解和充分

利用这些规定进行筹划，可以节省契税。

例如，在企业合并中，两个或两个以上的公司依照法律规定、合同约定，合并为一个公司，并且原投资主体存续的，对合并后公司承受原合并各方土地、房屋权属的，免征契税；在企业分立中，公司依照法律规定、合同约定分立为两个或两个以上与原公司投资主体相同的公司，对分立后公司承受原公司土地、房屋权属的，免征契税；以增资扩股进行股权重组，对以土地、房屋权属作价入股或作为出资投入企业的要征收契税；而以股权转让进行重组，在股权(股份)转让中，单位、个人承受公司股权(股份)，公司土地、房屋权属不发生转移的，不征收契税。

再如，企业依照有关法律、法规实施破产，债权人(包括破产企业职工)承受破产企业抵偿债务的土地、房屋权属，免征契税；对非债权人承受破产企业土地、房屋权属，凡按照《中华人民共和国劳动法》等国家有关法律、法规政策妥善安置原企业全部职工，与原企业全部职工签订服务年限不少于三年的劳动用工合同的，对其承受的所购企业土地、房屋权属，免征契税；与原企业超过 30%的职工签订服务年限不少于三年的劳动用工合同的，减半征收契税。

2) 利用房屋交换进行筹划

对于土地使用权交换、房屋交换，以所交换土地使用权、房屋价格的差额为计税依据。显然，进行房屋交换所纳契税远低于普通的房屋购置，所以纳税人可将原来不属于交换的行为，通过合法的途径变为交换行为，以减轻税负。

如果双方当事人进行交换的房屋价格相等、价差为零，则任何一方都不用缴纳契税，所以当纳税人交换土地使用权或房屋所有权时，如果双方的价格差额较小甚至没有，就可以实现节税的目的。

【案例 7-7】有甲、乙、丙三位经济当事人，甲和丙都拥有一套价值 500 万元的房屋，乙想购买甲的房屋，甲想在购买丙的房屋后出售其现有的那套房屋。甲、乙、丙应如何进行房屋交换筹划？

筹划分析：如果不进行筹划，乙购买甲的房屋应缴纳契税，具体计算如下所示(假定税率为 5%)。

应纳税额=500×5%=25(万元)

同理，甲购买丙的房屋，甲也应缴纳契税，税款也为 25 万元。

如果三方进行调整，先由甲和丙交换房屋，再由丙将房屋出售给乙，同样可以达到上述买卖结果，但应纳税款大大减少。因为甲和丙交换房屋所有权为等价交换，没有价格差额，不用缴纳契税。在丙将房屋出售给乙时，应由乙缴纳契税，具体计算为

应纳税额=500×5%=25(万元)

与上一种交易方式相比，可以节省税款 25 万元。

3) 充分利用税收优惠政策进行筹划

契税的纳税人可充分利用契税的税收优惠政策实现税收筹划的目的。例如，城镇职工按规定第一次购买公有住房，免征契税。对个人购买普通住房，且该住房属于家庭唯一住房的，减半征收契税。对个人购买 90 平方米及以下普通住房，且该住房属于家庭唯一住房的，减按 1%的税率征收契税。城镇职工和个人可充分利用这一优惠政策，以实现税收筹划的目的。

三、城镇土地使用税的税收筹划

1. 城镇土地使用税的概念

城镇土地使用税是以城市、县城、建制镇和工矿区内的国有土地或集体土地为征税对象，对拥有土地使用权的单位和个人征收的一种税。

2. 城镇土地使用税的主要法律界定

1) 纳税人

城镇土地使用税的纳税人是指在征税范围内应承担纳税义务的所有单位和个人，具体包括以下内容。

(1) 拥有土地使用权的单位和个人。

(2) 拥有土地使用权的单位和个人不在土地所在地的，土地的实际使用人和代管人为纳税人。

(3) 土地使用权未明确或权属纠纷未解决的，其实际使用人为纳税人。

(4) 土地使用权共有的，共有各方都是纳税人，各方应以其实际使用的土地面积占总面积的比例，分别计算、缴纳土地使用税。

2) 征税范围

城镇土地使用税的征税范围包括城市、县城、建制镇和工矿区内国家所有及集体所有的土地。

3) 计税依据

城镇土地使用税实行从量定额征收，以纳税人实际占用的土地面积为计税依据，土地面积的计量标准为平方米。纳税人实际占用的土地面积首先以省、自治区、直辖市人民政府确定的单位组织测定的土地面积为准；尚未组织测量，但纳税人持有政府部门核发的土地使用证书的，以证书确认的土地面积为准；既未组织测量，又未核发土地使用证书的，应由纳税人据实申报土地面积。城镇土地使用税采用定额税率，即采用有幅度差别的定额税率，如表 7-1 所示。

表 7-1　城镇土地使用税税额

级　别	税额(元/米^2)
大城市	1.5～30
中等城市	1.2～24
小城市	0.9～18
县城、建制镇、工矿区	0.6～12

【即学即用】城镇土地使用税采用(　　)税率。

A. 全省统一的定额　　　　　　　B. 有幅度差别的定额

C. 全县(区)统一的定额　　　　　D. 有幅度差别的比例

答案：B

解析：城镇土地使用税采用有幅度差别的定额税率。《城镇土地使用税暂行条例》规定了基本的税额幅度，省、自治区、直辖市人民政府应在条例规定的税额幅度内，根据市政建设状况、经济繁荣程度等条件，确定所辖地区的适用税额幅度；市、县人民政府应根据实际情况，将本地区土地划分为若干等级，在省、自治区、直辖市人民政府确定的税额幅度内，制定相应的适用税额标准，报省、自治区、直辖市人民政府批准执行。

4) 税收优惠

城镇土地使用税的主要税收优惠政策有以下内容。

(1) 国家机关、人民团体、军队自用的土地，免缴城镇土地使用税。

(2) 由国家财政部门拨付事业经费的单位自用的土地，免缴城镇土地使用税。

(3) 宗教寺庙、公园、名胜古迹自用的土地，免缴城镇土地使用税。

(4) 市政街道、广场、绿化地带等公共用地，免缴城镇土地使用税。

(5) 直接用于农、林、牧、渔业的生产用地，免缴城镇土地使用税。

(6) 经批准开山填海整治的土地和改造的废弃土地，从使用的月份起免缴土地使用税5～10年。

(7) 由财政部另行规定免税的能源、交通、水利设施用地和其他用地。

3. 城镇土地使用税的筹划方法

1) 利用税收优惠进行筹划

(1) 利用改造废弃土地进行筹划。《城镇土地使用税暂行条例》规定，经批准开山填海整治的土地和改造的废弃土地，从使用月份起免缴城镇土地使用税 5～10 年。纳税人可充分利用城市、县城、建制镇和工矿区的废弃土地或进行开山填海利用土地，以获得免税优惠。

(2) 通过准确核算用地进行筹划。如果纳税人能准确核算用地，就可充分享受针对土地使用税设定的优惠条款。例如，将农、林、牧、渔业的生产用地与农副产品加工场地和生活办公用地分离，就可享受生产用地的免税条款。

(3) 利用经营采摘、观光农业进行筹划。《关于房产税、城镇土地使用税有关政策的通知》(财税〔2006〕186 号)规定，在城镇土地使用税征收范围内经营采摘、观光农业的单位与个人，其直接用于采摘、观光的种植、养殖、饲养的土地，根据《城镇土地使用税暂行条例》中直接用于农、林、牧、渔业的生产用地的规定，免征城镇土地使用税。

2) 利用土地级别的不同进行筹划

土地使用税实行幅度税额，大城市、中等城市、小城市、县城、建制镇、工矿区的税额各不相同。即使在同一地区，由于不同地段的市政建设情况和经济繁荣程度有较大区别，土地使用税的税额规定也不相同。纳税人在投资设厂时可进行筹划，选择不同级别的土地。

【案例 7-8】某复合材料集团公司想要扩大生产基地。由于公司总部在北京，所以董事会的初步方案是将生产基地建在北京郊区，面积为 10 000 平方米，选用的土地为四级土地，每平方米土地每年需缴纳城镇土地使用税 12 元，因此每年需缴纳城镇土地使用税 12 万元。该集团公司应如何降低城镇土地使用税？

筹划分析：经多方考虑，该集团公司最终决定将生产基地建在江苏省沿海城市，这不仅能享受其他税种(所得税)的税收优惠，而且方便出口贸易，仅每年的城镇土地使用税也可节约不少。该地区的城镇土地使用税税率为 4 元/(平方米·年)，因此每年只需缴纳城镇土地使用税4万元，节省城镇土地使用税8(12-4)万元。

四、土地增值税的税收筹划

1. 土地增值税的概念

土地增值税是对在我国境内有偿转让国有土地使用权、地上建筑物及其附着物并取得收入的单位和个人征收的一种税。

2. 土地增值税的一般规定

1) 纳税人

土地增值税的纳税人是指在中华人民共和国境内转让房地产并取得收入的单位和个人。土地增值税的征税对象是指转让土地使用权、地上的建筑物及其附着物以及出让集体土地使用权、地上的建筑物及其附着物，或以集体土地使用权、地上的建筑物及其附着物作价出资、入股(以下简称"转让房地产")所取得的增值额。转让房地产的增值额是纳税人转让房地产的收入减除税法规定的扣除项目金额后的余额。

2) 扣除项目

扣除项目包括：取得土地使用权所支付的金额；开发土地的成本、费用；新建房及配套设施的成本、费用或旧房及建筑物的评估价格；与转让房地产有关的税金以及国务院规定的其他扣除项目。

纳税人有下列情形之一的，依法核定成交价格、扣除金额。

(1) 隐瞒、虚报房地产成交价格的。

(2) 提供扣除项目金额不实的。

(3) 转让房地产的成交价格明显偏低，又无正当理由的。

出让集体土地使用权、地上的建筑物及其附着物，或以集体土地使用权、地上的建筑物及其附着物作价出资、入股，扣除项目金额无法确定的，可按照转让房地产收入的一定比例征收土地增值税。具体征收办法由省、自治区、直辖市人民政府提出，报同级人民代表大会常务委员会决定。

3) 与转让房地产有关的税金扣除问题

国家税务总局《关于营改增后土地增值税若干征管规定的公告》(2016 年第 70 号)规定如下。

(1) 营改增后，计算土地增值税增值额的扣除项目中"与转让房地产有关的税金"不包括增值税。

(2) 营改增后，房地产开发企业实际缴纳的城市维护建设税、教育费附加，凡能够按清算项目准确计算的，允许据实扣除。凡不能按清算项目准确计算的，则按该清算项目预缴增值税时实际缴纳的城市维护建设税、教育费附加扣除。

其他转让房地产行为的城市维护建设税、教育费附加扣除比照上述规定执行。

营改增后，纳税人转让旧房及建筑物，凡不能取得评估价格，但能提供购房发票的，扣除项目的金额按照下列方法计算。①提供的购房凭据为"营改增"前取得的营业税发票的，按照发票所载金额(不扣减营业税)并从购买年度起至转让年度止每年加计 5%计算。②提供的购房凭据为"营改增"后取得的增值税普通发票的，按照发票所载价税合计金额从购买年度起至转让年度止每年加计 5%计算。③提供的购房发票为"营改增"后取得的增值税专用发票的，按照发票所载不含增值税金额加上不允许抵扣的增值税进项税额之和，并从购买年度起至转让年度止每年加计 5%计算。土地增值税实行四级超率累进税率，如表 7-2 所示。

表 7-2　土地增值税税率

级　数	增值额与扣除项目金额的比率	税率/%	速算扣除系数/%
1	不超过 50%的部分	30	0
2	50%～100%的部分	40	5
3	100%～200%的部分	50	15
4	超过 200%的部分	60	35

3. 征税范围

土地增值税只对转让房地产行为征税。例如，房地产的出租虽然取得了收入，但没有发生房地产的产权转移，不属于土地增值税的征收范围；土地承包经营权流转，不征收土地增值税。因此，土地使用权、地上建筑物及其附着物是否发生权属转移为判断是否属于土地增值税征税范围的第一个标准。

土地增值税仅对转让房地产并取得收入的行为征税。例如，房地产的继承行为虽使房地产的权属发生了变更，但房地产产权、土地使用权的原所有人并没有因为权属变更而取得任何收入，因此，转让房地产是否取得收入为判断是否属于土地增值税征税范围的第二个标准。

1) 基本征税范围

(1) 转让国有土地使用权、地上建筑物及其附着物。

(2) 出让集体土地使用权、地上建筑物及其附着物，或以集体土地使用权、地上建筑物及其附着物作价出资、入股。

(3) 存量房地产的买卖。

2) 具体情况判定

(1) 房地产的继承不征税，房地产赠与行为除赠与直系亲属或承担直接赡养义务的人及通过中国境内非营利性的社会组织、国家机关将房屋产权、土地使用权赠与教育、民政和其他社会福利、公益事业外，均应征税。

(2) 对于房地产的抵押，在抵押期间不征收土地增值税，待抵押期满后，视该房地产是否转移占有而确定是否征收土地增值税。对于以房地产抵债而发生房地产权属转让的，应列入土地增值税的征税范围。

(3) 房地产的出租不征收土地增值税。

(4) 对于一方出地，一方出资金，双方合作建房，建成后按比例分房使用的，暂免征收土地增值税；建成后转让的，征收土地增值税。

(5) 房地产的交换，除个人之间互换自有居住用房地产的，经当地税务机关核实可免税外，其余均应缴税。

(6) 房地产的代建房行为，不征收土地增值税。

(7) 房地产的重新评估，主要是指国有企业在清产核资时对房地产进行的重新评估而使其增值的情况。在这种情况下，虽然房地产有增值，但既没有发生房地产权属的转移，房地产产权人、土地使用权人也没有取得收入，所以不属于土地增值税的征税范围。

(8) 国务院发布的《关于进一步优化企业兼并重组市场环境的意见》(国发〔2014〕14号)规定，非公司制企业整体改建为有限责任公司或者股份有限公司，有限责任公司(股份有限公司)整体改建为股份有限公司(有限责任公司)，对改建前的企业将国有土地、房屋权属转移、变更到改建后企业的行为，暂不征收土地增值税。"整体改建"是指不改变原企业的投资主体，并承继原企业权利、义务的行为(该政策不适用于房地产开发企业)。

(9) 按照法律规定或者合同约定，两个或两个以上企业合并为一个企业，且原企业投资主体存续的，对原企业将国有土地、房屋权属转移、变更到合并后企业的行为，暂不征收土地增值税(该政策不适用于房地产开发企业)。

(10) 按照法律规定或者合同约定，企业分设为两个或两个以上与原企业投资主体相同的企业，对原企业将国有土地、房屋权属转移、变更到分立后企业的行为，暂不征收土地增值税(该政策不适用于房地产开发企业)。

(11) 单位、个人在改制重组时以国有土地、房屋进行投资，对其将国有土地、房屋权属转移、变更到被投资企业的行为，暂不征收土地增值税(该政策不适用于房地产开发企业)。

对土地增值税征税范围与不征税范围的大致分类，如表 7-3 所示。

表 7-3　是否课征土地增值税的企业行为

有关行为	是否征税
(1)继承、赠与	继承不征(无收入)，赠与中的公益性赠与、赠与直系亲属或承担直接赡养义务的人不征；非公益性赠与征税
(2)房地产抵押	抵押期间不征；抵押期满转移产权的，征税
(3)出租	不征(无权属转移)
(4)合作建房	建成后按比例分房自用的，免税；建成后转让的，征税
(5)房地产交换	单位之间换房的，征税；个人之间互换自住房的，免税
(6)代建房行为	不征
(7)房地产重新评估增值	不征(无收入)
(8)整体改建中的国有土地、房屋权属转移	符合条件暂不征(不适用于房地产开发企业)
(9)合并与分立中的国有土地、房屋权属转移	符合条件暂不征(不适用于房地产开发企业)
(10) 改制重组时将国有土地、房屋权属转移、变更到被投资企业	符合条件暂不征(不适用于房地产开发企业)

【即学即用】在下列各项中，属于土地增值税征税范围的有(　　　　)。

A. 工业企业用厂房换取房地产开发企业的土地使用权

B. 国有企业出租办公楼

C. 王某出售一套在 2009 年购买的住房

D. 张某以继承方式获得一栋别墅

答案：AC

解析：根据房产税的相关规定，房地产的出租和房地产的继承不征收土地增值税。

【案例 7-9】因转让股权而发生的房地产权属转移，是否需要缴纳土地增值税？

从 2018 年 1 月 1 日至 2020 年 12 月 31 日，下列重组行为免征土地增值税。

第一，非公司制企业整体改制为有限责任公司或者股份有限公司，有限责任公司(股份有限公司)整体改制为股份有限公司(有限责任公司)，对改制前的企业将国有土地使用权、地上的建筑物及其附着物转移、变更到改制后的企业，暂不征土地增值税。

第二，按照法律规定或者合同约定，两个或两个以上企业合并为一个企业，且原企业投资主体存续的，对原企业将房地产转移、变更到合并后的企业，暂不征土地增值税。

第三，按照法律规定或者合同约定，企业分设为两个或两个以上与原企业投资主体相同的企业，对原企业将房地产转移、变更到分立后的企业，暂不征土地增值税。

第四，单位、个人在改制重组时以房地产作价入股进行投资，对其将房地产转移、变更到被投资的企业，暂不征土地增值税。

上述改制重组有关土地增值税的政策不适用于房地产转移任意一方为房地产开发企业的情形。

4. 税收优惠

1) 下列情形，可减征或免征土地增值税

(1) 纳税人建造保障性住房出售，增值额未超过扣除项目金额 20%的，免征土地增值税。

(2) 因国家建设需要依法征收、收回的房地产，免征土地增值税。

(3) 国务院可根据国民经济和社会发展的需要规定其他减征或免征土地增值税情形，并报全国人民代表大会常务委员会备案。

2) 省、自治区、直辖市人民政府可对下列情形减征或者免征土地增值税，并报同级人民代表大会常务委员会备案

(1) 纳税人建造普通标准住宅出售，增值额未超过扣除项目金额 20%的。

(2) 房地产市场较不发达、地价水平较低地区的纳税人出让集体土地使用权、地上的建筑物及其附着物，或以集体土地使用权、地上的建筑物及其附着物作价出资、入股的。

5. 土地增值税的筹划方法

1) 利用房地产转移方式进行筹划

土地增值税是对有偿转让国有土地使用权、地上建筑物及其附着物以及出让集体土地使用权、地上的建筑物及其附着物，或以集体土地使用权、地上的建筑物及其附着物作价出资、入股，取得收入的单位和个人征收的一种税。从定义可以看出，土地增值税仅对转移房地产取得收入的行为征收。纳税人可通过房地产转移方式的选择使房地产转移排除在土地增值税的征收范围。

【知识点链接】国有土地使用权的出让不属于土地增值税的征税范围。

房地产所有人可通过避免符合以上判定标准来规避缴纳土地增值税。例如，房地产所有人通过境内非营利的社会组织、国家机关将房屋产权、土地使用权赠与教育、民政和其他社会福利、公益事业，虽然发生了房地产权属的变更，但房地产所有人并没有因为权属发生变更而取得任何收入，因而不属于土地增值税的征税范围。再如，房地产所有人将房产、土地使用权租赁给承租人使用，由承租人向出租人支付租金等，由于产权没有发生转移，因而不属于土地增值税的征税范围，无须缴纳土地增值税。

2) 通过控制增值额进行筹划

《土地增值税暂行条例》规定，土地增值税税率是以增值率为基础的超率累进税率。当房地产企业开发的房产对外销售时的增值率达到 50% 时，土地增值税税负将达到销售额的 10%(假设增值税按 5% 的简易征收率计算)；当增值率达到 100% 时，土地增值税税负将达到销售额的 17.5%；当增值率达到 200% 时，土地增值税税负将达到销售额的 28.33%；当增值率达到300% 时，土地增值税税负将达到销售额的 36.25%，如表 7-4 所示。

表 7-4　房地产开发企业主要税种在现行政策下的实际税收负担(普通商品房的开发)

房产增值率/%	土地增值税实际税负/%	增值税及附加税负/%	所得税税负/%	税负合计/%
≤20	0.00	5.5	3.75	9.25
20<增值率≤50	10.00	5.5	3.75	19.25
50<增值率≤100	17.50	5.5	3.75	26.75
100<增值率≤200	28.33	5.5	3.75	37.58
200<增值率≤300	36.25	5.5	3.75	45.50

注：土地增值税适用四级超率累进税率。房地产开发企业对外销售普通商品房，若增值率低于 20%，免征土地增值税；销售不动产的增值税税率为 5%，加上城市维护建设税与教育费附加合计为 5.5%；企业所得税税率为 25%，预征利润率不低于 15%，两项相乘为 3.75%。假设城市维护建设税的税率为 7%，暂不考虑地方教育费附加。假设房地产开发企业为一般计税方法纳税人，销售自行开发的房地产老项目并选择适用简易计税方法。

由此可见，土地增值税筹划最为关键的一点就是合理合法地控制、降低增值额，以避免因税率级次爬升而适用较高档次的税率。增值额是纳税人转让房地产所取得的收入减去规定扣除项目金额后的余额，因此控制增值额的筹划包括收入筹划法和成本与费用筹划法。

(1) 收入筹划法。

收入筹划法是指通过降低销售收入来降低增值额，以达到土地增值税税收筹划的目的。一方面，收入分散筹划，即将可以分开单独处理的部分从整个房地产中分离(比如房屋里面的各种设施)，从而使转让收入变少，降低纳税人的土地增值额。另一方面，增值率临界点筹划，即增值额在临界点附近时，通过降低收入来降低增值额，以避免因税率级次爬升而适用较高档次的税率。

【案例 7-10】 某有限责任公司准备出售其拥有的一栋房屋以及土地使用权。因为房屋已使用过一段时间，屋内的各种设备均已安装齐全，估计市场价值为 800 万元，其中各种设备的价格约为 100 万元。如果该企业与购买者签订合同时不注意区分，而是将全部金额以房地产转让价格的形式在合同上体现，则增值额无疑会增加 100 万元。而土地增值税适用的是四级超率累进税率，增值额越大，其适用的税率越高，相应地，应纳税额也会增大。该企业应如何进行税收筹划？

筹划分析： 如果该企业与购买者签订房地产转让合同时采取变通方法，将收入分散，便可以节省税款，具体做法是在合同上注明 700 万元的房地产转让价格，同时签订一份附属公用设备购销合同。将收入分散，不仅可以使增值额变小，从而节省应缴土地增值税税额，而且由于购销合同适用 0.03% 的印花税税率，比产权转移书据适用的 0.05% 的税率要低，也节省了印花税。

【案例 7-11】 某有限责任公司为一般计税方法纳税人，取得城市近郊的一块土地。根据当地的土地规划方案，这块土地必须用于开发普通标准住宅；可扣除项目总金额为 4 055 万元(包括加计扣除的 20% 和税金及附加)，整个楼盘预计对外销售总价款为 5 000 万元(不含税)。当地规定纳税人建造普通标准住宅出售，增值额未超过扣除项目金额 20% 的免征土地增值税。请做出降低增值税的筹划方案。

筹划分析：

增值额=5 000-4 055=945(万元)

增值率=945÷4 055×100%=23.3%＞20%

应纳土地增值税税额=945×30%-0=283.5(万元)

假设该有限责任公司改变销售策略，在销售价格上做出较小的调整，将整个楼盘对外销售价格总额调整为 4 800 万元，其他情况相同。此时，该有限责任公司的纳税情况为

增值额=4 800-4 055=745(万元)

增值率=745÷4 055×100%=18.37%＜20%

因此，根据税法规定可免缴土地增值税。

筹划后与筹划前的纳税情况相比，从表面上看，该有限责任公司虽然在销售价格上降低了 200 万元，但由于充分利用了土地增值税的税收优惠政策，其土地增值税反而节约了 283.5 万元，这就是充分利用税收优惠政策所带来的节税收益。

其实，增值率较低的普通商品房销售时，其销售定价可遵循一般定价模型。

模型一：假设某房地产开发企业建成一批商品房待售，已知土地增值税的扣除金额中除城市维护建设税及教育费附加外的全部允许扣除项目的金额为 A。假设企业采用一般计税方法，商品房销售的不含税价格为 W，可扣除的地价款为 Z，增值税的应税销售额为 $X-W-Z$，增值税进项税额为 B。

$$相应的销售税金及附加=(X×9\%-B)×(7\%+3\%+2\%)=1.08\%X-12\%B \qquad (7-5)$$

其中，9% 为增值税税率；7% 为城市维护建设税税率；3% 为教育费附加征收率；2% 为地方教育费附加。

此时，其全部允许扣除项目的金额=$A+1.08\%X-12\%B$ $\qquad$ (7-6)

如果该房地产开发商想享受免征土地增值税的税收优惠政策，则该房产的最高售价为

$$W=X+Z<1.2\times(A+1.08\%X-12\%B) \tag{7-7}$$

假如企业允许扣除金额 A 为 100 万元，其中相应的地价款 Z 为 80 万元；进项税额 B 为 10 万元，则可享受土地增值税免税政策的相应的增值税应税销售额 X 小于 39.07 万元，销售价格 W 应小于 119.07 万元，即

$$W=X+Z<1.2\times(A+1.08\%X-12\%B)$$

将 $Z=80$，$A=100$，$B=10$ 代入上式，可得

$$X+80<1.2\times(100+1.08\%X-12\%\times10)$$

$$0.98704X<38.56$$

$$X<39.07(万元)$$

$$W=X+Z=39.07+80=119.07(万元)$$

模型二：假设该房地产开发商想通过提高售价来增加税后收益，当增值率高于 20%、低于 50%时，应适用"增值率在 50%以下，税率为 30%"的规定。假设此时提高的售价为 Y，不含税售价为 $W+Y$。其中，W 为增值率等于 20%时的销售价格，A 为允许扣除的项目金额(不含城市维护建设税及教育费附加)，B 为该项目的进项税额，Z 为相应的土地价款，即

$$W=12\times(A+1.08\%X-12\%B)+Z \tag{7-8}$$

由于不含税售价提高 Y，相应的城市维护建设税及教育费附加和允许扣除项目金额都相应提高 $1.08\%Y$。此时，允许扣除项目的金额和增值额为

允许扣除项目的金额$=A+[9\%(X+Y)-B]\times12\%$

增值额$=(W+Y)-[A+1.08\%(X+Y)-0.12B]$

即，增值额$=W-A+98.92\%Y-(1.08\%X-0.12B)$

故，应纳土地增值税$=30\%\times[W-A+98.92\%Y-(1.08\%X-0.12B)]$ $\qquad$ (7-9)

若企业欲使提高售价所带来的收益超过因高于土地增值税起征点而新增加的税负，就必须使

$$Y>30\%\times[W-A+98.92\%Y-(1.08\%X-0.12B)]$$

即如果想通过提高售价获取更大的收益，就必须使提高的价格高于 $30\%\times[W-A+98.92\%Y-(1.08\%X-0.12B)]$。

假设企业允许扣除金额为 100 万元，进项税额为 10 万元，相应的土地价款为 80 万元，则提高的价格 Y 应高于 8.47 万元。

注意：由模型一可知，$X=39.07$ 万元，$W=119.07$ 万元。

通过以上分析可知，当转让房地产企业的销售项目除销售税金及附加外的全部允许扣除项目金额为 100 万元(其中，相应的地价款 Z 为 80 万元)、进项税额为 10 万元时，将售价定为 119.07 万元是该纳税人可享受免税照顾的临界点。在这一价格水平下，既可享受免征土地增值税的税收优惠，又可获得较大收益。如果售价低于此数，虽然企业能够享受免征土地增值税的税收优惠，却只能获取较低的收益；若要提高售价，则必须使价格高于 127.54(119.07+8.47)万元，否则价格提高带来的收益不足以弥补价格提高所增加的税负。

但是，对从事普通商品房开发的房地产商而言，并不是销售价格越高，其税后收益就越高。房价过高对于企业来说，至少有两个方面的负面影响：一是房价虚高可能引起泡沫经济，国家必然要进行宏观调控，对房地产价格进行一定程度的控制，有些地方政府甚至开始利用行政手段来干预房价过高的现象；二是房价过高，普通消费者承受不起，将影响

房地产的销售。

(2) 成本与费用筹划法。

成本与费用筹划法就是通过最大限度地扩大成本与费用的列支比例来降低增值额，以达到土地增值税税收筹划的目的。

① 增加装修支出。比如对房屋装修的处理，可对房屋进行装修后再销售，这样装修费用可作为成本与费用的一部分据实扣除，而且可作为加计扣除的基数，从而达到节税的目的。

【案例 7-12】某建筑有限责任公司开发的金山小区已于 10 月完工，但尚未对房屋进行装修，可扣除项目的总金额为 6 200 万元(不含税，包括加计扣除的 20%)。该公司不能按转让房地产项目计算分摊利息支出，也不能提供金融机构证明，当地政府规定的房地产开发费用的计算扣除比例为 10%。该公司应如何进行税收筹划？

筹划分析： 该公司的销售方案有以下两种。

方案一：直接销售未装修的房屋，每平方米售价为 3 200 元，销售收入总额为 9 600 万元(不含税)。

增值额=9 600-6 200=3 400(万元)

增值率=3 400÷6 200=54.84%

应缴土地增值税=3 400×40%-6 200×5%=1 050(万元)

方案二：对房屋进行装修后再销售，预计装修费用为 1 200 万元(不含税)，装修后每平方米售价为 3 600 元，销售收入总额为 10 800 万元(不含税)，其他条件不变。

国家税务总局《关于房地产开发企业土地增值税清算管理有关问题的通知》(国税发〔2006〕187 号)规定，房地产开发企业销售已装修的房屋，其装修费用可计入房地产开发成本。

增值额=10 800-6 200-1 200×(1+10%+20%)=10 800-7 760=3 040(万元)

增值率=3 040÷7 760=39.18%

应缴土地增值税=3 040×30%-0=912(万元)

方案二与方案一相比，可以少缴土地增值税 138(1 050-912)万元。

② 合理选择利息支出的扣除方法。利息支出的不同扣除方法会对企业的应纳税额产生很大的影响。《土地增值税暂行条例实施细则》规定，财务费用中的利息支出，凡能按转让房地产项目计算分摊并提供金融机构证明的，允许据实扣除，但最高不能超过按商业银行同类同期贷款利率计算的金额。其他房地产开发费用按取得土地使用权所支付的金额、房地产开发成本之和的 5%以内计算扣除。

房地产开发费用=利息+(取得土地使用权所支付的金额+房地产开发成本)×5%　　(7-10)

凡不能按转让房地产项目计算分摊利息支出或不能提供金融机构证明的，房地产开发费用按取得土地使用权所支付的金额、房地产开发成本之和的 10%以内计算扣除。

房地产开发费用=(取得土地使用权所支付的金额+房地产开发成本)×10%　　　(7-11)

通常，企业进行房地产开发的借款数额会较大，其实际数会大于(取得土地使用权所支付的金额+房地产开发成本)×5%。因此，按照第一种方式，即按转让房地产项目计算分摊并提供金融机构证明的方式计算扣除利息支出有利于企业节省税款。

但现实中的情况并不总是如此简单。有些企业由于资金比较充裕，很少向银行等金融机构贷款，因此这方面的利息支出较少。此时，如果按照第一种方法计算，则扣除项目金额会较少，而按照第二种方法计算，扣除项目金额会较多。

【案例 7-13】 某建筑有限责任公司开发一批民用住宅，共支付地价款 200 万元，开发成本为 400 万元，财务费用中的利息支出为 40 万元(假设不超过按商业银行同类同期贷款利率计算的金额)。建筑有限责任公司应如何进行税收筹划？

筹划分析： 若能按转让房地产项目计算分摊并提供金融机构证明，则可扣除的房地产开发费用为 70[40+(200+400)×5%]万元。

若不能按转让房地产项目计算分摊利息支出或不能提供金融机构证明，则可扣除的房地产开发费用为 60[(200+400)×10%]万元，超限额的部分不得扣除。可见，利息支出应按转让房地产项目计算分摊并提供金融机构证明，以扩大成本与费用项目的扣除金额，降低应缴纳的土地增值税。

3) 利用税收优惠进行筹划

《关于土地增值税一些具体问题规定的通知》(财税字〔1995〕48 号)规定，如果纳税人既建造保障性住房、普通标准住宅，又从事其他房地产开发，则应当分别核算增值额；未分别核算增值额或不能准确核算增值额的，其建造的普通标准住宅不能享受免税优惠。纳税人可充分利用这一税收优惠政策进行筹划，在确保能够分开核算的情况下，将保障性住房、普通标准住宅的增值额控制在扣除项目金额的 20%以内，从而免缴土地增值税，获得税收利益。

【案例 7-14】 某建筑有限责任公司的商品房销售收入为 15 000 万元(不含税)。其中，保障性住房的销售额为 10 000 万元，豪华住宅的销售额为 5 000 万元。按《土地增值税暂行条例》规定的可扣除项目金额为 11 500 万元，其中保障性住房的可扣除项目金额为 8 500 万元，豪华住宅的可扣除项目金额为 3 000 万元。该公司应如何进行税收筹划？

筹划分析：

(1) 不分开核算(假定当地允许不分开核算)。

增值额与扣除项目金额的比例为

$$(15\,000-11\,500)÷11\,500×100\%=30.43\%$$

因此，适用 30%的税率，该企业应缴纳土地增值税为

$$(15\,000-11\,500)×30\%-0=1\,050(万元)$$

(2) 分开核算。

保障性住房增值额与扣除项目金额的比例为

$$(10\,000-8\,500)÷8\,500×100\%=17.65\%<20\%$$

因此，根据税法规定可免予缴纳土地增值税。

豪华住宅增值额与扣除项目金额的比例为

$$(5\,000-3\,000)÷3\,000×100\%=67\%$$

因此，适用 40%的税率，应缴纳土地增值税为

$$(5\,000-3\,000)×40\%-3\,000×5\%=650(万元)$$

在分开核算的情况下，两者共缴纳土地增值税 650 万元，因此分开核算比不分开核算少支出税金 400(1 050-650)万元。

五、车船税的税收筹划

1. 车船税的概念

车船税是对在我国境内符合《车船税法》规定的车辆、船舶，按其种类、数量和吨位实行定额征收的一种税。

2. 车船税的主要法律界定

1) 纳税人

车船税的纳税人是指在中华人民共和国境内，拥有《车船税法》规定的车辆、船舶的所有人或者管理人。

2) 征税范围

车船税的征税范围是指在中华人民共和国境内符合《车船税法》所附"车船税税目税额表"规定的车辆、船舶，包括依法应在车船登记管理部门登记的机动车辆和船舶以及依法不需要在车船登记管理部门登记的在单位内部场所行驶或者作业的机动车辆和船舶。

3) 税率和计税依据

车船税采用定额税率，乘用车、客车、摩托车以"辆"为计税依据；机动船舶以"净吨位"为计税依据；货车(包括半挂牵引车、挂车、客货两用汽车、二轮汽车和低速载货汽车等)、专用作业车、轮式专用机械车以"整备质量吨位"为计税依据；游艇以"艇身长度"为计税依据。

4) 税收优惠

免征车船税的车船有以下几种。

(1) 捕捞、养殖渔船。

(2) 军队、武装警察部队专用的车船。

(3) 警用车船。

(4) 依照法律规定应当予以免税的外国驻华使领馆、国际组织驻华代表机构及其有关人员的车船。

(5) 对节约能源车船，减半征收车船税；对使用新能源车船，免征车船税。

对受严重自然灾害影响而纳税困难以及有其他特殊原因确需减税、免税的，可以减征或免征车船税。

省、自治区、直辖市人民政府根据当地实际情况，可以对公共交通车船，农村居民拥有并主要在农村地区使用的摩托车、三轮汽车和低速载货汽车定期减征或免征车船税。

(6) 经批准临时入境的外国车船和香港特别行政区、澳门特别行政区、台湾地区的车船，不征收车船税。

(7) 按照规定缴纳船舶吨税的机动船舶，自《车船税法》实施之日起5年内免征车船税。

(8) 机场、港口内部行驶或作业的车船，自《车船税法》实施之日起5年内免征车船税。

3. 车船税的筹划方法

1) 利用车船税标准的临界值

由于对乘用车按发动机汽缸容量(排气量)分档规定税率，因而产生了应纳车船税税额相对排气量变化的临界点。在临界点上下，虽然排气量相差不大，但临界点两边的税额有较大变化，因此，在这种情况下进行税收筹划十分必要。在临界点附近时，纳税人应尽量选购排气量较小的乘用车，不要超过临界点，以便适用较低的税率，达到税收筹划的目的。

2) 利用车船税的优惠政策

税法中规定了一些车船可以减免车船税，企业应充分利用税收优惠政策，以达到节税的目的。比如，财政部、国家税务总局、工业和信息化部《关于节约能源、使用新能源车船车船税优惠政策的通知》(财税〔2015〕51 号)规定，对节约能源车船，减半征收车船税；对使用新能源车船，免征车船税。企业可选择节约能源的车辆或新能源车辆，既可以享受减征或免征车船税的税收优惠，又可为环境保护贡献自己的力量。例如，对捕捞、养殖渔船免税，这里的捕捞、养殖渔船是指在渔业船舶登记管理部门登记为捕捞船或者养殖船的船舶，符合条件的捕捞、养殖船舶应主动到渔业船舶登记管理部门登记，以便能享受免税优惠。

许多企业和个人使用车船并非从一开始便具备享受税收优惠政策的条件，这就需要企业和个人为自己创造条件，达到利用税收政策合理筹划的目的。同时，对于已享有税收优惠的纳税人来说，应区分应税项目和免税项目，以求最大限度地节省税款。

第三节 资源税的税收筹划

要增强国内资源生产保障能力，加快油气等资源先进开采技术开发应用，加快构建废弃物循环利用体系。

要正确认识和把握碳达峰碳中和。实现碳达峰碳中和是推动高质量发展的内在要求，要坚定不移推进，但不可能毕其功于一役。要坚持全国统筹、节约优先、双轮驱动、内外畅通、防范风险的原则。传统能源逐步退出要建立在新能源安全可靠的替代基础上。要立足以煤为主的基本国情，抓好煤炭清洁高效利用，增加新能源消纳能力，推动煤炭和新能源优化组合。要狠抓绿色低碳技术攻关。要科学考核，新增可再生能源和原料用能不纳入能源消费总量控制，创造条件尽早实现能耗"双控"向碳排放总量和强度"双控"转变，加快形成减污降碳的激励约束机制，防止简单层层分解。要确保能源供应，大企业特别是国有企业要带头保供稳价。要深入推动能源革命，加快建设能源强国。

——2021 年中央经济工作会议

一、资源税的概念

资源税是对在中华人民共和国领域和中华人民共和国管辖的其他海域开发应税资源的单位和个人课征的一种税。

二、资源税的主要法律界定

1. 纳税人

资源税的纳税人是在中华人民共和国领域和中华人民共和国管辖的其他海域开发应税

资源的单位和个人。其征税范围包括能源矿产、金属矿产、非金属矿产、水气矿产和盐。

2. 税目和税率

资源税按资源的具体品种设置税目，税率包括比例税率和定额税率。资源税税目税率如表 7-5 所示。

表 7-5　资源税税目税率表

税　目		征税对象	税　率
能源矿产	原油	原矿	6%
	天然气、页岩气、天然气水合物	原矿	6%
	煤	原矿或者选矿	2%～10%
	煤成(层)气	原矿	1%～2%
	铀、钍	原矿	4%
	油页岩、油砂、天然沥青、石煤	原矿或者选矿	1%～4%
	地热	原矿	1%～20% 或者每立方米 1～30 元
金属矿产	黑色金属　铁、锰、铬、钒、钛	原矿或者选矿	1%～9%
	有色金属　铜、钶、锌、锡、镍、锑、镁、钴、铋、汞	原矿或者选矿	2%～10%
	铝土矿	原矿或者选矿	2%～9%
	钨	选矿	6.5%
	钼	选矿	8%
	金、银	原矿或者选矿	2%～6%
	铂、钯、钌、铱、铑	原矿或者选矿	5%～10%
	轻稀土	选矿	7%～12%
	中重稀土	选矿	20%
	铍、锂、锆、锶、铷、铯、铌、钽、锗、镓、铟、铊、铪、铼、镉、硒、碲	原矿或者选矿	2%～10%
非金属矿产	矿物类　高岭土	原矿或者选矿	1%～6%
	石灰岩		1%～6%或者每吨(每立方米)1～10 元
	磷		3%～8%
	石墨		3%～12%
	萤石、硫铁矿、自然硫		1%～8%
	天然石英砂、脉石英、粉石英、水晶、工业用金刚石、冰洲石、蓝晶石、硅线石(矽线石)、长石、滑石、刚玉、菱镁矿、颜料矿物、天然碱、芒硝、钠硝石、明矾石、砷、硼、碘、溴、膨润土、硅藻土、陶瓷土、耐火黏土、铁矾土、凹凸棒石黏土、海泡石黏土、伊利石黏土、累托石黏土	原矿或者选矿	1%～12%

续表

税 目			征税对象	税 率
非金属矿产	矿物类	叶蜡石、硅灰石、透辉石、珍珠岩、云母、沸石、重晶石、毒重石、方解石、蛭石、透闪石、工业用电气石、白垩、石棉、蓝石棉、红柱石、石榴子石、石膏	原矿或者选矿	2%～12%
		其他黏土(铸型用黏土、砖瓦用黏土、陶粒用黏土、水泥配料用黏土、水泥配料用红土、水泥配料用黄土、水泥配料用泥岩、保温材料用黏土)		1%～5%或者每吨(每立方米)0.1～5元
	岩石类	大理岩、花岗岩、白云岩、石英岩、砂岩、辉绿岩、安山岩、闪长岩、板岩、玄武岩、片麻岩、角闪岩、页岩、浮石、凝灰岩、黑曜岩、霞石正长岩、蛇纹岩、麦饭原石、泥灰岩、含钾岩石、含钾砂页岩、天然油石、橄榄岩、松脂岩、粗面岩、辉长岩、辉石岩、正长岩、火山灰、火山渣、泥炭	原矿或者选矿	1%～10%
		砂石		1%～5%或者每吨(每立方米)0.1～5元
	宝玉石类	宝石、玉石、宝石级金刚石、玛瑙、黄玉、碧玺	原矿或者选矿	4%～20%
水气矿产		二氧化碳气、硫化氢气、氦气、氡气	原矿	2%～5%
		矿泉水	原矿	1%～20%或者每吨(每平方米)1～30元
盐		钠盐、钾盐、镁盐、锂盐	选矿	3%～15%
		天然卤水	原矿	3%～15%或者每吨(每平方米)1～10元
		海盐		2%～5%

资源税税目税率表中规定实行幅度税率的,其具体适用税率由省、自治区、直辖市人民政府统筹考虑该应税资源的品位、开采条件以及对生态环境的影响等情况,在资源税税目税率表规定的税率幅度内提出,报同级人民代表大会常务委员会决定,并报全国人民代表大会常务委员会和国务院备案。资源税税目税率表中规定征税对象为原矿或者选矿的,应分别确定具体适用税率。

纳税人开采或生产不同税目应税产品的,应分别核算不同税目应税产品的销售额或销售数量;未分别核算或不能准确提供不同税目应税产品的销售额或销售数量的,从高适用税率。

水资源税根据当地水资源状况、取用水类型和经济发展等情况实行差别税率。

3. 计征方法

资源税实行从价计征或从量计征。

资源税税目税率表中规定可选择实行从价计征或从量计征的,具体计征方式由省、自治区、直辖市人民政府提出,报同级人民代表大会常务委员会决定,并报全国人民代表大会常务委员会和国务院备案。

实行从价计征的，应纳税额按照应税产品的销售额乘以具体适用税率计算。实行从量计征的，应纳税额按照应税产品的销售数量乘以具体适用税率计算。

应税产品为矿产品的，包括原矿和选矿产品。

纳税人开采或生产应税产品自用的，应当依照规定缴纳资源税；但自用于连续生产应税产品的，不缴纳资源税。

4. 税收优惠

(1) 有下列情形之一的，免征资源税。

① 开采原油及在油田范围内运输原油过程中用于加热的原油、天然气。

② 煤炭开采企业因安全生产需要抽采的煤成(层)气。

(2) 有下列情形之一的，减征资源税。

① 从低丰度油气田开采的原油、天然气，减征 20%资源税。

② 高含硫天然气、三次采油和从深水油气田开采的原油、天然气，减征 30%资源税。

③ 稠油、高凝油减征 40%资源税。

④ 从衰竭期矿山开采的矿产品，减征 30%资源税。

根据国民经济和社会发展需要，国务院对有利于促进资源节约集约利用、保护环境等情形可规定免征或减征资源税，报全国人民代表大会常务委员会备案。

(3) 有下列情形之一的，省、自治区、直辖市可决定免征或者减征资源税。

① 纳税人开采或生产应税产品过程中，因意外事故或者自然灾害等原因遭受重大损失。

② 纳税人开采共伴生矿、低品位矿、尾矿。

前款规定的免征或减征资源税的具体办法，由省、自治区、直辖市人民政府提出，报同级人民代表大会常务委员会决定，并报全国人民代表大会常务委员会和国务院备案。

纳税人的免税、减税项目，应单独核算销售额或销售数量；未单独核算或不能准确提供销售额或销售数量的，不予免税或减税。

三、资源税的筹划方法

1. 充分利用税收优惠政策

《资源税法》规定了减征资源税的一些特殊情形，并规定了每一情形的具体含义。纳税人应充分利用税法优惠政策，尽量符合优惠政策的适用条件，从而享受资源税的减征优惠。例如，纳税人从深水油气田开采的原油、天然气，减征 30%资源税，并同时规定深水油气田是指水深超过 300 米的油气田。

【案例 7-15】李某现有两个深水油气田项目可供选择，A 项目水深为 280 米，B 项目水深为 310 米。李某应如何进行税收筹划？

筹划分析：李某在进行项目选择时应充分考虑资源税的税收优惠政策。具体筹划过程如下：由于两个项目的水深不同，两个项目的开采成本会有差异，因此在筹划时除了考虑资源税外，还要考虑两者开采成本的差异，综合比较两个项目的净收益。如果两个项目的产值相同，B 项目减征的资源税为销售额的 1.8%(6%×30%)，当 B 项目增加的开采成本占销售额的比重小于 1.8%时，则选择 B 项目有利。

2. 准确核算筹划法

《资源税法》第八条规定，纳税人的减税、免税项目，应单独核算销售额或销售数量；未单独核算或不能准确提供销售额或销售数量的，不予减税或免税。纳税人开采或生产不同税目应税产品的，应分别核算不同税目应税产品的销售额或销售数量；未分别核算或不能准确提供不同税目应税产品的销售额或销售数量的，从高适用税率。

因此，纳税人可通过准确核算各税目的销售额或销售数量，分清免税产品与征税产品，分清不同税率产品，从而充分享受税收优惠，节约资源税。

【案例7-16】某石油有限责任公司开采销售原油10 000吨，生产销售原煤5 000吨，开采使用天然气 10 万立方米(其中，5 万立方米为开采煤炭时伴生，该企业未分开核算，当地规定纳税人开采共伴生矿免税)，已知原油售价为 3 300 元/吨，原煤售价为 700 元/吨，天然气售价为 2.35 元/立方米，其适用的资源税税率原油为 6%、原煤为 2.5%、天然气为 6%。该企业应如何进行税收筹划？

筹划分析：该企业应缴纳的资源税为

10 000×3 300×6%+5 000×700×2.5%+100 000×2.35×6%=2 081 600(元)

由于在煤炭开采时生产的天然气免税，如果该企业将采煤时伴生的天然气分开核算，则可享受免税优惠，节省资源税 7 050(50 000×2.35×6%)元。

第四节 特定行为税的税收筹划

一、印花税的税收筹划

1. 印花税的概念

印花税是以在中华人民共和国境内书立应税凭证或进行证券交易行为为征税对象而征收的一种税，是一种兼有行为性质的凭证税。印花税具有征收面广、税负轻、由纳税人自行购买并粘贴印花税票完成纳税义务等特点。

2. 印花税的主要法律界定

1) 纳税人

书立是在中华人民共和国境内具有法律效力的应税凭证，或在中华人民共和国境内进行证券交易的单位和个人，为印花税的纳税人。按照书立、使用应税凭证的不同，印花税的纳税人可分为立合同人、立据人、立账簿人、使用人和各类电子应税凭证的签订人以及证券交易人。

2) 税目和税率

印花税包括合同、产权转移书据、营业账簿以及证券交易四个税目。

印花税的税率分别为 0.05‰、0.25‰、0.3‰、0.5‰、1‰。

印花税的税率设计遵循税负从轻、共同负担的原则，所以税率较低。凭证的当事人，即对凭证有直接权利与义务关系的单位和个人均应就其所持凭证依法纳税。印花税的税率有两种形式，即比例税率和定额税率。印花税税目税率如表7-6所示。

表7-6　印花税税目税率

税　目		税　率	备　注
合同 (指书面合同)	借款合同	借款金额的0.05‰	指银行业金融机构和借款人(不包括同业拆借)的借款合同
	融资租赁合同	租金的0.05‰	
	买卖合同	价款的0.3‰	指动产买卖合同
	承揽合同	报酬的0.3‰	
	建设工程合同	价款的0.3‰	
	运输合同	运输费用的0.3‰	指货运合同和多式联运合同(不包括管道运输合同)
	技术合同	价款、报酬或使用费的0.3‰	不包括专利权、专有技术使用权转让书据
	租赁合同	租金的1‰	
	保管合同	保管费的1‰	
	仓储合同	仓储费的1‰	
	财产保险合同	保险费的1‰	不包括再保险合同
产权转移书据	土地使用权出让书据	价款的0.5‰	转让包括买卖(出售)、继承、赠与、互换、分割
	土地使用权、房屋等建筑物和构筑物所有权转让书据（不包括土地承包经营权和土地经营权转移）	价款的0.5‰	
	股权转让书据（不包括应缴纳证券交易印花税的）	价款的0.5‰	
	商标专用权、著作权、专利权、专有技术使用权转让书据	价款的0.3‰	
营业账簿		实收资本（股本)、资本公积合计金额的0.25‰	
证券交易		成交金额的1‰	

【即学即用】在下列各项中，按照产权转移书据科目缴纳印花税的是(　　)。

A. 土地使用权出让合同　　　B. 土地使用权转让合同

C. 商品房销售合同　　　　　D. 专利申请权转让合同

答案：ABC

解析：A、B、C项属于产权转移书据范畴，D项属于技术合同范畴。

3) 税收优惠

下列情形免征或减征印花税。

(1) 应税凭证的副本或抄本，免征印花税。

(2) 农民、农民专业合作社、农村集体经济组织、村民委员会购买农业生产资料或销售自产农产品订立的买卖合同和农业保险合同，免征印花税。

(3) 无息或贴息借款合同、国际金融组织向我国提供优惠贷款时订立的借款合同、金融机构与小微企业订立的借款合同，免征印花税。

(4) 财产所有人将财产赠与政府、学校、社会福利机构订立的产权转移书据，免征印花税。

(5) 军队、武警部队书立、领受的应税凭证，免征印花税。

(6) 转让、租赁用于生活居住订立的应税凭证，免征个人(不包括个体工商户)应缴纳的印花税。

(7) 国务院规定免征或减征印花税的其他情形。

3. 印花税的筹划方法

1) 充分利用印花税税收优惠政策进行筹划

企业可利用印花税的税收优惠政策进行筹划。例如，已缴印花税的凭证的副本或抄本，只要不视同正本使用，不需要缴纳印花税；农民、农民专业合作社、农村集体经济组织、村民委员会购买农业生产资料或销售自产农产品订立的买卖合同和农业保险合同，免征印花税；等等。

2) 利用不确定金额和保守金额进行筹划

《国家税务总局关于实施〈中华人民共和国印花税法〉等有关事项的公告》(国税〔2022〕14 号)第一条第二项规定，对于在签订时无法确定计税金额的合同，在后续实际结算时确定金额的，在实际结算后下一个纳税申报期，以实际结算金额计算申报缴纳印花税。该项规定提供了利用不确定金额筹划的可能性。纳税人在签订金额较大的合同时，可利用这项规定，在合同中不注明合同金额，从而在实际结算后下一个纳税申报期申报缴纳印花税，以达到递延缴纳印花税、获得资金时间价值的目的。

此外，双方在订立合同时，应充分考虑以后经济交往中可能遇到的各种情况，确定比较合理、保守的金额，防止所载金额大于合同履行后的实际结算金额。同时，出于共同利益，双方或多方当事人可经过合理筹划，使一些费用及成本通过合法途径扣除，以压缩合同金额，达到少缴纳税款的目的。

3) 利用不同借款方式筹划

通常，筹资方法有争取财政拨款和补贴、金融机构贷款、自我积累、社会筹资、企业间拆借以及企业内部集资。《印花税暂行条例》及附件印花税税目税率表规定，银行及其他金融机构与借款人所签订的合同(不包括银行同业拆借)、只填写借据并作为合同使用以及取得银行借款的借据，应按照借款合同税目缴纳印花税。企业之间的借款合同不需要贴花。因此，如果两者的借款利率是相同的，则向企业借款能节约印花税。

4) 最少转包次数筹划

建筑安装工程承包合同是印花税的一种应税凭证，这种合同的计税依据为合同上记载的承包金额，其适用税率为 0.03%。《印花税暂行条例》及附件印花税税目税率表规定，施工单位将自己承包的建设项目分包或转包给其他施工单位所签订的分包合同或转包合同，应按照新的分包合同或转包合同上所记载的金额再次计算应纳税额。在此，印花税属于行为税类，只要有应税行为发生，就应按税法规定纳税。尽管总承包合同已依法计税贴花，但新的分包或转包合同是一种新的应税凭证，又发生了新的纳税义务，因此企业应尽量减少签订合同的环节，书立尽可能少的应税凭证，以节约印花税。

【案例 7-17】假定 A 城建公司与某商城签订一份建筑合同，总计金额为 1 亿元。该公司因业务需要分别与 B 公司和 C 公司签订分包合同，其合同记载金额均为 4 000 万元，B 公司和 C 公司又分别将 2 000 万元的工程转包给 D 公司和 E 公司。该商城应如何降低印花税税负？

筹划分析：应纳税额的计算如下所示。

(1) A 公司与某商城签订合同时，双方各应缴纳的印花税为

$$10\ 000×0.03\%=3(万元)$$

(2) A 公司与 B 公司、C 公司签订合同时，各方应缴纳的印花税为

A 公司应纳税：$(4\ 000+4\ 000)×0.03\%=2.4(万元)$

B 公司、C 公司各应纳税：$4\ 000×0.03\%=1.2(万元)$

(3) B 公司、C 公司与 D 公司、E 公司签订合同时，各方应缴纳的印花税为

$$2\ 000×0.03\%=0.6(万元)$$

(4) 这五家建筑公司共应缴纳的印花税为

$$3+2.4+1.2×2+0.6×4=10.2(万元)$$

(5) 如果这几方进行合理筹划，该商城分别与上述 A 公司、B 公司、C 公司、D 公司、E 公司五家建筑公司签订 2 000 万元的承包合同，则这五家公司共应缴纳的印花税为

$$2\ 000×0.03\%×5=3(万元)$$

与原方案相比，可以节省 7.2(10.2-3)万元税款。

从以上案例可以看出，最少转包次数筹划方法的核心就是尽量减少签订承包合同的环节，尽量减少书立应税凭证的次数，以达到节约应缴税款的目的。

二、车辆购置税的税收筹划

1. 车辆购置税的概念

车辆购置税是以在中国境内购置规定的车辆为征税对象，在特定的环节向车辆购置者征收的一种税。

2. 车辆购置税的主要法律界定

1) 纳税人、税率和征税范围

在中华人民共和国境内购置《车辆购置税暂行条例》规定的车辆(以下简称"应税车辆")的单位和个人，为车辆购置税的纳税人，应当依照规定缴纳车辆购置税。这里所说的购置，包括购买、进口、自产、受赠、获奖或以其他方式取得并自用应税车辆的行为。车辆购置税的税率为 10%。车辆购置税的征收范围包括汽车、有轨电车、汽车挂车、排气量超过 150 毫升的摩托车。

2) 计税依据

车辆购置税属于从价税，车辆价格是否合理会直接影响税款的高低。因此，国家根据不同情况，对计税价格做出如下规定。

(1) 纳税人购买自用应税车辆的计税价格，为纳税人实际支付给销售者的全部价款，不包括增值税税款。

(2) 纳税人进口自用应税车辆的计税价格，为关税完税价格加上关税和消费税。

(3) 纳税人自产自用应税车辆的计税价格，按照纳税人生产的同类应税车辆的销售价格确定，不包括增值税税款。

(4) 纳税人以受赠、获奖或其他方式取得自用应税车辆的计税价格，按照购置应税车辆时相关凭证载明的价格确定，不包括增值税税款。

纳税人申报的应税车辆计税价格明显偏低且无正当理由的，由税务机关依照《税收征收管理法》的规定核定其应纳税额。

【即学即用】在下列各项中，属于车辆购置税应税行为的有(   )。

A. 获奖使用行为   B. 受赠使用行为

C. 购买使用行为   D. 进口使用行为

答案：ABCD

解析：《车辆购置税法》第二条规定，以购买、进口、自产、受赠、获奖或其他方式取得并自用应税车辆的行为均为车辆购置税的应税行为，均应缴纳车辆购置税。

3) 税收优惠政策

(1) 依照法律规定应予以免税的外国驻华使馆、领事馆和国际组织驻华机构及其有关人员自用的车辆。

(2) 中国人民解放军和中国人民警察部队列入装备订货计划的车辆。

(3) 悬挂应急救援专用号牌的国家综合性消防救援车辆。

(4) 设有固定装置的非运输专用作业车辆。

(5) 城市公交企业购置的公共汽电车辆。

(6) 根据《关于延续和优化新能源汽车车辆购置税减免政策的公告》(财税、工信部〔2023〕10号)规定，对购置日期在2024年1月1日至2025年12月31日期间的新能源汽车免征车辆购置税，其中，每辆新能源乘用车免税额不超过3万元；对购置日期在2026年1月1日至2027年12月31日期间的新能源汽车减半征收车辆购置税，其中，每辆新能源乘用车减税额不超过1.5万元。

3. 车辆购置税的筹划方法

纳税人在购置车辆时，其计税依据是购买应税车辆而支付给销售方的全部价款与价外费用，但不包括增值税税款。价外费用的项目较多，如果处理得当，可将属于价外费用的项目不计入计税价格中。显然，此举可降低车辆购置税，具体做法应视实际销售行为而定。

1) 区别对待代收款项

凡使用代收单位(受托方)票据收取的款项，应视作代收单位价外收费，购买者支付的价费款，应并入计税价格中一并征税；凡使用委托方票据收取，受托方只履行代收义务和收取代收手续费的款项，不应并入计税价格中征收车辆购置税，应按其他税收政策规定征税。

2) 准确划分车款与其他相应费用

购买者随购买车辆支付的工具件和零部件价款应作为购车价款的一部分，并入计税价格中征收车辆购置税，如果销售时间或销售方不同，则不应并入计税价格中。支付的车辆装饰费作为价外费用，应并入计税价格中计税，如果收款时间或收款单位不同，则不应并入计税价格中。因此，企业可通过不同时间和不同的销售方式，使其他费用与购车价款相分离，以达到节税的目的。

与此同时，如果纳税人将车辆牌照费、销售方代办保险而向购买方收取的保险费等分开，由相关单位另行开具发票，就可合理降低其计税价格，从而减少车辆购置税支出。

【案例 7-18】梁某在某市购买了一辆本田轿车供自己使用，支付车款的总价为240 000 元(含增值税价款)。另外，他支付的其他费用包括：车辆牌照费 200 元，购买各种工具件共 3 000 元，销售方代办保险等而向购买方收取的保险费 5 000 元，车辆装饰费15 000 元。各款项均由汽车 4S 店开具发票。梁某应如何降低车辆购置税税负？

筹划分析：在未筹划前，梁某应缴纳的车辆购置税为 23 292.04 元，相应的计算过程为

应纳车辆购置税=(240 000+200+3 000+5 000+15 000)÷(1+13%)×10%

　　　　　　　　=23 292.04(元)

如果这家销售汽车的 4S 店在向购买方收取车辆牌照费和保险费时使用并开具相应单位的票据，且各种工具件由梁某购置本田轿车后另行购买，该车辆也在购置后另行装饰，则车辆牌照费、向购买方收取的保险费、各种工具件、车辆装饰费均无须计入车辆计税价格，车辆的计税价格就变为 240 000 元。此时，应纳的车辆购置税为 21 238.94 元，相应的计算过程为

应纳车辆购置税=240 000÷(1+13%)×10%=21 238.94(元)

两者相比，节约的车辆购置税税款为 2 053.10(23 292.04-21 238.94)元。

本 章 小 结

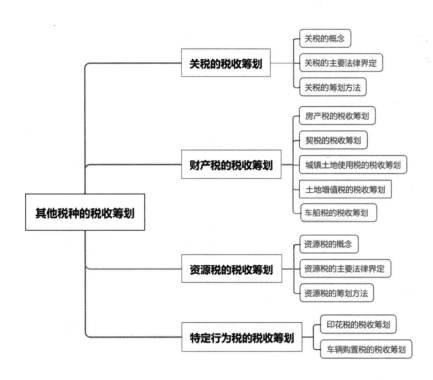

思考与练习

一、单项选择题

1. 下列各项中，对于关税纳税人的说法正确的是(　　)。
   A. 甲委托乙从境外购买一台数码相机，并由乙带回境内给甲，甲为关税纳税人
   B. 丙从境外邮寄化妆品给丁，并委托丁交给戊，戊为关税纳税人
   C. 小王给远在美国的小李邮寄了茶叶等家乡特产，小李为关税纳税人
   D. 天意公司以邮寄方式向德国某公司出口一批货物，天意公司为关税纳税人

2. 下列进口货物中，免征进口关税的是(　　)。
   A. 外国政府无偿赠送的物资　　　　B. 具有一定商业价值的货样
   C. 在海关放行前遭受损坏的货物　　D. 关税税额为人民币 80 元的一票货物

3. 下列项目中，征收土地增值税的项目是(　　)。
   A. 以继承方式转让房地产　　　　　B. 房地产出租
   C. 单位之间进行房地产交换　　　　D. 以房地产进行投资

4. 依据车船税的相关规定，对城市、农村公共交通车船可给予定期减税、免税的优惠，有权确定定期减税、免税的部门是(　　)。
   A. 省级人民政府　　　　　　　　　B. 省级税务机关
   C. 县级人民政府　　　　　　　　　D. 县级税务机关

5. 下列各项中，不属于车船税征税范围的是(　　)。
   A. 三轮汽车　　　B. 火车　　　C. 摩托车　　　　D. 养殖渔船

二、多项选择题

1. 下列项目中，不应征收土地增值税的有(　　)。
   A. 合作建房，建成后销售的　　　　B. 房地产出租
   C. 企业兼并转让房地产　　　　　　D. 个人互换自有住房

2. 下列各项中，属于纳税人义务的有(　　)。
   A. 依法办理税务登记　　　　　　　B. 按期进行纳税申报
   C. 依法进行账簿和凭证管理　　　　D. 执行税务机关的行政处罚决定

3. 我国现行的进口关税税率有(　　)。
   A. 最惠国税率　　B. 优惠税率　　C. 特惠税率　　　D. 普通税率

4. 下列各项中，属于财产税和行为税的有(　　)。
   A. 烟叶税　　　B. 车船税　　　C. 印花税　　　D. 契税

5. 现行印花税的税率有(　　)。
   A. 3%　　　　B. 0.3%　　　　C. 0.5%　　　　D. 0.05%

6. 下列各项缴纳资源税的有(　　)。
   A. 开采煤炭过程中开采的天然气　　B. 开采石油过程中开采的天然气
   C. 人造石油　　　　　　　　　　　D. 天然原油

三、判断题

1. 出租房地产、房地产代建，不征收土地增值税；以房地产进行投资、联营，暂免征收土地增值税。　　　　　　　　　　　　　　　　　　　（　　）

2. 征收资源税的煤炭，包括原煤，洗煤、选煤及其他煤炭制品。（　　）

3. 在房屋产权交易中，买卖双方都缴纳契税和印花税。　　　（　　）

4. 原产于我国境内的货物，进口时采用最惠国税率。　　　　（　　）

四、简答题

1. 简述两种关税的筹划方法。

2. 简述车船税的税收优惠政策。

3. 房产税的计税方法有哪些？

4. 契税的计税依据形式有哪几种？

5. 车辆购置税的计税方式有哪些？

6. 简述印花税的税收优惠政策。

7. 城市维护建设税的税率形式有哪几种？

五、案例分析题

1. 一家钢铁企业，需要进口 100 万吨铁矿石，可供选择的进货渠道有两条：一是澳大利亚，二是加拿大。澳大利亚的铁矿石品位较高，价格为每吨 20 美元，运费为 60 万美元；加拿大的铁矿石品位较低，价格为每吨 19 美元，但运费高达 240 万美元，暂不考虑其他条件。要求：确定应该从哪一个国家进口铁矿石。

2. 某运输公司拥有 20 间临街门面房，每间为 25 平方米，房产原值为 200 万元。以租赁形式租赁给职工，每年上交租金 40 万元，当地房产税计税扣除比例为房产原值的 30%。如果按照内部承包方式由职工进行承包，每年上交承包费 40 万元。要求：计算哪种筹划方式能使该公司节约房产税税额。

参 考 文 献

[1] 全国税务师职业资格考试教材编写组. 税法[M]. 北京：中国税务出版社，2022.

[2] 黄凤羽. 税收筹划[M]. 2 版. 北京：高等教育出版社，2019.

[3] 李克桥，宋凤轩. 税收筹划[M]. 北京：高等教育出版社，2021.

[4] 林松池. 税收筹划[M]. 3 版. 北京：高等教育出版社，2019.

[5] 梁文涛，苏杉. 纳税筹划实务[M]. 7 版. 北京：清华大学出版社，2019.

[6] 盖地. 税务筹划[M]. 6 版. 北京：高等教育出版社，2017.

[7] 梁俊娇. 税收筹划[M]. 5 版. 北京：中国人民大学出版社，2016.